电子商务专业系列精品教材

移动商务

（第2版）

◎ 主　编　周建良

◎ 副主编　雷　鸣　张定俊　陈苏勇

電子工業出版社

Publishing House of Electronics Industry

北京・BEIJING

内 容 简 介

本书根据当前国内外 5G 投入商用后的移动商务发展和应用情况编写，主要讲述移动商务的基础知识，包括移动商务总体状况、移动商务技术应用、移动商务价值链分析、移动商务应用模式分析、移动商务支付、移动商务资源整合、移动商务营销方案策划、移动商务安全保障、移动商务立法保障等方面的内容。在内容组织上以项目为载体，包括项目目标、项目导入、项目实施、项目总结 4 部分。每个项目设有 1～2 个任务，每个任务由任务描述、知识准备、任务实施、任务拓展 4 部分组成。在任务拓展部分，特别安排了案例阅读、思考题、技能训练等内容，便于读者在学习之余加强实践拓展和练习。

本书可作为高等职业学校移动商务及相关专业的教材和参考书，也可作为移动商务、电子商务从业人员、管理人员岗位培训的参考书。

图书在版编目（CIP）数据

移动商务 / 周建良主编. —2 版. —北京：电子工业出版社，2020.8

ISBN 978-7-121-37942-0

Ⅰ. ①移… Ⅱ. ①周… Ⅲ. ①移动电子商务－高等职业教育－教材 Ⅳ. ①F713.36

中国版本图书馆 CIP 数据核字（2019）第 255047 号

责任编辑：张云怡　　文字编辑：马洪涛　　特约编辑：田学清
印　　刷：北京七彩京通数码快印有限公司
装　　订：北京七彩京通数码快印有限公司
出版发行：电子工业出版社
　　　　　北京市海淀区万寿路 173 信箱　　邮编：100036
开　　本：787×1 092　1/16　　印张：12.5　　字数：328 千字
版　　次：2014 年 4 月第 1 版
　　　　　2020 年 8 月第 2 版
印　　次：2025 年 7 月第 5 次印刷
定　　价：45.00 元

凡所购买电子工业出版社图书有缺损问题，请向购买书店调换。若书店售缺，请与本社发行部联系，联系及邮购电话：（010）88254888，88258888。

质量投诉请发邮件至 zlts@phei.com.cn，盗版侵权举报请发邮件至 dbqq@phei.com.cn。

本书咨询联系方式：（010）88254573，zyy@phei.com.cn。

前 言

自《移动商务》第1版于2014年4月出版以来，移动通信技术已从当初的3G普及发展为5G投入商用，移动商务发展日新月异，新技术、新手段和新模式不断涌现，《移动商务》第1版的内容已不能满足专业教学的实际需求了。

《移动商务》第1版自出版以来，得到了广大教师同行和兄弟院校的大力支持，其编写思路、内容组织形式及教学理念得到了普遍认可。大家认为，本书所采用的项目驱动、任务引领的思路，将课程知识和训练真正融入具体的工作任务中，实现了课程知识学习与技能训练的有机统一，有利于在教学过程中贯彻“教—学—做”合一的教学思想；每个项目分为项目目标、项目导入、项目实施、项目总结4部分，每个任务由任务描述、知识准备、任务实施、任务拓展4部分组成的内容编排方式，给日常教学、学习和实践带来了比较明显的便利，符合高等职业学校职业教育的培养特点。因此，本书在改版过程中，延续了第1版的编写思路和内容组织形式，仍以项目驱动、任务引领的方式统领全书内容编排，保持了原有的6个项目、9个任务的基本体系。在此基础上，本书还有如下特点。

（1）延续了第1版教材的定位，内容力求务实，注重理论与实践的结合，具有较强的实用性，可作为高等职业院校移动商务及相关专业的教材和参考书，也可作为移动商务、电子商务从业人员、管理人员岗位培训的参考书。

（2）根据移动商务的最新发展，对部分内容进行了较大幅度的修改、更新和补充：全书移动商务技术部分，更新为5G技术内容；根据移动商务市场的发展现状和最新资料，对全书涉及移动商务市场发展状况、应用等方面的数据、内容和表述进行了更新；根据移动商务的实际发展，对部分内容进行了修改；更新了部分项目的项目导入内容；替换了书中部分过时案例，对保留的案例，在内容上进行了更新。

本书由周建良担任主编，由雷鸣、张定俊、陈苏勇担任副主编。

本书的完善是一个长期的过程，在改版过程中参考了大量的国内外相关研究成果。由于本书涉及的内容比较多且篇幅有限，所以可能存在部分文献标注不清的地方，如有遗漏之处，敬请告知，我们将尽快予以答复并进行处理。同时，由于编写时间仓促，加之编者水平有限，书中难免存在不足之处，敬请广大读者批评指正。

周建良

2020年1月

目　　录

项目一　移动商务发展状况

项目二　移动商务应用

项目三　移动商务支付

项目四 移动商务整合

项目五 移动商务营销

项目六 移动商务保障

项目一

移动商务发展状况

项目目标

（1）知识目标：通过本项目的学习，理解移动商务的概念；熟悉移动商务的基本特征、移动商务与传统电子商务的区别、移动商务涉及的主要技术；了解移动商务的发展状况、应用状况、典型行业和企业的解决方案，以及移动商务相关技术的应用状况。

（2）能力目标：根据给定的任务和行业（或运营商），能够完成移动商务总体发展状况、移动商务技术应用状况等方面的调查，并撰写调研报告。

项目导入

CNNIC 于 2019 年 8 月发布的《第 44 次中国互联网络发展状况统计报告》显示，截至 2019 年 6 月底，我国手机网民规模达到 8.47 亿人，较 2018 年年底增加了 2984 万人，网民中用手机接入互联网的用户占比由 2018 年年底的 98.6%提升至 99.1%。

从 PC 互联网的电子商务过渡到移动电子商务（移动电商），不仅仅是生意从传统互联网过渡到移动互联网。在手机智能化、移动带宽迅速提高的大背景下，用户的消费行为随时随地都可能发生。广告营销、电子商务、游戏与社交网络、生活与时尚、硬件与软件、传统互联网等领域纷纷向移动互联网渗透，为移动互联网平台增添了巨大的发展空间和新鲜力量。因此，PC 互联网电商在移动互联网中终于找到了一条新的捷径：跨界整合。

移动电商的发展主要体现在以下几方面。

1. 移动化

随着移动互联网与智能终端设备的普及，越来越多的消费者在购物时选择了移动电商。从计算机端转移到移动端，消费者与互联网连接的方式已经发生了根本性的改变，移动互联网逐渐渗透至各行各业，如医疗、餐饮、美妆、住宿等。

2. O2O 化

O2O 是移动互联网电子商务的主流发展方向之一。我国网络的发展从工业时代直接进入了互联网时代，互联网的浪潮还未平息，如今又进入了移动互联网时代。移动互联网时代和工业时代的碰撞，产生了中国特色化的移动 O2O 电子商务模式。在传统的商业经营理念中，用服务和产品吸引顾客是商业的本质。理论只是在一定程度上促进商业的发展，而商业的本质一定是尽心做好产品和服务，因为消费者需要的是优质的产品和良好的服务体验。

例如，快递巨头顺丰速运，它与电商有着密切的关系，它选择了以“快速配送+社区实体店+网购预售”的形式来布局 O2O。

3. 社交化

在移动互联网中导入社交化的元素，并将社交场景和用户进行连接，已经成为移动电商向社交化发展的趋势。

随着移动互联网、社交网络时代的到来，电话、短信等传统的联络方式已经逐渐落寞，商家与消费者之间的联络方式变得多种多样，如使用手机 QQ、微信、Facebook、微博、Twitter 等维持彼此的互动关系。在移动社交媒体上，消费者能随时享受商家提供的服务，而商家也能随时了解消费者的需求，这样的联络方式使商家与消费者之间的联系更加紧密。

4. 个性化

在移动电商出现的初期，许多传统行业认为做一个 App 就是移动电商，其实这种认识是非常片面的，App 只不过是一种传播工具而已。现在越来越多的传统行业开始尝试涉足移动电商，进行移动互联网转型，这个现象值得人们思考。

在探索的道路上，人们发现，每个行业因其不同的行业性质，出现了行业化的移动电商发展特点。在移动互联网转型的过程中，企业也将通过行业化突出其服务和产品的个性化特点，以契合其目标客户的需求。

定制化服务是一对一的模式，它带给消费者的是个性化的感受，追求的最终结果是没有哪两个人能够得到完全相同的体验。因此，这是一种量身打造的、有需有供的服务，既不会出现生产过剩，又不会出现需求抱怨，进而保证经济运行的平衡与稳定。

5. 智能化

移动时代要求高度的信息化，我国的信息化和智能化从出现到建设的时间较短，由于建设起步较晚，所以政府和电商企业、物流企业、IT 厂商等要从多方面进行配合，协同作战。只有把握良好契机，才能将我国的移动电商系统驶入赶超世界先进水平的“快车道”。

6. 体验化

实体店在过去的意义与现在的意义不一样，过去的实体店是商品流动的平台，现在的实体店更多的是消费者体验服务，以及实现与商家沟通交流的平台。由此可见，体验化将是移动电商发展的又一重要趋势。

很多拥有实体店的传统企业，已经意识到了体验化带来的好处。例如，苏宁云店将体验化做到了极致，被称为“可以玩上一天的生活驿站”。苏宁云店采用了“所见即商品”的全新情景化布展模式，这意味着消费者在现场看到的商品都能够通过手机扫码进行购买。

移动互联网的发展只是为电商提供了一种新的传播途径，但内容永远是传播的王道，只要把握好内容，就可以在任何媒体时代纵横驰骋。体验化的核心不是媒体的传播，而是品牌内容的互动。

项目实施

任务一　移动商务总体状况

【任务描述】

采用间接调查法，通过互联网等信息途径，调查我国移动商务发展的总体状况，并撰写调查报告。

【知识准备】

一、移动商务的内涵

（一）移动商务的概念

移动商务的英文缩写为MB（Mobile Business）或MC（Mobile Commerce），是在网络信息技术和移动通信技术的支撑下，在手机等移动终端之间，或移动终端与PC等网络信息终端之间，通过移动商务解决方案，在移动状态下进行的便捷的、大众化的、具有快速管理能力和整合增值能力的商务实现活动。

从本质上来看，移动商务属于电子商务的一个新的分支，但是从应用角度来看，它是对互联网电子商务的整合与发展，是电子商务发展的新形态。移动商务将传统的商务和已经发展起来但分散的电子商务整合起来，将各种业务流程从有线向无线转移并完善，这是一种新的突破。

移动终端设备通常隶属于个人，可以为其所有者随时随地提供信息，商家可以通过移动商务将市场目标定位到个人，而传统的基于互联网连接的电子商务只能将市场细分到一个小群体，如一个家庭或一台计算机。从这一点来说，移动商务是电子商务发展的高级形式。

（二）移动商务的分类

（1）按照实现技术的不同进行分类，移动商务可以分为移动通信网络的移动商务、无线网络的移动商务、其他技术（如超短距通信、卫星通信、集群通信等）的移动商务。

（2）按照服务内涵的不同进行分类，移动商务可以分为内容提供型移动商务（包括下载服务和定制服务两种类型）、信息消费型移动商务（如手机报）、企业管理型移动商务（如“移动商宝”，具有进、销、存、网上支付等多种管理职能）、资源整合型移动商务、快速决策型移动商务、公益宣传型移动商务、定位跟踪型移动商务、信息转移型移动商务、集成管理型移动商务、扫描收费型移动商务（如手机二维码入场券）等。

（3）按照确认方式的不同进行分类，移动商务可以分为密码确认型移动商务、短信回复确认型移动商务。

（4）按照用户需求的不同进行分类，移动商务可以分为搜索查询型移动商务、需求对接型移动商务、按需定制型移动商务、预约接受型移动商务。

（5）按照难易程度的不同进行分类，移动商务可以分为浅层应用移动商务、深层应用移动商务、移动转移对接移动商务。

（三）移动商务的应用模式

根据与商业活动相关的通信主体进行分类，移动商务的应用模式包括 B2M（Business to Mobile user）商务模式、M2M（Machine to Machine）商务模式两大类。B2M 商务模式强调企业等商业组织与手机用户之间的沟通及其在商业活动中的应用，是人与组织或人与人之间的通信。M2M 商务模式强调企业在商业活动中通过移动通信技术和设备的应用变革，改进既有的商务模式或创造新商务模式，是机器设备之间的自动通信。

B2M 商务模式是在移动商务中以移动终端用户（手机用户、具有通信功能的 PDA 用户等）为商务参与者，通过移动通信解决方案实现企业与最终消费者，以及企业内部人员之间的实时信息沟通，进而提高效率、降低成本的新商务模式。B2M 商务模式以最终消费者为中心，将消费者中的手机用户细分为营销和服务的主要目标，以实时、随地的沟通创造没有疆界、不停顿的商务机会。B2M 商务模式目前已被广泛应用，如在移动营销（M-marketing）、移动客户服务（M-customer service）、移动办公自动化（M-OA）、移动客户关系管理（M-CRM）等方面。

M2M 商务模式是通过移动通信对设备进行有效控制，从而将商务的边界大幅度扩展或创造较传统方式效率更高的经营方式，甚至创造完全不同于传统方式的全新服务。M2M 商务模式以设备通信控制为核心，将原来低效率，甚至不可能的信息传输应用于商业中，以获得更强的竞争力。目前 M2M 商务模式的应用方兴未艾，主要有移动物流管理（M-logistic management）、移动支付（M-payment）、移动监控（M-monitoring）等。

（四）移动商务的特点

（1）移动性。移动商务的出现意味着当用户进行某些商务活动（如使用电子银行、网络购物等）或下载音乐、玩游戏时，不需要枯坐在计算机前，而仅仅需要一些移动终端（如 PDA、手机等）即可实现。

（2）即时性。移动商务不仅可以满足用户在移动状态下工作、开会、旅行、社交及购物等，还可以满足用户在移动状态下产生的实时需求，如获得视听信息、图文信息、定制信息和相关服务等。

（3）连通性。处于相同位置或具有相同兴趣的用户可以方便地通过文本消息和移动聊天的方式联系；广告商可以通过这种途径促销商品，并做出特别的提议，以期望订阅者能回答和接收它们的信息。

（4）便携性。便携式的移动终端大部分可以随身携带，使人们不再受时间和空间的限制，并且可以省去一些生活的麻烦，如在等电话、堵车时，用户可以通过移动商务应用浏览喜欢的网页、处理一些事务。

（5）位置的相关性。可以根据用户的位置来提供服务。移动通信技术可以方便地对使用者进行定位。基于位置的服务（Location Based Service，LBS）是移动商务应用的杀手锏，如紧急医疗事故服务、汽车驾驶导航服务、旅游向导服务等。

（6）可识别性。移动终端一般由一个单独的个体使用，用户的个人配置能被内置在移动手持设备中，而每个移动终端都有一个唯一的标识（Identification），因此，用户身份不但容易被分辨，而且容易被收集和处理。

（7）个性化。移动终端与使用主体的统一性，可以实现使用主体的个性化。移动手持设备比 PC 有更强的渗透力，生产者可根据使用主体的喜好、习惯等特点，生产更多个性化生活方式的工具。移动手持设备号码与移动商务主体之间存在着对应关系，每个移动手持设备号码都代表一个确定的移动商务主体，移动手持设备号码在事实上成了移动商务主体的商业符号。

（8）成本效益。一方面，电子交易的成本是一个人工出纳员/会计员的 1/7，这为移动商务提供了巨大的市场潜力，并且移动商务能增加几十亿的收入；另一方面，手机等移动手持设备的成本要低于 PC 的成本。

（五）移动商务与传统电子商务的区别

（1）不受时空限制的移动性。同传统的电子商务相比，移动商务的一个最大优势，就是移动用户可随时随地获取所需的服务、应用、信息和娱乐。移动用户可以在自己方便时，使用移动终端查找、选择及购买商品与服务。

（2）提供更好的私密性和个性化的服务。移动终端一般是个人使用的，不是公用的，移动商务使用的安全技术也比传统电子商务使用的安全技术更先进，因此可以更好地保护用户的私人信息。移动商务能更好地实现移动用户的个性化服务，移动计算环境能为移动用户提供更多的动态信息（如各类位置信息、手机信息），这为个性化服务的提供创造了更好的条件。移动用户能更加灵活地根据自己的需求和喜好来定制服务与信息。发展与私人身份认证相结合的业务是移动商务的一个很有前途的方向。

（3）获取信息的及时性。在移动商务中，移动用户可实现随时随地访问信息，这本身就意味着信息获取的及时性。但需要强调的是，同传统的电子商务系统相比，移动终端更加具有专用性。从运营商的角度来看，移动终端本身就可以作为用户身份的代表。因此，商务信息可以直接发送给移动终端，这进一步增强了移动用户获取信息的及时性。

（4）基于位置的服务。移动通信网能获取和提供移动终端的位置信息，与位置相关的商务应用成为移动商务领域的一个重要组成部分，如 GPS 卫星定位服务。

（5）网上支付更加方便快捷。在移动商务中，用户可以通过移动终端访问网站、从事商务活动，服务付费可通过多种方式进行，以满足用户的不同需求。从移动商务的特点来看，移动商务非常适合大众化的应用。移动商务不仅能提供在移动互联网上进行的直接购物服务，还是一种全新的营销渠道。此外，移动商务不同于目前的销售方式，它能完全根据用户的个性化需求和喜好来定制，用户随时随地都可以使用这些服务。

二、我国移动商务的应用

（一）我国移动商务的应用态势

1. 我国移动商务的应用概况

从移动技术发展历程的角度来看，移动电子商务大约经历了以下几个阶段：第一阶段是访问基于短信的移动电子商务系统，在此阶段有大量严重的技术缺陷，缺乏实时性，查询不会马上获得应答；第二阶段主要是 WAP（Wireless Application Protocol，无线应用协议）的运用，通过 WAP 访问的形式来实现信息查询，部分解决了第一阶段的移动接入技术的相关问题，但此阶段的主要问题体现在 WAP 的交互访问体验非常差；第三阶段是使用 SOA（Service-Oriented Architecture，面向服务的架构）进行综合的 Web 服务，智能移动终端和第三代移动访问处理技术的移动 VPN（虚拟专用网）技术相结合，同时融入 3G 移动通信技术和智能移动设备技术，使系统的安全性和互动性得到了极大的提高；第四阶段是在 4G 移动技术、智能移动终端和安全智能加密技术极大发展的基础上，丰富了移动电子商务的使用场景和涵盖内容，利用技术将旧的商业行为进行移动精准化推送。2019 年 6 月 6 日，工业和信息化部正式向中国电信、中国移动、中国联通、中国广电发放 5G 商用牌照，我国正式进入 5G 商用元年。5G 即第五代移动通信技术（5th generation mobile networks、5th generation wireless systems、5th-Generation），是最新一代的蜂窝移动通信技术，也是继 4G（LTE-A、WiMAX）、3G（UMTS、LTE）和 2G（GSM）系统之后的延伸。5G 的性能目标是高数据速率、减少延迟、节省能源、降低成本、提高系统容量和大规模设备连接。

由于手机接入互联网不受地点的限制，所以手机实际上已经成为居民上网的主要设备。CNNIC 于 2019 年 8 月发布的《第 44 次中国互联网络发展状况统计报告》显示，截至 2019 年 6 月底，我国手机网民规模为 8.47 亿人，较 2018 年年底增加了 2984 万人，手机网民在总体网民中的比例达 99.1%。

任何通过无线网络进行金融交易的用户，关注的焦点无疑是安全和隐私问题。尤其对于有线电子商务用户来说，他们通常认为物理线缆能带来更好的安全性，因此他们排斥使用移动商务。移动商务是一个系统工程，有效解决其技术、安全、隐私和法制等方面的问题是建设健康、安全的移动商务的重要保证。

电子商务使人们在交易活动中无须事必躬亲，而移动商务则可以使人们在必须移动工作时更加方便，便捷性就是移动商务的价值所在。因特网、移动通信技术和其他技术的完善组合创造了移动商务，但真正推动市场发展的是多样的应用服务。移动商务的应用领域非常广泛。移动增值服务产业方兴未艾，成为各方关注和争相进入的领域，也让广大个人消费者享受到了移动的便利和乐趣。由于技术不断更新且产业链尚未成型，所以在移动增值服务市场中新机会不断涌现。在过去的短短几年中，一旦企业把握住新机会，其业务便会飞速发展，在短信业务创造的增长拯救了互联网产业之后，WAP 业务、Java 业务和定位服务等细分市场还有巨大的发展潜力。而随着移动通信、消费电子和计算机的融合，信息产业和传统行业的融合，以及整个移动通信产业链的盘整，将有更多的市场机会应运而生。

2. 我国移动商务的典型应用

如图 1-1 所示，截至 2019 年 6 月底，在网民手机上网应用中，手机即时通信仍然是使用率最高的应用，使用率达到 96.9%；手机搜索排名第二，使用率达到 78.2%；手机网络新闻排名第三，达到 78.0%。（数据来源：CNNIC《第 44 次中国互联网发展状况统计报告》，2019.8）。

1）手机银行

手机银行又称移动银行，是利用移动电话办理银行有关业务的简称，是移动运营商与银行部门联合向社会推出的一个新服务项目，它是移动通信网络的一项电子商务。手机银行业务的开通大大增强了移动运营商和银行的竞争实力。

手机银行通过移动网络将用户手机连接至银行，成为利用手机界面直接完成各种金融理财业务的服务系统。手机银行的主要功能涉及账务查询(通过手机查询用户的账户余额)、自助缴费（可直接在手机上查询及缴纳手机话费和其他费用)、银行转账（通过手机可以进行信用卡、存折之间的资金转账)。另外，进入平台后，可查询股市行情、外汇牌价、航班信息、天气预报等。手机银行具有使用方便、安全保密、快捷可靠等特点。

	2019.6		2018.12		
应用	用户规模(万)	网民使用率	用户规模(万)	网民使用率	半年增长率
手机即时通信	82069	96.9%	78029	95.5%	5.2%
手机搜索	66202	78.2%	65396	80.0%	1.2%
手机网络新闻	66020	78.0%	65286	79.9%	1.1%
手机网络购物	62181	73.4%	59191	72.5%	5.1%
手机网络支付	62127	73.4%	58339	71.4%	6.5%
手机网络音乐	58497	69.1%	55296	67.7%	5.8%
手机网络游戏	46756	55.2%	45879	56.2%	1.9%
手机网络文学	43544	51.4%	41017	50.2%	6.2%
手机网上订外卖	41744	49.3%	39708	48.6%	5.1%
手机在线教育课程	19946	23.6%	19416	23.8%	2.7%

图 1-1 2018.12—2019.6 手机网民各类手机互联网应用的用户规模及网民使用率

这种结合了货币电子化与移动通信的崭新服务丰富了银行服务的内涵，它意味着人们不仅可以在固定场所享受银行服务，还可以在旅游或出差中高效、便利地处理各种金融理财业务。通过手机银行服务，用户能够在任何时间、任何地点，通过手机以安全的方式访问银行，而无须亲自光临银行或向银行打电话。

手机银行服务使用方便，用户持有的手机是移动的 POS 机、移动的银行 ATM 机，使用户可以在移动和漫游中随时随地办理银行业务。

随着手机通信技术的迅速发展，手机银行的用户界面越来越友好，交易速度也越来越快，交易的安全性逐渐提高。同时，手机银行的解决方案不一定拘泥于某种技术、某个设备供应商，而应提供具备高通用性和高可扩展性的解决方案，并且能够充分关注银行业务本身的特性，因为无论接入技术如何变化，银行业务本身才是用户最终需要的。

2）移动支付

移动支付通过手机以数字形式在移动通信网络上提供订货、购物、转账等交易服务。目前移动支付比较可行的资金管理实现方式是以银行为主体的方案，即银行通过移动运营商提供的通道处理用户的银行卡账户，用户通过手机绑定的银行卡进行交易支付。

从大的方面看，移动用户使用手机支付可以分成两类：运营商的服务性收费和存在实物交易的移动支付。移动支付先后经历了 SMS（Short Message Service，短消息业务）移动支付、WAP 移动支付、NFC 移动支付 3 种方式。

（1）SMS 移动支付。最简单的移动支付是通过短信的形式予以支付的。SMS 移动支付需要客户事先与移动支付服务供应商建立一个账户，并绑定银行卡账户。客户发送短信到移动支付服务供应商，指定划拨金额和收款人的手机号码，然后移动支付服务供应商给客户发送短信，要求客户发送密码确认资金划拨。一旦客户确认资金划拨密码，移动支付服务务供应商就把资金划拨到收款人的移动支付账户，随后通知收款人，付款成功。SMS 移动支付具有使用门槛低、操作简单等优势，可以随时随地进行交易，但是短信自身同样有着交互性差、响应时间不确定、发送失败率较高等劣势。

（2）WAP 移动支付。WAP 移动支付是目前使用较广泛的移动支付方式。WAP 移动支付包括三种支付模式：金融机构主导的移动支付、商家主导的移动支付和第三方主导的移动支付。金融机构主导的移动支付（如手机银行）的运行模式简单，即银行开发 App，利用通信设备与专线相连接，将客户的银行账户和 App 账号绑定，这样客户就可以用银行卡进行移动支付。金融机构主导的移动支付的运行模式与网上银行的运行模式是一样的，但是其移动性特征给客户带来了很大的便利。商家主导的移动支付，即商家为消费者提供移动支付应用程序进行购买和支付，但这种支付模式在我国并不常见。第三方主导的移动支付是由与国内外各大银行签约，并具备一定实力和信誉保障的第三方独立机构提供的，供客户进行移动支付的交易平台，如阿里巴巴的支付宝、腾讯的微信支付、百度的度小满钱包。

（3）NFC 移动支付。使用 NFC 技术的近场移动支付是较新的移动支付方式，可以说是一种很有可能影响消费者的移动支付方式。NFC 移动支付是一种仅通过消费者随身携带的、易于使用的设备，就能整合消费者所有金融需求的完美支付方式。NFC 移动支付要求消费者手机里装有 NFC 芯片。NFC 芯片通过设备软件访问消费者的资金账户信息，使手机和销售点的 POS 终端连接。NFC 芯片安装在手机里，消费者在 POS 终端附近摇动手机，然后 POS 终端读取芯片，接收手机的序列号和独特的交易代码，并将此数据发送给商家的收单银行。收单银行把交易数据发送给消费者的银行，消费者的银行利用数据来验证手机的有效性，确定授权付款的账户，最终决定授权交易或拒绝交易。

通过与传统支付方式的比较可以看出，移动支付最主要的特点是支付灵活便捷、交易时间短，可以减少往返银行的交通时间和支付处理时间。随着生活和工作节奏的加快，时间的价值也越来越高，这是科技进步和时代变迁的必然趋势与结果。手机使用和手机支付服务日渐普遍与易操作，使消费者在邮局、银行和手机支付三者中最终选择手机，在资金支付环节基本可以不受时间和地点的限制，从而做到“一机在手，走遍天下”。

3）移动 POS 系统

移动 POS（M-POS）系统是有线 POS 系统的延伸，它摆脱了营业场地、通信线路的限制，可随时随地进行刷卡交易。移动 POS 系统的出现，使得各类消费活动不再受营业场地和通信线路的限制，为商户带来了无限的商机。移动 POS 系统的出现充分体现了技术在金融领域竞争中的地位。现阶段，银行业的竞争方兴未艾，其竞争主要有两方面，一是管理和服务，二是技术。其中，技术的竞争需要加大科技投入，利用先进的科技手段，不断推出新的金融服务品种。首先，移动 POS 系统的开发，使银行能够抢先推出新的金融服务品种，占领新的金融服务领域，极大地提高了银行的自身形象。其次，移动 POS 系统的开发，使银行摆脱营业场地和通信线路的限制，拓展了银行的金融服务和空间，为银行带来大笔的新增存款业务，增强其竞争实力。最后，移动 POS 系统的开发，为社会提供了一种崭新的结算方式，有利于促进电子商务活动的健康发展。

4）移动票务

移动票务是一种新型无纸化票务服务。例如，某些平台可以通过定位技术将距离用户最近的电影院信息发送到用户手机上，用户即可通过手机订购电影票。移动票务服务在订票业务中被广泛应用，且深受消费者青睐。

（二）移动商务的应用环境

美国市场分析和咨询商扬基集团（Yankee Group）分析师扎瓦尔预测，完全实现移动商务需历经以下几个阶段：第一阶段为交流（communication）阶段，指消费者通过移动设备进行语音及信息的交流；第二阶段为内容（content）阶段，指消费者通过移动设备购买软件、游戏、图片、新闻等；第三阶段为商务（commerce）阶段，指消费者通过移动设备在实体世界购买一些实体物品，一旦进入这个阶段，就说明消费者开始完全接受移动商务了。

目前，中国移动已推出手机银行、手机炒股、手机彩票、GPS位置服务、移动OA、UM（统一消息服务）、PIM（个人信息管理）、WAD（无线广告）等移动商务服务。移动商务比传统的以计算机为终端的电子商务具有更广泛、更深厚的用户基础。移动商务虽然在我国已经有了长足的发展，但是其运营环境也显露出了很多问题，需高度重视并在实践中加以解决。

（1）建立安全的运营环境。

与传统的电子商务相比，移动商务的安全性更加脆弱，如何保护用户的合法信息（账户、密码等）不受侵犯是一个迫切需要解决的问题。此外，目前我国还应解决电子支付系统、商品配送系统等安全问题。可以采取的方法是吸收传统电子商务的安全防范措施，并根据移动商务的特点开发轻便高效的安全协议，如面向应用层的加密（如电子签名）和简化的IPSec（Internet安全协议，Internet Protocol Security）等。移动商务必须解决身份识别和隐私保护等问题。无线信道是一个开放性的信道，它带来了诸多不安全因素，如通信内容被窃听、通信双方的身份容易被假冒、通信内容被篡改等。无线网络中的攻击者不需要寻找攻击目标，攻击目标会漫游到攻击者所在的小区，在终端用户不知情的情况下，信息就可能被攻击者窃取和篡改。

（2）拓宽无线资源环境。

与有线系统相比，国家对无线频谱和功率的限制使得无线系统的带宽较小、成本较高；同时分组交换的发展使信道变为共享的，且时延较大；而且，无线连接可靠性较低，若超出覆盖区，那么服务会被拒绝接入。因此服务提供商应优化网络带宽的使用、增加网络容量，以提供更加可靠的服务。

（3）开创面向用户的业务环境。

就目前的应用情况来看，移动商务的应用主要集中于获取信息、订票、炒股等个人应用，缺乏更多、更具吸引力的应用，这无疑将制约移动商务的发展。其主要原因是没有找准突破口，没有突显移动商务无可替代的特性。无线互联的移动化特性会给企业带来巨大的利润和翻天覆地的变化，一旦有真正实用和有价值的无线网络应用服务提供商出现，那么将会形成一个比目前互联网用户发展更为迅速的用户市场，这些用户的潜在商业价值将是难以估量的。企业要想从中受益，就要把移动商务看成是产生新利润、创造新价值和维系更多用户的有效手段。

（4）完善社会信用与法制环境。

当前我国市场机制还不规范，移动商务的商业运作环境还不够完善，缺乏必要的信用保障体系，从而影响了人们利用移动商务的积极性，因此，移动商务要展现辉煌，还需要经历一段过渡时期。其次，网络支付、安全认证、线下配送等系统和电子商务的立法还有待完善。我国的环境很特殊，移动商务除了存在传统电子商务未能解决的问题，由于移动商务的特殊性，其安全问题也尤为重要。此外，如何突破政策的限制、如何与金融企业合作也是移动运营商需要着手解决的问题。在中国人民银行以牌照制来规范支付市场后，现有的手机支付业务已经提高了进入门槛，随着监管机构对参与者在金融方面资质要求的提高，以前针对 SP（Service Provider，服务提供商）的监管体系和运营模式也有了相应的改变，尤其是如何突破小额支付的限制，从而实现真正的手机购物。

（5）优化移动商务人才环境。

移动商务是信息现代化与商务的有机结合，需要大量掌握现代信息技术的现代商贸理论与实务的复合型人才。目前，企业信息化进程日趋加快，移动商务必将成为企业经营信息化的又一重要手段。因此，如果不重视人才的培养或人才培养滞后，那么人才短缺问题就会成为制约我国移动商务发展的诸多问题中最根本、最紧迫的一个。

（6）创新移动服务的技术环境。

移动商务是以移动通信技术为基础的，因此它必然受移动通信技术发展水平的限制。首先，移动终端设备性能相对低下。随着移动终端设备功能的增强，支持业务的增多，需要处理的数据必然增加，这样对移动终端设备的处理能力就有了很高的要求。很多用户抱怨他们的移动终端设备（手机或 PDA）响应速度比较慢，操作时常常有迟滞的感觉。更加严重的问题是，移动终端设备的功能越强大，就意味着能量消耗越大，其电池供电时间就会缩短，因此降低了移动终端设备的便携性。其次，移动通信网络数据传输安全性还不高。现有移动通信网络的传输安全性比较低，基于 WAP 的机制没有端到端的加密，只要用户关心安全问题，他们就不会将钱花在移动商务上。移动通信网络的传输安全性还应该通过各种方式进一步增强。例如，在电子签名、认证和数据完整性等技术上还有待突破；当移动终端设备丢失或被盗后，如何在最短的时间内用最简单的方法完成挂失操作；获得信息的成本过高、效率过低等问题。最后，各移动运营商与相关部门业务的整合还有待进一步加强。

（7）加速企业信息化环境。

对企业而言，发展移动商务的首要工作是实现企业信息化，最起码管理要信息化。企业信息化就是企业利用现代信息技术，通过对信息资源进行深入开发和广泛利用，实现企业生产过程的自动化、管理方式的网络化、决策支持的智能化和商务运营的电子化，不断提高生产、经营、管理、决策的效率和水平，进而提高企业经济效益和企业竞争力。除此之外，企业还应加强对客户信息的搜集和研究，建立以客户需求为主导的营销模式。在信息化的基础上利用移动商务平台提高企业的核心竞争力，为企业的进一步发展打下坚实的基础。

（三）移动商务应用的对策

从目前的发展态势看，我国移动商务要取得大的发展还需要解决以下问题。

1. 我国移动商务服务模式应尽快确定

移动商务服务模式的建立涉及移动运营商、网络设备提供商、手机制造商、内容提供商等。在移动商务服务模式的确定中，移动运营商、内容提供商、手机制造商都可以成为主导。

2. 我国网络支付、安全认证、线下配送等系统应尽快建立

对于我国网络支付、安全认证、线下配送等系统的建立，可以自主推出一些解决方案，也可以采用国际上已经比较成熟的解决方案。例如，爱立信公司的移动电子商务解决方案（Mobile e-Pay），它将移动通信网络、互联网、在线支付和安全技术有机地结合起来，为移动

商务提供了一套完整的解决方案；惠普为企业提供了全系列的移动 e-services 解决方案，HP WAP Server 基于工业标准 WAP1.1，提供无线接入 Internet/Intranet 服务，HP Virtual Vault 提供端到端的加密数据传送、基于证书的认证、军用级的安全性等服务，HP e-speak 和 OpenMail 提供代理和沟通平台等功能。

3. 规范我国移动商务交易的诚信机制

解决我国移动商务交易的诚信问题可以借鉴传统电子商务的一些做法。为了保证交易过程的安全性和不可否认性，可以在移动商务的交易过程中通过强化主体资格的身份认证管理的方式。例如，可以通过第三方认证或数字签名的技术手段来确保交易双方身份的真实性和准确性；同时，还可以采取交易实名制的方式，这在移动商务中也是切实可行的。在移动商务中，终端号码是唯一的，可以和真实的身份一一对应，因此可以通过对终端进行有效的管理来降低移动商务交易的诚信风险。

4. 我国移动商务立法有待完善

（1）移动商务结合了传统电子商务与较先进的移动通信技术，是电子商务发展的新形态。移动商务在电子合同的订立、小额电子资金的划拨、移动证券的委托等方面都有其独特之处，但是目前还没有出台专门的关于移动商务的法律，相关问题只能参照《中华人民共和国民法通则》《中华人民共和国合同法》《中华人民共和国商业银行法》《中华人民共和国证券法》等相关法律。明确移动商务的特点，区分其与传统商业贸易的不同，正确运用民商法基本理论和相关法律法规解决出现的问题（首先运用现行法律解决移动商务的纠纷）。

（2）建立和完善专门的移动商务法律法规，如移动商务特别法、网络融合法、移动服务法等相关行政法规和规章。目前，尽管没有移动商务方面的法律法规，但传统的商务和电子商务的法律法规仍可应用于移动商务，如移动设备的实体认证、签名确认、账单、发票等。

（3）加大对移动商务知识产权的保护力度。打击 SP 抄袭业务软件和服务模式的违法行为，阻止 SP 同质化发展的趋势，扭转移动增值业务“畸形繁荣”的现状。引导 SP 挖掘消费者尚未满足的需求、开发新业务、创造新的收入来源，使 SP 的发展步入良性循环的正轨。

（4）出台相应的市场准入制度，对移动商务主体和 SP 的资质及运营能力进行评估，提高进入移动商务市场的门槛，将短期欺骗和投机为目的的经营者隔离到市场以外。

（5）政府监管部门全面加大对移动商务运营企业和 SP 的清理整顿力度，对提供不健康内容的 SP 要严惩，对造成严重危害的 SP 更要追究其刑事责任。

（6）倡导移动商务行业自律，加大对移动运营商和 SP 的教育工作力度，使其以用户需求为导向、以服务大众为目标、以长远利益为出发点，从思想上树立正确的经营理念。

三、移动商务解决方案概述

1. 移动商务系统架构

移动商务系统的基本结构从下到上分别为移动网络设施、移动中间件、移动用户设施和移动商务应用 4 个功能层。

（1）移动网络设施。它是支持移动商务的网络和设备，其主体是蜂窝移动通信网，还包括无线局域网、蓝牙、卫星通信网络等网络通信技术。

（2）移动中间件。它是连接电子商务与不同的移动网络和操作系统的软件实现层，包括服务器和客户端软件，如 ExpressQ 和 WAP。ExpressQ 是一种移动消息接发中间件，可将非 IP 应用程序提供给移动用户，完成移动用户脱离服务区时的信息存储和移动用户处于服务区时的信息转发功能。WAP（Wireless Application Protocol，无线应用协议）用以将互联网上的应用和服务引入移动终端，它采用 WML（Wireless Markup Language，无线标记语言）作为信息标记语言。

（3）移动用户设施。它是支持电子商务的移动终端，包括手机、PDA 等。

（4）移动商务应用。移动商务不仅提供了电子购物环境，还提供了一种全新的销售和信息发布渠道。从信息流向的角度来看，移动商务提供的业务可分为以下 3 方面。

① “推（Push）”业务：主要用于公共信息的发布，其应用领域包括时事新闻、天气预报、股票行情、彩票中奖公布、交通路况信息、招聘信息和广告等。

② “拉（Pull）”业务：主要用于信息的个人定制接收，其应用领域包括服务账单、电话号码、旅游信息、航班信息、影院节目安排、列车时刻表和行业产品信息等。

③ “交互式（Interactive）”业务：包括电子购物、博彩、游戏、证券交易和在线竞拍等。

2. 移动商务解决方案应用技术

面向企业的移动商务应用的目标是将企业的信息与应用扩展到企业所需的任何地方，它所要求的移动数据库技术、同步技术等正成为新的核心技术，这些技术与移动商务系统的基本结构相适应。移动商务解决方案中采用的相关技术主要有以下几方面。

（1）嵌入式（移动和工作组级）数据库。它为第三方公司嵌入数据库功能，是解决方案的一部分。例如，在财务软件或自动销售解决方案中，以及在硬件（如网络路由器、移动终端）中实施嵌入。嵌入式数据库技术市场的增长是由移动数据库解决方案不断增长的需求来驱动的。

（2）移动中间件。它是服务器或客户端软件，通过它可将企业应用扩展到移动目标用户。移动中间件市场的技术包括无线应用服务器、移动应用组件、消息技术，以及与企业内部应用（如 CRM、ERP）系统和企业原有业务系统的集成。

（3）移动商务应用软件。除了一些针对不同企业开发的特定移动商务应用软件，许多打开即用的新的移动商务应用软件也应运而生，如将邮件信息扩展到移动终端。另外，随着移动终端成为企业工作设备的一部分，对于这些设备的管理和维护也将成为一个新的应用领域。将一些已有的通用应用软件，通过将移动中间件扩展到移动终端，产生新的移动商务应用软件。

四、移动商务的未来发展趋势

随着移动通信技术的快速发展，以及移动商务市场的不断成熟，移动商务的发展遇到了前所未有的良机。移动商务的未来发展有如下几大趋势。

（1）移动商务客户群的拓展。

要想实现移动商务的良好发展，就需要不断拓展移动商务的范围，不仅要提高移动商务企业的业务能力，还要将移动商务的目标客户群由个人用户向集团用户转变。与个人用户相比，集团用户对移动商务的需求量更大，如果将集团用户揽入移动商务领域，就一定会使移动商务的发展得到强大的推力。但是，移动商务企业也应该重视个人用户，因为移动商务的主体和基础永远都是广大的个人用户。

（2）提高移动商务的安全性。

目前网络安全问题层出不穷，大大影响了人们对移动商务活动的信任程度，移动商务的安全性已经成为影响移动商务活动发展的重要因素。首先，相较于计算机，移动电子设备的安全防护显然还不够，因此人们普遍对移动商务的安全性存疑。为了加强人们对移动商务活动的信任程度，提升人们参与移动商务活动的积极性，就必须对移动商务活动的安全性进行大力的加强，政府相关部门还应出台相关的法律法规，确保移动商务活动的开展环境。

（3）无线电子设备能够促进移动商务的发展。

无线电子设备是移动商务活动开展的基础，只有无线电子设备不断发展，移动商务与电子商务之间存在的壁垒才会减少。如今，无线电子设备已经非常先进了，相信在不久的将来，移动商务应该可以完全替代 PC 端电子商务，所以相关企业一定要着力于这方面的研发，争取早日实现电子商务与移动商务的融合。

（4）移动商务的发展将会更加个性化。

移动商务已经如火如荼地开展起来了，这也从侧面证明了移动互联网信息时代的到来。在新的时代背景下，移动商务作为一个充满活力的新兴领域绝对大有可为，但是它一定要为用户提供物美价廉的服务，这样才能留住用户，赢得口碑，因此要在移动商务中开展个性化服务，根据用户的年龄、性别和经济水平，判断不同用户的使用需求。

【任务实施】

（1）确定调查主题：我国移动商务总体发展状况。

（2）初步确定所需的基本资料：我国移动用户的总体规模、移动业务应用状况、移动商务在互联网商务中所占的比例、近年移动商务的市场规模、移动商务市场存在的问题及基本对策等。

（3）初步确定收集资料的方式和途径：主要通过互联网等途径，以收集二手资料为主。

（4）资料收集。

（5）资料筛选、整理：筛选有用信息，并对信息按问题进行归类、整理。

（6）资料分析：根据收集的信息，分析我国移动商务市场的基本发展状况及其呈现的基本特征、存在的问题与对应的主要对策等。

（7）撰写市场调查报告。

【任务拓展】

一、移动商务系统的主要功能

随着移动通信技术和计算机的发展，移动商务的发展已经经历了三代。第一代移动商务系统是以短信为基础的访问技术，这种技术存在着许多严重的缺陷，其中最严重的缺陷是实时性较差，查询请求不会立即得到回答。此外，短信信息长度的限制也使一些查询无法得到一个完整的答案。这些令用户无法忍受的严重缺陷导致一些早期使用基于短信的移动商务系统的部门纷纷要求升级和改造现有的系统。

第二代移动商务系统采用基于 WAP 技术的访问方式，移动终端主要通过浏览器来访问 WAP 网页，以实现信息的查询，解决了第一代移动访问技术的部分问题。第二代移动访问技术的缺陷主要表现为 WAP 网页访问的交互能力极差，因此在很大程度上限制了移动商务系统的灵活性和方便性。此外，由于 WAP 使用加密认证的 WTLS（无线传输安全层）协议建立的安全通道必须在 WAP 网关上终止而形成安全隐患，所以 WAP 网页访问的安全性对于安全性要求极为严格的政务系统来说也是一个严重的问题。这些问题也使第二代移动商务系统难以满足用户的需求。

新一代的移动商务系统采用了基于 SOA 架构的 Web Service、智能移动终端和移动 VPN 技术相结合的第三代移动访问和处理技术，使系统的安全性和交互能力都得到了极大的提高。第三代移动商务系统同时融合了较新的移动技术、智能移动终端、VPN、数据库同步、身份认证及 Web Service 等多种移动通信、信息处理、网络安全和计算机网络技术，以专网和无线通信技术为依托，为电子商务人员提供了一种安全、快速的现代化移动商务办公系统。

1. 移动商务短信平台功能

（1）来访信息查询功能：可按时间、地域和访问栏目查询来访手机号码及留言，此功能的运用可为企业自动锁定目标受众，便于企业促销、宣传活动的高效开展，为企业省钱、省力。

（2）通信簿功能：具备用户分组、号码添加、号码查询、通信信息导出功能，用户可随时随地进行通信簿管理和功能的使用。

（3）短信功能：与移动实名功能联合使用，移动实名功能为企业锁定需求目标，而短信功能则为需求用户发送需求信息，从而实现精准营销，花费少、效果好。

（4）抽奖功能：是为企业用户维护和开发而设计的，当企业在某一时间和地域进行宣传活动时，可按时间、地域、中奖人数、奖项等条件进行设置，开展抽奖活动并给中奖者送出奖品，从而有效地留住老用户，强有力地吸引新用户。

（5）留言功能：用户通过发送“移动实名+留言栏目号+内容”进行留言。留言功能让用户和企业进行亲密接触及有效的交流，使企业在第一时间获得用户的反馈和建议。

2. 移动商务 WAP 平台功能

（1）展示功能：在企业 WAP 上展示图文并茂的信息，向用户展示企业的形象、实力等，可让用户对企业进行全方位的了解。

（2）陈列功能：通过企业 WAP 上完善的产品介绍，可以让企业产品突破时间、空间的限制，走进用户的生活。

（3）导购功能：为用户提供在线咨询和帮助服务，使企业和访问用户进行亲密交流，用户可以直接在线下订单。

（4）移动办公功能：通过企业 WAP 上的移动邮局收发电子邮件，以迅捷、安全、高效的显著功能提高办公效率。

（5）营销功能：企业 WAP 上的短信群发、准告（准确、准时、准许的告知）的服务优势，使企业的品牌快速、精确定位地传播，这是企业开展“移动定向营销”的最佳选择。

（6）支付功能：使手机变成新的金融及身份辨识工具，通过 WAP 上的无线支付功能，为企业、个人提供更安全、更可靠的个性化服务。

（7）掌上娱乐功能：WAP 上更多的游戏、动漫、时尚、生活等休闲娱乐世界，提供了更便捷的操作方式，使用户随时随地畅享移动带来的无限生活乐趣。

3. 基于 Web Service 的移动商务平台

基于 Web Service 的移动商务平台采用目前较先进的 SOA 和 Web Service 技术，不仅可以提供上述第一代、第二代移动商务平台的所有功能，还可以支持工作流、地图定位、商业智能等较先进的商务理念。

在英国的贝德福德地区，警察利用手中的黑莓手机不仅可以完成议案讨论、任务分派、传递信息，还可以在执勤时，实时进入警察局的数据库，随时查看调用资料，如身份 ID、车牌、疑犯信息等内容。我国杭州市的城市管理综合行政执法局也有类似的运用。城管人员在外执法过程中，通过数字魔方的移动办公平台登录系统，便可以实时立案，查询案件的处理状态、处理方式及结果。

二、移动商务在各行业中的应用状况

（一）移动商务在旅游业中的应用

移动商务应用于旅游业不仅为旅游企业和旅游管理者降低成本、提高管理效率提供了机会，还为旅游者提供了个性化、快捷、周到的服务，这些服务项目大致可分为以下几类。

（1）信息服务。旅游网站可以为用户提供信息浏览和查询服务，这些网站通常都具有旅游信息的汇集、传播、检索和导航功能。旅游网站提供的信息一般涉及航班、列车、景点、饭店、交通旅游线路等方面的介绍和查询，还包括旅游常识、旅游注意事项、旅游新闻、货币兑换、旅游目的地的天气、环境、人文等信息的介绍。

（2）旅游订票服务。网上订票已经发展成为移动商务的一项主要业务，移动商务使用户在票价优惠或航班取消时立即得到通知，也可以支付票费或在旅游途中临时更改航班或车次。

（3）基于位置的服务（LBS）。通过对移动终端进行定位，运营商可为用户提供基于位置的服务。例如，导航服务为旅游者和外地车辆提供基于地图的导航；当旅游者在城市观光游览时，为其提供到达目的地的最佳路径指示、基于位置的信息发布和基于位置的移动黄页等。基于位置的服务可以分为以下两方面。

① 安全救援服务。安全救援部门可以通过对用户位置的确定，给用户提供在紧急状态

下的救援活动。例如，在郊外无人区时汽车抛锚、在旅游时迷失方向、在发生紧急事件需要医疗急救而事主并不清楚自己所在位置时等情况，安全救援部门能够通过移动网络对持有移动终端的用户进行准确的定位，然后予以援助。

② 移动导游服务。移动导游服务指在旅游的过程中，通过电子化的手段进行景点介绍、行程安排等。移动导游服务可以把景点的地理、文化、历史、典故、神话、人文等内容集成，通过电子化的手段以高质量、大篇幅、有趣的多种语言向游客进行讲解，使游客真正感受到生态旅游是一种增长知识、拓宽视野、陶冶情操的高品质精神享受，在游客了解景点的人文历史和风土人情的同时，大大提高了景区的导游品质、维护了景区的良好形象。此外，随着我国入境旅游市场人数的快速增长，境外旅游者越来越多，移动导游服务还充当了导游和语言翻译的角色。

（二）移动商务在票务系统中的应用

2000 年 3 月 28 日，中国南方航空集团有限公司（以下简称南航）率先推出了国内第一张电子客票，当年实现销售收入 30 万元。2001 年南航电子客票销售达到 1.45 亿元，自此，我国的电子客票业务开始起步并进入逐步发展阶段。

由于移动通信在我国的迅猛发展和 5G 时代的到来，以计算机网络、二维条形码等为代表的现代科学技术为移动电子票务的实现提供了成熟的技术环境。市场需求、技术进步和国外市场的示范作用共同催生了我国的移动电子票务市场。国内的票务业务开始市场化，并呈现出快速发展的强劲势头。

移动电子票务的核心是商务应用，而移动电子票务的基础和保障是技术。移动通信所具有的灵活、便捷和个性化的特点，决定了移动电子票务应当定位于大众化的个人消费领域，更适合提供大众化的商务应用。移动电子票务有效地提高了社会服务效率，改善了人们的生活。

（三）移动商务在教育系统中的应用

移动商务在教育系统中的应用主要集中在两方面：一是校内的管理，如中国移动的“和教育”；二是远程教育的支持，如中国平安的“知鸟”。

1. 中国移动的“和教育”

“和教育”是中国移动面向中小学师生和家长推出的一款集在线教育学习及家校互动沟通为一体的手机软件，其主要功能包括以下几点。

（1）家校互动。

家校互动是将课堂互动、学校管理、教育云平台进行深入整合，为学校、家庭、个人创建的一个科学、高效、和谐、智慧的家校互动平台，可有效减轻老师的工作负担，推动家长深度参与教育，形成统一的教育合力，使教育能量最大化，帮助孩子健康成长。

（2）教育资源。

教育资源是联合新东方等知名教育机构联合打造的，其内容涵盖全年级、全学科教材，为学生提供辅助性的学习资料；为教师提供大量的优质教学资源，包含教案、课件、素材、习题等，提供一站式的教学备课服务。

（3）应用中心。

应用中心致力于打造多角色、各学段教育产品多元整合的集成应用产品，并提供最新上架、免费应用、最新优惠、使用排行榜等全方位、多维度的教育应用展现和一站式的订购使用服务。

（4）教育资讯。

教育资讯聚焦K12（kindergarten through twelfth grade）教育垂直领域，其内容涵盖行业动态、升学考试等7个频道，针对各地用户提供地方政策和分省资讯，使用户及时掌握最新、最全的教育动态。

2. 中国平安的“知鸟”

“知鸟”是中国平安旗下一款移动学习及员工培训App，是帮助企业建立内部一站式企业培训学习管理的云平台。“知鸟”作为行业较领先的移动学习平台，旨在助力HR内训、企业经营和一线业务，实现一站式轻松做课、一键推送课程、轻松学习管理、全面数据监控。

“知鸟”平台的特点如下。

（1）支持多样教学模式。

“知鸟”平台支持多种员工上课形式，支持员工自学或必修课强制推送，支持线上、线下结合O2O混合教学模式。

（2）个性化定制首页。

“知鸟”平台满足企业个性化需求，通过可视化设置，企业可自行设计所属首页的版式及展现内容。

（3）课程内容丰富多样。

“知鸟”平台涵盖多行业、多职能的共享课程，支持直播课程、视频课程、图文课程、游戏课程、测评练习等丰富多样的课程形式。

（4）操作简单容易上手。

“知鸟”平台提供了简单易用的做课工具，用户可自助完成课程的新建、编辑、上传。“知鸟”平台的功能强大，支持语音、直播、图文等多种模板。

（四）移动商务在物流业中的应用

1. 运营商对移动物流系统的支持

中国移动以其移动性、随时性和强大的网络优势，利用现代信息技术进行运作和管理，将物流各环节及信息等有机结合，形成了完整的供应链，为用户提供多功能、一体化综合性服务。中国移动在此前提下推出的“移动巴枪”系统为实现物流信息化起了成功示范的作用，此系统是依托中国移动成熟的网络平台，以手机或PDA等移动终端作为数据存储载体，结合条形码扫描枪、手持打印终端形成的条形码数据采集打印系统，其具体应用功能如下。

（1）工单派发。管理中心利用无线在线功能把收件单、派件单及时下发到各业务员的PDA上，以便业务员跟进。

（2）收件信息管理。业务员依据管理中心发来的收件信息到客户处收取快件，并在现场将扫描采集的条形码、收件时间，以及填写的货物总重量、件数、申报价格等信息通过无线网络传送到管理中心。

（3）货物中转信息管理。货物在运输途中，中转站的工作人员通过扫描仪将货物信息进行采集并实时通过无线网络传送到管理中心，使管理中心实时掌握货物的位置等信息，并将这些信息实时反馈给客户，使客户实时掌握自己货物的运输状态。

（4）到货检验。业务员将快件送到客户处，可在现场通过扫描采集条形码、派件时间等信息，并通过无线网络传送到管理中心，管理中心可及时将到货信息反馈给发件人。

（5）签收同步。收货人收到货物后，在手写 PDA 终端上签名确认。客户的电子签名及货物信息等将通过无线网络与后台系统实现同步。

“移动巴枪”物流管理系统功能的实现，可以为物流企业提供更优秀的标准化完整服务，优化服务质量，使原本需要大量人力完成的工作只在 1～2s 即可解决，大大提高了工作效率，节省了运营成本，可以帮助企业客户降低库存、提高资金周转率，提升企业客户的满意度和忠诚度，并实时掌控物流资源信息，为企业决策提供数据支持，安全性也大大提高。

2. 企业对物流系统的应用

借助思科的无线网络，海尔物流信息系统的成功实施和完善，理顺了海尔物流流程，为海尔带来了显著的经济效益：仓储面积减小了一半，库存资金周转时间从 30 天缩短到了 10 天以下。这顺畅的流程背后是一个先进的信息网络平台体系在支撑，成功的物流链流程改造使海尔提升了企业的核心竞争力。海尔在物流方面所做的探讨与取得的成功，提升了海尔的国际竞争力，给国内其他企业带来了新的启示。

物流移动商务管理需要大量的资金投入，这也是国内物流企业信息化面临的主要问题。事实上，有效货源信息的获取和成交带来的利润，以及减少资源浪费带来的效益，远远高于移动商务管理的成本。物流企业通过实施移动通信技术不仅能实现成本的降低，还能从经济效益、社会效益和提升管理水平等多方面看到实实在在的效果，形成“全面开花”的多赢局面。目前，仅深圳就有多达 700 家物流企业选择深圳移动作为其物流信息化的合作伙伴。移动通信技术在物流行业的应用正在成为一种不可阻挡的趋势，对于传统的物流企业，这是一场名副其实的革命。

3. 移动物流服务分类

移动商务应用于现代物流业，不仅为物流企业和物流管理者降低成本、提高管理效率提供了机会，还为客户提供了个性化、快捷、周到的服务，这些服务项目大致可分为以下几类。

（1）移动虚拟专用网。

MPVN（Mobile Private Virtual Network，移动虚拟专用网）是基于智能网技术实现的，是面向集团客户的移动语音业务。一组移动用户组成 MPVN 集团，每个用户都有专有号码（短号），可以利用短号实现网内移动手机用户的互相呼叫。利用移动手机快速、灵活地组建企业内部的小交换机网络，为集团内用户提供短号，方便联络。MPVN 使同在物流企业内的用户之间实现缩位拨号、短号显示并能获得资费优惠。

（2）电话会议。

物流企业人员所处位置不固定，而电话会议不受时间、地点的限制，适用于临时会议或异地会议的召开。电话会议增加视频，有移动电视会议，该业务基于流媒体技术，为用户带来随时随地进行可视化办公的便利，属于为企业用户提供的移动办公业务中的一类。

（3）企业短信和彩信。

由于企业短信和彩信既有点对点发送的功能，又有群发的功能，企业短信和彩信还有个性化通知、定时发送、邮件提醒、图片传送、信息通告和多媒体的功能，所以解决了物流企业及时准确地下发调度通知并进行协商沟通的需求问题。企业短信和彩信不仅方便了各个工作环节的沟通，还为物流企业节省了大量的通话费用。

（4）设备与设备之间的通信（M2M业务）。

M2M（Machine to Machine）业务涉及的是机器（设备）之间的通信，M2M业务在物流企业中的应用包括物品（财产）的安全业务、对汽车等设备的监控业务、自动仪表的测量和数据读取业务、设备维护业务、贩卖机状态监测业务、各种公众设施的流量监测业务、车队管理工业处理自动化业务，以及远程信息处理、揽收货款业务等。

（5）无线接入业务——GPS车辆定位。

根据物流企业外运组建灵活的无线指挥调度系统的需求，可以采用无线网络系统实现物流企业外运调度中心与运输车辆之间的双向信息传输。调度中心利用无线终端，通过移动的无线网络与物流企业外运调度中心主机相连。

（五）移动商务在政府工作中的应用

2004年，北京移动通信为北京市东城区打造了“网络化城市管理信息平台及应用系统”，结果表明，该系统对城市管理问题的发现率达到90%以上，指挥中心的任务派遣准确率达到98%，问题处理平均时间为13.5小时，结案率为94.18%。

在智能监控方面，利用GPS、MPS等技术可以实现对所需位置进行实时监控，对远程设备进行数据采集、自动抄表、数据查询，对水、电、气等用量负荷进行自动预警、设备无人化自动管理等，从而有效地降低了维护成本，提高了生产效率。

目前，不少地方政府已经与移动运营企业合作，建立了灾害天气、重大公告等短信发送平台，可及时向市民发布相关信息，减小灾害损失。移动通信具有的移动性、个人性、实时性、安全性的特点，使移动政务做到了传统电子政务系统无法做到的事情，延伸到传统电子政务系统无法涉及的地方。随着移动通信技术的发展和移动信息化解决方案的成熟，移动政务在政务信息化中扮演了重要的角色。

在政府内部，通过移动信息化解决方案与政府机关内部办公信息系统的结合，公务人员可以通过无线终端实现移动办公、公文通知、会议活动通知等，提高了内部办公效率，促进了内部沟通。在政府和群众之间，移动信息化解决方案成功搭建了便捷的沟通桥梁，群众通过移动终端，可以获取电子政务系统中与自身利益相关的信息。移动政务方案的实施和推广，带来了政府整体通信费用的降低及办公效率的提高，提升了政府的服务水平和服务效率；而政府工作的透明化也提高了群众对政府工作的认知度和认可度。

（六）移动商务在餐饮业中的应用

当把移动商务包含的技术，以及它的商业模式与餐饮业结合起来时，可以使餐饮业更新自身的经营方式，拓展其大众市场，健全其软硬件设施，使餐饮业更具科学化、集锦化和社会化。截至2019年6月，我国网上外卖用户规模达4.21亿人，其中手机网上外卖用户规模达4.17亿人，占手机网民的49.3%。在餐饮业中应用移动商务有以下几种途径。

（1）构建企业站点，丰富企业宣传渠道。

构建企业站点。对于一些外出旅游的游客来说，来到一个陌生的城市，往往都想品尝一些本地的特色食品，他们往往都是通过上网来获得这些信息的。当餐饮企业在网上构建自己的站点之后，客户就可以利用计算机或者手持设备通过有线或者无线网络来获取餐饮企业的信息。

建设短信服务平台。目前，我国餐饮企业在营销推广方面的移动信息化需求已非常迫切，多数餐饮企业希望能够在短期内见到实际推广的效果，提升店内人气。因此，让餐饮企业从最简单的应用入手，使其感受移动应用为自身带来的实际利益，在体验中接受移动信息化产品是餐饮业信息化的突破口。建设短信服务平台对于实现餐饮企业的精准营销具有显著作用，餐饮企业可以通过自己的短信服务平台在特定时间对特定用户群发特定短信的增值服务。对于餐饮企业来说，建立自己的短信服务平台具有个性化的优势，即见效快、应用灵活、针对性强，能精准直达、锁定目标群体，发送时间和地点都可自由定制、精准发送，广告信息投放实效性强。此外，短信服务平台还能创造新型的客户关系管理方式，对企业经营有所帮助，如短信现场互动、短信抽奖活动、短信问卷调查、短信投诉建议、客户积分统计、客户来访统计等。

（2）构建客户信息库，加强对客户的管理。

对于餐饮企业来说，如果要做到既能吸引新客户，又能留住老客户，除了餐饮企业自身要做到饭菜可口、服务周到这些基本的服务，还要加强对客户的管理和关怀。对客户进行管理需要建立客户信息库，在客户信息库中为每位客户建立一张信息表，表中要记录客户的客户代码（唯一标识每位客户）、姓名、生日、联系方式、积分、会员级别、每次用餐时间、用餐餐桌号码、点菜目录等信息。这些信息会为将来管理客户提供帮助。例如，可以把企业的最新动态（如新菜上市、打折信息等），根据客户信息库中客户所留的电话号码通过短信服务平台发送给客户，或在客户生日、重要节日等特殊日子给客户发送祝福信息等。通过这些措施可以加强对客户的关怀，提升客户的忠诚度。

（3）引入新型营销理念，激励客户。

目前餐饮业大多停留在发放贵宾卡来吸引客户长期消费的状态，而缺乏引入新型营销理念的思想，严重阻碍了餐饮企业的发展。餐饮企业在营销时可以引入会员制度和直销理念。会员制度是将在餐饮企业消费的客户按照规定严格分为若干等级，每个等级享受不同的优惠。会员制度的建立是为了配合直销理念来激励客户。

将直销理念、会员制度及移动商务模式三者融为一体应用于餐饮企业的营销方法就是通过老客户转发短信，为餐饮企业招揽新的客户，从而实现用餐客户的倍增。具体的操作方法是：在餐饮企业每次向客户发送短信时，在短信内容的前面加入一个唯一标识客户的代码，如果客户将这条具有唯一标识代码的短信发送给他的亲戚好友，亲戚好友通过这条短信来到餐饮企业用餐，并且在用餐后出示这条短信，那么这些用餐客户可以享受一定的优惠，而转发这条短信的客户也可以得到相应的积分，当积分达到某个值时，可以成为更高级别的会员，进而享受更多的优惠。这样就可以激励这些用过餐的客户向其他客户进行宣传的积极性，也为餐饮企业招揽了更多新客户。

（4）引进新技术和新设备，为客户提供增值服务。

无线点菜。餐饮企业可以在其主页下设立名为在线菜单的二级页面，客户在点餐时，可以通过手机等手持设备经过无线网络登录餐饮企业的主页，在企业主页的在线菜单页面下浏览菜单的具体信息，如菜的原料、口味、价格及图片等。这样每位客户都可以通过手机等手持设备来登录餐饮企业的主页了解菜单的详细信息，而没有必要为每位客户都提供一个纸质的菜单，同时客户在访问企业主页的过程中也可以了解企业的一些其他相关信息，可以为客户留下更加深刻的印象。

移动支付。当客户在餐饮企业消费后，可以通过手机等手持设备进行支付，而无须随身携带现金或信用卡。客户在餐饮企业用餐后，可以通过手持设备登录网上银行，通过网上银行将在餐饮企业消费的金额转入餐饮企业的账户，在餐饮企业确认之后，就完成了此次支付。

（七）移动商务在农业中的应用

目前，我国农村的无线网络基础设施建设已基本完善，农村和山区网络设施不是很健全、铺设范围不广的现象也已基本消除，这也为较偏僻山区的特产，尤其是土特产的供销渠道和信息发布带来了很大的好处。

移动信息可以基于用户偏好和用户当前所处的位置，非常有针对性地进行发送，这就为农产品信息发送的个性化提供了一个极好的平台。移动运营商对用户偏好信息的收集可以基于早期用户的访问信息，也可以基于用户购买习惯的积累。移动农产品信息的出现改变了商业农产品信息的传统形态，极大地提高了农产品信息的时效性和针对性。农产品信息可以被商家甚至用户预先确定选择发送到某一特定区域，也可以根据商家的要求按照用户的兴趣和个性特征来发送。被发送的农产品信息随着无线基础设施带宽的增加，内容将更加丰富，包括声音、图片和视频片段。移动运营商可以考虑采用 Push（推）业务和 Pull（拉）业务技术基于单个用户或某一类用户进行发送。

移动农产品信息可以有多种营利模式，在对农产品信息投放商进行收费时，可以根据农产品信息的字节数收费，也可以根据接收农产品信息的客户群体数量收费，还可以根据待售商品或服务的价值收费。对用户偏好信息的收集与对个人隐私保护的冲突，以及在一个高度多变的环境中对用户进行实时跟踪的频度是影响移动农产品信息业务发展的至关重要的问题。

三、典型企业的移动商务解决方案

（一）IBM 无线智能解决方案

IBM 无线智能解决方案主要由智能电子商务（E-Business To Smart Machines）、为移动人士提供的解决方案（Solutions for Mobile People）和高级基础设施解决方案（Advanced Infrastructure Solutions）构成。

1. 智能电子商务

智能电子商务模式由 IBM 创立，涵盖智能芯片、无线设备监控、商业与机器设备间的互动联系、无线射频识别（RFID）标签、远程信息传送（Telematics）及以定位为基础的服务。智能电子商务模式并非指现行系统和流程的规律性演进，而是一项崭新的商业模式，锐意创新的企业能透过成本及运作流程的转变，进一步增强自身的竞争优势。例如，智能设备监控系统，以及通过智能销售终端进一步提升企业品牌与客户间的亲密度，以全新的方式为消费者和企业提供新产品与服务。IBM 提供多元化的“智能设备电子商业应用”方案，能依据各行各业的需求而制订。智能电子商务有关方案主要分为以下几类。

（1）智能工业。由机械设备进行监控、诊断、管理和报告，取代人工操作。例如，IBM 与 Chevron/Texaco 石油公司合作建立的无线远距离监控系统，把设置在加油站的计算机中的实际流量数据整合至后端系统。通过无线远距离监控系统，Chevron/Texaco 石油公司能迅速存取准确的资料、加快收费过程、充分使用现有的系统设备。

（2）智能车辆。为搭载乘客的车辆及商用车辆提供智能化运输系统。例如，IBM 与英国最大的保险公司 Norwich Union 建立创新的“按量收费”（Pay As You Drive）系统，让车主按使用模式支付汽车保费。IBM 在用户的车辆内提供远程信息传送技术及服务，以无线方式把使用资料传送至 Norwich Union，让 Norwich Union 计算相应的保险费用。按量收费系统能让驾驶者根据汽车的实际使用情况，缴付所需的保险费。

（3）智能家庭。通过与公用事业公司及电信服务供货商合作，为家庭用户提供全新的产品和服务。例如，IBM 携手 USA Technologies，为多间大学生宿舍提供了可接通互联网的智能洗衣/干衣机，让学生通过计算机或手机遥控洗衣/干衣机，以节省排队等候洗衣的时间，该系统取代了传统的投币式操作洗衣设备，学生可通过身份证或手机支付相关费用。

（4）智能卡。通过人与智能卡之间的互动联系，提供付款及身份识别功能。例如，为加强温布尔登网球锦标赛的保安措施提供的智能卡追踪试验系统，可使主办单位追踪任何入场观众的确实位置，以预防潜在的保安事故。智能卡追踪试验系统是一套以 Java 为基础的网上应用系统，接收设于球场内不同角落的阅读器发送的位置信息。

（5）新应用技术，如无线 RFID 标签、智能芯片及新设备。

2. 移动人士的解决方案

IBM 为移动人士提供的解决方案采用了较先进的无线技术，增加个人与外界沟通及协作的能力，全面提升生产优势。这些创新方案为全球机构提供了以下三方面的服务。

（1）流动通信。加快识别及读取重要信息，简化通信管理以提升生产力和响应客户诉求的能力。

（2）流动商贸。利用数码宽频收费技术，推行灵活的数据服务收费模式，以提升客户服务、开拓收入来源。

（3）流动内容。利用不同的宽带网络技术（包括有线和无线），让用户通过新兴设备，随时随地阅览和享用个性化的内容、互动游戏、娱乐及其他卓越的服务。

以上有关方案是在单一的设备上，通过各类应用程序，为用户提供安全、灵活而可靠的流动功能。移动人士的解决方案有助于企业增加收入及节省成本，同时为员工和客户提供更加个性化的服务，令工作和生活更方便，并获得更多乐趣。

凭借 IBM 为移动人士提供的解决方案，企业能为他们的用户提供全面的无线服务，让他们以个人需要及喜好灵活地设定通信方法，随时随地进行相关活动。

总而言之，上述方案能令终端用户提升生产力、享受个性化服务和内容丰富的娱乐功能，服务供应商也可借此开源节流。随着工作与个人生活日渐融合，市场对新技术的需求不断增加，用户将随时随地、通过任何设备满足工作和个人生活上的需要。

3. 高级基础设施解决方案

IBM 为企业、电信运营商及服务提供商提供各项较先进的技术方案，以帮助它们通过新一代增值服务，增加收入来源、节省成本、扩充市场。IBM 的高级基础设施解决方案提供了先进的通信、保安及设备管理等方案，以满足电信运营商及服务提供商在建立新一代网络与业务模式上的技术要求。IBM 高级基础设施方案涵盖以下三大主要范围。

（1）先进的宽频服务供应方案。此方案主要集中在业务整合服务方面，如连接 IBM 及其他供货商的软硬件产品，协助企业及服务提供商降低服务供应成本、提供增值服务。

（2）先进的增值网络方案。此类方案包括 IP 网络、网络扩充及相互联系，协助整合及驱动网络价值链的各部分，有助于增加收入、提升网络价值。

（3）先进的设备管理方案。此方案协助企业及服务提供商扩展漫游服务，并节省在管理不断增加的设备时所需的成本，以及减少繁杂的重复性工作。

（二）Sybase iAnywhere Solutions 移动商务解决方案

iAnywhere Solutions 是 Sybase 的子公司，是业内较顶尖的移动、无线、工作组与嵌入式解决方案供货商。目前，遍布在世界各地的企业用户，利用 iAnywhere Solutions 改善生产力、优化业务运作及拓展收入来源。iAnywhere Solutions 凭借其逾十年的营运经验，面向金融服务、医疗保健、政府机构、公用事业、运输与零售业等各大市场，为企业的电子商务需求提供一站式的解决方案。

iAnywhere Solutions 移动商务平台是一个全面集成的软件架构，该移动商务平台可以将电子商务应用、企业数据和 Internet 内容扩展到移动、无线、远程和嵌入式设备上。该移动商务平台提供了开发、管理、部署完整的企业移动商务解决方案的核心基础，提供了从无线 E-mail 到移动或远程的商业应用，如自动销售、流动服务和客户关系管理，同时降低了风险、成本并缩短了开发时间。iAnywhere Solutions 产品包括以下几项。

（1）SQL Anywhere Studio。它拥有市场领先的数据管理与企业同步技术，确保分布式电子商务解决方案的快速开发与部署。SQL Anywhere Studio 是智能型数据管理系统，无论用户采用何种类型的连接或应用，它都能保证用户可随时随地访问数据和企业应用，让用户随时随地获取所需的信息，从而极大地提高工作效率。

（2）iAnywhere M-Business Studio。它是一个全面集成的软件包，可以将电子商务应用、企业数据和 Internet 内容扩展到移动和无线设备，包括智能电话、PDA 和笔记本电脑。iAnywhere M-Business Studio 建立于无线应用服务器、消息、数据管理和企业同步技术之上，为进行移动商务提供了核心基础，可降低成本、缩短部署时间。

（3）Manage Anywhere Studio。它是一个安全的中央式管理应用与硬件（如笔记本电脑和移动设备）的完整解决方案。Manage Anywhere Studio 通过单一的管理控制台集中控制管理系统中所有的应用程序和设备（包括笔记本电脑、服务器和手持设备），提供了发布、安装和管理远程客户系统上软件、数据与文件的一整套简易有效的解决方案。

手持设备支持。Manage Anywhere Studio 采用了多项技术，独特的设计使其能在企业现有的局域网环境中高效运行，这大大有别于传统的基于局域网的管理工具。

支持实时远程控制。Manage Anywhere Studio 拥有一项革命性的技术，允许 IT 远程接管用户机器，诊断并快速解决用户遇到的问题。一个远程会话可以由内部控制台或 Web 控制台轻松启动，而无须考虑连接类型或所处位置。

自动集中式软件分发。Manage Anywhere Studio 提供了一种简捷高效的解决方案用于分发、安装管理笔记本电脑及移动设备上的软件、数据与文件。管理员能够管理目标设备、存档任务、分发软件、更新和升级。

清单及资产管理。随着一个公司设备的增加，对硬件设备及软件的管理难度会加大。Manage Anywhere Studio 提供了一种全面的解决方案来跟踪所有的设备，收集 IT 部门需要的全部信息，查找故障，并通过一个中央点进行关键的资源决策。

保护移动的企业资产。远程和移动计算领域正在进行的革命已经给企业安全带来了新的威胁——成千上万的设备运行在防火墙之外，并且超出了系统管理所及的范围。无论企业员工使用的是联网个人计算机、家庭办公计算机、笔记本电脑，还是移动设备，Manage Anywhere Studio 都能帮助企业确保员工遵守 IT 准则。

（4）Mail Anywhere Studio。它是一个直接可用的解决方案，提供“永远可用”的从移动和无线设备获取 Lotus Notes 与 Microsoft Exchange 企业 E-mail、日历、通讯录、任务管理信息的功能。

Sybase 基于较领先的移动商务技术平台推出了面向垂直行业的移动商务应用解决方案。在我国，Sybase 移动商务解决方案已成功应用于保险、能源、物流、教育、电信、医疗和零售等各行各业，客户包括中国石化、北京市教委、全国法院系统、平安保险、光明乳业、三九医药和华润集团等。

（三）惠普移动商务解决方案

惠普的企业移动计算平台可以分解为企业无线访问渠道和无线基础设施两部分。无线访问渠道包括无线访问设备和无线网络；无线基础设施包括保障无线应用安全的服务器和无线应用网关（如无线应用表现服务器、移动数据同步服务器和位置服务器等），它们是无线访问渠道和企业后台数据中心之间的桥梁，也是保障无线应用能够安全、可靠、高效运行的平台。

惠普的移动商务解决方案可以部署在相关的大型企业，或者计划为企业提供移动服务的服务供应商。惠普帮助企业构建移动基础设施、开发无线应用，就是要使移动商务解决方案最终成为企业的一种资产，打造现代化的敏捷企业。敏捷企业通过如下手段使企业降低成本、提高效率：降低对员工必须在办公室办公的需求；增强对紧迫型数据的快速查询功能；提高交流、沟通，以及面对面的会议效率；充分利用"无效"时间；减少 IT 投资。与固定式 IT 设备相比，移动设备总体成本更便宜，更能得到充分利用。

目前，惠普的企业移动商务解决方案已经成功应用于电信、金融、政府、医疗、零售、物流仓储及制造业等诸多领域，成为企业实现快速发展、应对市场挑战的重要手段。但建设一个高可靠、安全和紧密集成的服务，对企业而言通常都很昂贵，这就是惠普同时为那些计划提供移动方案服务的供应商设计专门的解决方案的原因。通过提供移动 PIM/E-mail、Web 内容同步与利用集中管理设备应用管理方案的后台系统接入功能，服务供应商能够允许他们的企业客户利用规模经济，并且只为他们所利用的资源付费，整套系统可以为多个企业所共享。惠普的解决方案帮助服务供应商可以利用预先集成部件更快地进入市场，直接回应企业的需求，快速引入和更新服务，从而为企业客户提供灵活、强大的服务。

惠普的企业移动计算平台与企业无线应用的结合，为各个行业的客户提供了端到端的企业移动商务解决方案。惠普目前是访问设备（包括台式电脑、笔记本电脑、掌上电脑、平板电脑等）领域的较领先企业，无论在概念、设计、制造，还是在应用方面都比较优秀。在全球，iPAQ 掌上电脑凭借其独特的外形设计和功能受到用户的肯定，在移动设备市场占据一席之位。在我国，由于其无线网络接入和全面的功能模块支持功能，iPAQ 也已吸引了众多合作伙伴，成为企业移动应用软件和解决方案的选择平台。惠普的目标是通过行业应用、应用平台、个人管理软件三套马车推动移动商务在我国的发展。

四、案例阅读——手机用户及移动行业发展趋势

通过手机看新闻、点外卖、玩游戏、社交娱乐、工作学习、出行等已经成为人们生活的常态。在移动互联网时代，手机已经从各个角度重塑了人们的生活。当前手机移动用户增长趋势是什么？移动互联网发展现状及其未来趋势如何？

趋势 1：智能手机增速放缓。

从 2008 年开始到 2018 年，移动互联网发展十年，我国作为手机生产大国，再加上庞大的人口基数毫无疑问地成为全球较大的移动互联网市场，我国拥有智能手机的人数，已经超过 10 亿人。

2016 年之前，我国移动互联网人数飞速增长，但是从 2016 年第二季度开始，到 2017 年第四季度，连续 7 个季度增速都在 1.5%以下，增长下滑非常明显，我国手机市场已经从增长市场转化为存量市场。

趋势 2：流量的飞速发展。

手机市场虽然增长速度变缓，但是手机流量却达到了惊人的增速。从开始的 2G 到 3G、4G 时代，直到已经进入的 5G 时代，我国手机网速实现了跨越式增长。网速的增快，直接促使了移动互联网整体流量的上升。目前全球移动流量消费中，视频类占据了 50%左右，预计 2021 年移动流量占比将达到 68.72%。

趋势 3：App 发展情况。

流量消费惊人的增速背后，除了网速的提升，还有 App 的迅猛发展。目前我国已经超过美国，这也代表了我国移动互联网的创新力。随着自助式 App 在线制作平台的发展，已不需要编程技术，自己就可以快速制作手机 App，大幅度降低了 App 开发的技术门槛及资金成本。伴随手机内存的不断扩大，人们手机内 App 的数量也不断增多，截至 2017 年第四季度，平均每个人的手机就有 40 款 App。

趋势 4：我国移动互联网细分领域发展。

我国移动互联网具体在哪些领域占据着位置呢？主要为以下几方面。

移动游戏：借助庞大的用户数量，我国游戏市场收入超过美国。

创新零售：我国走出了线上、线下联动的新零售模式，目前线上零售占比 20%，而且电子商务的增长持续强劲，移动端零售占比 73%。

移动支付：以支付宝支付和微信支付为代表的移动支付增速迅猛。

此外，在在线广告、共享出行领域，我国同样取得了一定的地位。

五、思考与练习

1. 思考题

（1）什么是移动商务？简述移动商务发展经历的几个阶段。

（2）试对 B2M 和 M2M 这两种移动商务的应用模式进行比较。

（3）简述移动商务与传统电子商务的区别。

（4）您对移动商务未来的发展趋势怎么看？请简要说明理由。

（5）您认为我国在移动商务发展方面还存在哪些问题？该如何解决？

2. 技能训练

根据自身情况，选取一个行业，调查该行业的移动商务应用基本状况，并撰写调研报告。

任务二 移动商务技术应用

【任务描述】

采用间接调查法，通过互联网等信息途径，调查我国移动商务技术发展和应用的总体状况，并撰写调查报告。

【知识准备】

一、远距离无线通信

目前偏远地区广泛应用的无线通信技术主要有GPRS（通用无线分组业务）/CDMA（码分多址）无线通信技术、数传电台通信、扩频微波通信、无线网桥及卫星通信、短波通信等。远距离无线通信主要使用在较为偏远或不宜铺设线路的地区。

1. GPRS/CDMA无线通信技术

GPRS是由中国移动开发运营的一种基于GSM通信系统的无线分组交换技术，是介于第二代移动通信系统和第三代移动通信系统之间的技术，通常称为2.5G，它是以封包（Packet）式来传输的一种无线传输方式。包交换就是将数据封装成许多独立的包，再将这些包一个一个传送出去，形式上有点类似于寄包裹，其优势在于，当有资料需要传送时才会占用频宽，而且是以资料量计价的，有效地提高了网络的利用率。GPRS网络同时支持电路型数据和分组交换数据，从而GPRS网络能够方便地和因特网互相连接，相比原来的GSM网络的电路交换数据传送方式，GRRS的分组交换技术具有实时在线、按量计费、高速传输等优点。

CDMA是由中国电信运营的一种基于码分技术和多址技术的新的无线通信系统，其原理基于扩频技术。

2. 数传电台通信

数传电台是数字式无线数据传输电台的简称，它是采用数字信号处理、数字调制解调、具有前向纠错、均衡软判决等功能的一种无线数据传输电台。数传电台的工作频率大多使用220～240MHz或400～470MHz频段，具有数话兼容、数据传输实时性好、专用数据传输通道、一次投资、没有运行使用费、适用于恶劣环境、稳定性好等优点。数传电台的有效覆盖半径约有几十千米，可以覆盖一个城市或一定的区域。数传电台通常提供标准的RS-232数据接口，可直接与计算机、数据采集器、RTU、PLC、数据终端、GPS接收机、数码相机等连接。数传电台已在航空航天、铁路、电力、石油、气象、地震等各个行业应用，在遥控、遥测、摇信、遥感等SCADA领域也取得了长足的进步和发展。

3. 扩频微波通信

扩频通信，即扩展频谱通信技术，是指其传输信息所用信号的带宽远大于信息本身带宽的一种通信技术，它传输的基本原理是将所传输的信息用伪随机码序列（扩频码）进行调制，伪随机码序列的速率远大于传送信息的速率，这时发送信号所占带宽远大于信息本身所需的带宽，从而实现了频谱扩展，同时发射到空间的无线电功率谱密度也有大幅度的降低。在接收端采用相同的伪随机码序列进行相关解调并恢复信息数据。扩频微波通信的主要特点是抗噪声能力极强、抗干扰能力极强、抗衰落能力强、抗多径干扰能力强、易与多媒体通信组网、具有良好的安全通信能力、不干扰同类的其他系统、传输距离远、覆盖面广、特别适合野外联网应用等。

4. 无线网桥

无线网桥是无线射频技术和传统有线网桥技术相结合的产物。无线网桥是为使用无线（微波）进行远距离数据传输的点对点网间互联而设计的。无线网桥是一种在链路层实现LAN互联的存储转发设备，可用于固定数字设备与其他固定数字设备之间的远距离（可达50km）、高速（可达100Mb/s）无线组网。扩频微波和无线网桥技术都可以用来传输对带宽要求相当高的视频监控等大数据量信号传输业务。

5. 卫星通信

卫星通信是指利用人造地球卫星作为中继站来转发无线电信号，从而实现在多个地面端之间进行通信的一种技术，它是地面微波通信的继承和发展。卫星通信系统通常由两部分组成，分别是卫星端和地面端。卫星端在空中，主要用于将地面端发送的信号放大再转发给其他地面端。地面端主要用于对卫星端进行控制、跟踪，以及实现地面通信系统接入卫星通信系统。

卫星可分为同步卫星和非同步卫星，同步卫星在空中的运行方向和周期与地球的自转方向和周期相同，从地面的任何位置看，该卫星都是静止不动的；非同步卫星的运行周期大于或小于地球的自转周期，其轨道高度“倾角”形状可根据需要进行调整。

卫星通信的主要优点是覆盖范围广、工作频带宽、通信质量好、不受地理条件限制、成本与通信距离无关等。卫星通信主要用在国际通信、国内通信、军事通信、移动通信和广播电视等领域。卫星通信的主要缺点是通信具有一定的延迟。例如，当打卫星电话时，不能立即听到对方回话，主要原因是卫星通信的传输距离较长，无线电波在空中传输有一定的延迟。

6. 短波通信

按照国际无线电咨询委员会的划分，短波是指波长为10～100m、频率为3～30MHz的电磁波。短波通信是指利用短波进行的无线电通信，又称高频（HF）通信。短波通信可分为地波传播和天波传播。地波传播的衰耗随工作频率的升高而递增，在同样的地面条件下，频率越高，衰耗越大。地波只适用于近距离通信，其工作频率一般在5MHz以下。地波传播受天气影响小，比较稳定，其信道参数基本不随时间变化，可视为恒参信道。天波传播是电磁波经电离层反射来进行远距离通信的方式，倾斜投射的电磁波经电离层反射后，可以传到几千千米外的地面。天波的传播损耗比地波的传播损耗小得多，经地面与电离层的多次反射之后，可以达到极远的地方，因此利用天波可以进行环球通信。天波传播因受电离层变化和多径传播的严重影响而极不稳定，其信道参数随时间急剧变化，因此称为变参信道。短波通信的特点是建设维护费用低、周期短、设备简单、电路调度容易、抗毁能力强、频段窄、通信容量小、天波信道信号传输稳定性差等。

二、近距离无线通信

近（短）距离无线通信技术指通信双方通过无线电波传输数据，并且传输距离在较近的范围内，其应用范围非常广泛。近年来，应用较为广泛及具有较好发展前景的近距离无线通信标准有ZigBee、蓝牙（Bluetooth）、无线宽带（Wi-Fi）、超宽带（UWB）和近场通信（NFC）。

1. ZigBee

ZigBee是基于IEEE 802.15.4标准而建立的一种短距离、低功耗的无线通信技术。ZigBee的特点是：距离近，其通常传输距离是10～100m；低功耗，在低耗电待机模式下，2节5号干电池可支持1个终端工作6～24个月，甚至更长；低成本，ZigBee免协议费，芯片价格便宜；低速率，ZigBee通常工作在20～250kb/s的较低速率；短时延，ZigBee的响应速度较快等。ZigBee主要适用于家庭和楼宇控制、工业现场自动化控制、农业信息收集与控制、公共场所信息检测与控制、智能型标签等领域，可以嵌入各种设备。

2. 蓝牙

蓝牙能够在10m的半径范围内实现点对点或一点对多点的无线数据和声音传输，其数据传输带宽可达1Mb/s，通信介质为频率在2.402GHz到2.480GHz之间的电磁波。蓝牙技术可以广泛应用于局域网络中各类数据及语音设备，如PC、拨号网络、笔记本电脑、打印机、传真机、数码相机、移动电话和高品质耳机等，实现各类设备之间随时随地进行通信。蓝牙目前存在的主要问题是芯片大小、价格较高、抗干扰能力较弱。

3. Wi-Fi

Wi-Fi（Wireless Fidelity，无线宽带）是一种基于IEEE 802.11协议的无线局域网接入技术。Wi-Fi技术突出的优势在于它有较广的局域网覆盖范围，其覆盖半径可达100m左右，相比于蓝牙技术，Wi-Fi覆盖范围较广、传输速度非常快，其传输速度可以达到11Mbit/s（802.11b）或者54Mb/s（IEEE 802.11.a），适合高速数据传输业务；Wi-Fi无须布线，可以不受布线条件的限制，非常适合移动办公用户的需要。在一些人员密集的地方，如在火车站、汽车站、商场、机场、图书馆、校园等地方设置“热点”，可以通过高速线路将因特网接入上述场所，用户只需将支持无线网络的终端设备置于该区域，即可高速接入因特网；健康安全，具有Wi-Fi功能的产品发射功率不超过100mW，实际发射功率为60～70mW，与手机、手持式对讲机等通信设备相比，Wi-Fi产品的辐射更小。

4. 超宽带（UWB）

UWB是一种无载波通信技术，利用纳秒至微秒级的非正弦波窄脉冲传输数据，其传输距离通常在10m以内，使用1GHz以上的带宽，通信速度可以达到几百Mb/s以上，UWB的工作频段为3.1～10.6GHz，最小工作频宽为500MHz。

UWB的主要特点是：传输速率高；发射功率低，功耗小；保密性强；UWB通信采用调时序列，能够抗多径衰落；UWB所需要的射频和微波器件很少，可以减小系统的复杂性。由于UWB系统占用的带宽很大，所以UWB系统可能会干扰现有的其他无线通信系统。

UWB 可以用来检查楼房、桥梁、道路等工程的混凝土和沥青结构中的缺陷，以及定位地下电缆与其他管线的故障位置，也可用于诊断疾病。另外，UWB 在救援、治安防范、消防及医疗、医学图像处理等领域都大有用途。

5. NFC

NFC 是一种新的近距离无线通信技术，其工作频率为 13.56MHz，是由 13.56MHz 的 RFID 技术发展而来的，它与目前广为流行的非接触智能卡 ISO14443 采用的频率相同，这就为所有的消费类电子产品提供了一种方便的通信方式。NFC 的主要优势有：距离近、带宽高、能耗低，与非接触智能卡技术兼容，在门禁、公交、手机支付等领域有着巨大的应用价值。

三、移动 IP

移动 IP 技术是移动节点（计算机/服务器/网段等）以固定的网络 IP 地址，实现跨越不同网段的漫游功能，保证基于网络 IP 的网络权限在漫游过程中不发生任何改变。简单地说，移动 IP 技术就是让计算机在互联网及局域网中不受任何限制地即时漫游。移动 IP 技术也称移动计算机技术。

移动 IP 应用于所有基于 TCP/IP 网络的环境中，它为人们提供了无限广阔的网络漫游服务。例如，在用户离开北京总公司到上海分公司出差时，只需要简单地将移动节点（如笔记本电脑、PDA 设备）连接至上海分公司的网络上，用户就可以进行与在北京总公司里一样的所有操作。用户依旧能使用北京总公司的共享打印机，或者访问北京总公司同事计算机里的共享文件及相关数据库资源。诸如此类的种种操作，让用户感觉不到自己身在外地，同事也感觉不到你已经到外地出差了。换句话说，移动 IP 的应用让用户的“家”网络随处可安，不再忍受移动节点因“出差”带来的所有不便之苦，等等。

1. 基于 IPv4 的移动 IP

基于 IPv4 的移动 IP 定义了三种功能实体：移动节点（mobile node）、归属代理（home agent）和外埠代理（foreign agent）。归属代理和外埠代理又统称为移动代理。移动 IP 技术的基本通信流程如下。

（1）远程通信实体通过标准 IP 路由机制向移动节点发出一个 IP 数据包。

（2）移动结点的归属代理截获该数据包，并将该数据包的目标地址与自己移动绑定表中移动节点的归属地址比较，若与其中任一地址相同，则继续下一步，否则丢弃。

（3）归属代理用封装机制将该数据包封装，采用隧道操作发给移动节点的转交地址。

（4）移动节点的转交地址收到该数据包后，去其包封装，采用空中信道发给移动节点。

（5）移动节点在收到数据后，利用标准 IP 路由机制与远程通信实体建立连接。

在移动 IP 协议中，每个移动节点在归属链路上都有一个唯一的归属地址。与移动节点通信的节点称为通信节点，通信节点可以是移动的，也可以是静止的。当通信节点与移动节点通信时，通信节点总是把数据包发送给移动节点的归属地址，而不考虑移动节点的当前位置情况。

在归属链路上，每个移动节点必须有一个归属代理，用于维护自己的当前位置信息。

这个位置由转交地址确定，移动节点的归属地址与当前转交地址的联合称为“移动绑定”（简称“绑定”）。每当移动节点得到新的转交地址时，必须生成新的绑定，并向归属代理注册，以使归属代理及时了解移动节点的当前位置信息。一个归属代理可同时为多个移动节点提供服务。当移动节点连接在归属链路上（链路的网络前缀与移动节点位置地址的网络前缀相等）时，移动节点就和固定节点或路由器一样工作，不必运用任何其他移动 IP 功能；当移动节点连接在外埠链路上时，通常使用“代理发现”协议发现一个外埠代理，然后将此外埠代理的 IP 地址作为自己的转交地址，并通过注册规程通知归属代理。当有发往移动节点归属地址的数据包时，归属代理便截取该数据包，并根据注册的转交地址通过隧道将数据包传送给移动节点；由移动节点发出的数据包则可直接选路到目的节点而无须隧道技术。

2. 基于 IPv6 的移动 IP

随着人们对移动通信业务的需求日益迫切，用户的入网注册、路由选择、安全防护，以及对移动用户的支持，已使 IPv4 协议的局限性暴露，并成为 IPv6 产生和发展的必要趋势。

移动 IPv6 技术是在 IPv4 的基础上发展起来的，它定义了移动节点、通信节点和归属代理 3 种操作实体。由于 IPv6 地址空间巨大，而且每台路由器都要求实现路由器搜索，所以不再有外埠代理的概念。4 种新的 IPv6 目的地选项包括绑定更新、绑定认可、绑定请求和归属地址。为了实现“动态归属代理地址发现”机制，IPv6 定义了两种 ICMP（Internet Control Message Protocol，Internet 控制报文协议）消息类型：归属代理地址发现请求消息和归属代理地址发现应答消息。另外，IPv6 还定义了两种“邻居发现”选项：宣告消息间隔选项和归属代理信息选项。

在移动 IPv6 技术中，在与外埠链路连接的移动节点上，可同时采用隧道和源路由技术传送数据包。另外，移动 IPv6 的高层功能也包括代理搜索、注册和选路。

移动 IPv6 通过 ICMPv6 路由器搜索，确定它的转交地址。移动节点不仅将转交地址告诉归属代理，还告诉各通信伙伴，以使它们发出的数据包实现路由优化，而不全是三边路由。移动 IPv6 选路报头，以及 AH（Authentication Header，认证头标）、ESP（Encapsulate Security Payload，封装安全载荷）等基于 SKIP（Simple Key Management for Internet Protocol，互联网协议的简单密钥管理）和基于 ISAKMP（互联网安全关联和密钥管理协议）/ Oakley（Oakley 密钥确定协议）的穿越防火墙方案，不但简化到了移动节点的路由选择，还保证了路由优化的安全性。

四、无线 Internet 技术

（一）无线广域网

无线广域网（Wireless Wide Area Network，WWAN）是采用无线网络把物理距离极为分散的局域网（LAN）连接起来的通信方式。无线广域网连接地理范围较大，常常是一个国家或一个洲。无线广域网的目的是让分布较远的各局域网互联，它的结构分为末端系统（两端的用户集合）和通信系统（中间链路）两部分。

IEEE 802.20 标准是无线广域网的重要标准。IEEE 802.20 标准是由 IEEE 802.16 标准工作组于 2002 年 3 月提出的，并为此成立了专门的工作小组。IEEE 802.20 标准是为了实现高速移动环境下的高速率数据传输，以弥补 IEEE 802.1x 协议族在移动性上的劣势。IEEE 802.20 标准可以有效地解决移动性与传输速率相互矛盾的问题，它是一种适用于高速移动环境下的宽带无线接入系统空中接口规范。

IEEE 802.20 标准在物理层技术上，以正交频分复用技术（OFDM）和多输入、多输出技术（MIMO）为核心，充分挖掘时域、频域和空间域的资源，大大提高了系统的频谱效率。IEEE 802.20 标准在设计理念上，基于分组数据的纯 IP 架构，适应突发性数据业务的性能优于 3G 技术，与 3.5G（HSDPA、EV-DO）性能相当，其在实现和部署成本上也具有较大的优势。IEEE 802.20 标准能够满足无线通信市场高移动性和高吞吐量的需求，具有性能好、效率高、成本低和部署灵活等特点。

无线网络建设可以不受山川、河流等复杂地形的限制，并且具有灵活机动、周期短和建设成本低的优势，政府机构和各类大型企业可以通过无线网络将分布于两个或多个地区的建筑物或分支机构连接起来。无线网络特别适用于地形复杂、网络布线成本高、分布较分散、施工困难的分支机构的网络连接，能以较短的施工周期和较低的成本建立可靠的网络连接。

（二）无线城域网

无线城域网（Wireless Metropolitan Area Network，WMAN）的推出是为了满足日益增长的宽带无线接入（BWA）市场需求。虽然多年来 IEEE 802.11x 系列标准一直与许多其他专有技术一起被用于 BWA 并获得了很大的成功，但是无线局域网（WLAN）的总体设计及其具有的特点并不能很好地适用于室外的 BWA 应用。当无线城域网用于室外时，在带宽和用户数方面将受到限制，同时存在通信距离等其他一些问题。基于上述情况，IEEE 决定制定一种新的、更复杂的全球标准，这个标准应能同时解决物理层环境（室外射频传输）和 QoS（服务质量）两方面的问题，以满足 BWA 和“最后一千米”接入市场的需要。这就是 IEEE 802.16 标准，最早的 IEEE 802.16 标准是在 2001 年 12 月获得批准的，是针对 10～66GHz 高频段视距（LOS）环境而制定的无线城域网标准。有了这样一个全球标准，就能使通信公司和服务提供商通过建设新的无线城域网来为目前仍然缺少宽带服务的企业与住宅提供服务。

IEEE 802.16 标准是一种无线城域网技术，它能向固定和移动的设备提供宽带无线连接服务，还可用来连接 IEEE 802.11 标准的热点与因特网，提供校园连接服务，以及在“最后一千米”宽带接入领域作为 Cable Modem（电缆调制解调器）和 DSL（数字用户战略）的无线替代品。IEEE 802.16 标准的服务区范围高达 50 km，用户与基站之间不要求视距传播，每个基站提供的总数据速率最高为 280 Mb/s，这一带宽足以支持数百个采用 T1/E1 型连接的企业和数千个采用 DSL 型连接的家庭。IEEE 802.16 标准得到了领先设备制造商的广泛支持。许多 WiMAX（全球微波接入互操作性，World Interoperability for Microwave Access）论坛的成员公司同时参与 IEEE 802.16 标准和 IEEE 802.11 标准的制定。IEEE 802.16 标准和 IEEE 802.11 标准的结合形成了一个完整的无线解决方案，为企业、住宅和 Wi-Fi 热点提供了高速因特网接入服务。

（三）无线局域网

无线局域网（Wireless Local Area Network，WLAN）是相当便利的数据传输系统，它利用射频（Radio Frequency，RF）技术，取代旧式的双绞铜线（Coaxial）构成的局域网络，使无线局域网可以利用简单的存取架构，让用户透过它，达到“信息随身化、便利走天下”

的理想境界。

无线局域网不是用来取代有线局域网的，而是用来弥补有线局域网的不足的，从而达到网络延伸的目的，下列情形可能需要无线局域网：①无固定工作场所的使用者；②有线局域网架设受环境限制；③作为有线局域网的备用系统。

无线局域网在组建时需要以下硬件设备：①无线网卡，无线网卡的作用和以太网中的网卡的作用基本相同，它作为无线局域网的接口，能够实现无线局域网各客户机间的连接与通信；②无线 AP，无线 AP（Access Point）就是无线局域网的接入点、无线网关，它的作用类似于有线网络中的集线器；③无线天线，当无线网络中各网络设备相距较远时，随着信号的减弱，传输速率会明显下降以致无法实现无线网络的正常通信，此时就要借助无线天线对所接收或发送的信号进行增强。

目前厂商在设计无线局域网产品时，有很多种存取设计方式，大致可分为 3 类：窄频微波（Narrowband Microwave）技术、展频（Spread Spectrum）技术、红外线（Infrared）技术。

无线局域网采用的是 IEEE 802.11 标准。IEEE 802.11 标准规范了无线局域网的介质存取控制（Medium Access Control，MAC）层及实体（Physical，PHY）层。值得一提的是，由于实际无线传输的方式不同，所以 IEEE 802.11 标准在统一的 MAC 层下面规范了各种不同的 PHY 层，以适应目前的情况及未来的技术发展。

（四）无线个域网

无线个域网（Wireless Personal Area Network，WPAN）是为了实现活动半径小、业务类型丰富、面向特定群体、无线无缝的连接而提出的新兴无线通信网络技术。无线个域网能够有效地解决“最后的几米电缆”问题，进而将无线联网进行到底。

无线个域网是一种与无线广域网、无线城域网、无线局域网并列但覆盖范围相对较小的无线网络。在网络构成上，无线个域网位于整个网络链的末端，用于实现同一地点终端与终端间的连接，如连接手机和蓝牙耳机等。无线个域网覆盖的范围一般在 10m 半径以内，必须运行于许可的无线频段。无线个域网设备具有价格便宜、体积小、易操作和功耗低等优点。

IEEE 组织对无线个域网的规范标准主要集中在 IEEE 802.15 系列标准上。IEEE 802.15.1 标准本质上只是蓝牙底层协议的一个正式标准化版本，大多数标准制定工作仍由蓝牙特别兴趣组（SIG）来完成，其成果由 IEEE 批准，原始的 IEEE 802.15.1 标准基于 Bluetooth1.1，目前大多数蓝牙器件中采用的都是这一版本。新的 IEEE 802.15.1a 标准基于 Bluetooth1.2，它包括某些 QoS 增强功能，并完全后向兼容。IEEE 802.15.2 标准负责建模和解决无线个域网与无线局域网间的共存问题，目前正在标准化。IEEE 802.15.3 标准也称 WiMedia，旨在实现高速率，原始版本规定的速率高达 55Mb/s，使用基于 IEEE 802.11 标准但与之不兼容的物理层。后来多数厂商倾向于使用 IEEE 802.15.3a 标准，它使用超宽带（UWB）的多频段 OFDM 联盟的物理层，速率高达 480Mb/s。并且生产 IEEE 802.15.3a 标准产品的厂商成立了 WiMedia 联盟，其任务是对设备进行测试和贴牌，以保证标准的一致性。IEEE 802.15.4 标准也称 ZigBee 技术，主要任务是低功耗、低复杂度、低速率的无线个域网标准制定，该标准定位于低数据传输速率的应用。

蓝牙是目前无线个域网应用的主流技术。

五、RFID 技术

（一）自动识别技术

在计算机信息处理系统中，数据的采集是信息系统的基础，这些数据通过数据系统的分析和过滤，最终成为影响人们决策的信息。

在信息系统早期，相当一部分数据的处理都是通过手工录入的，不但劳动强度大，而且数据误码率较高，也失去了实时的意义。为了解决这些问题，人们就研究和发展各种各样的自动识别技术，将人们从繁沉、重复却又十分不精确的手工劳动中解放出来，提高了系统信息的实时性和准确性，从而为生产的实时调整、财务的及时总结及决策的正确制定提供了正确的参考依据。

自动识别技术就是应用一定的识别装置，通过被识别物品和识别装置之间的接近活动，自动地获取被识别物品的相关信息，并提供给后台的计算机处理系统来完成相关后续处理的一种技术。例如，商场的条形码扫描系统就是一种典型的自动识别技术。售货员通过扫描仪扫描商品的条形码，获取商品的名称、价格，输入数量，后台计算机处理系统即可计算出该批商品的价格，从而完成结算。当然，顾客也可以采用银行卡支付的形式进行支付，银行卡支付过程本身也是自动识别技术的一种应用形式。

自动识别技术是以计算机技术和通信技术的发展为基础的综合性科学技术，它是信息数据自动识读、自动输入计算机的重要方法和手段。自动识别技术是一种高度自动化的信息或者数据采集技术。

自动识别技术近几十年在全球范围得到了迅猛发展，初步形成了一个包括条形码技术、磁卡技术、IC 卡技术、光学字符识别、射频技术、声音识别及视觉识别等集计算机、光、磁、物理、机电、通信技术为一体的高新技术学科。

一般来讲，在一个信息系统中，数据的采集（识别）完成了系统的原始数据的采集工作，解决了手工录入数据速度慢、误码率高、劳动强度大、工作繁沉、重复性高等问题，为计算机信息处理提供了快速、准确地进行数据采集输入的有效手段。因此，自动识别技术作为一种革命性的高新技术，正迅速为人们所接受。自动识别系统通过中间件或者接口（包括软件的和硬件的）将数据传输给后台计算机处理系统，由计算机对采集的数据进行处理或者加工，最终形成对人们有用的信息。在有的场合，中间件本身就具有数据处理的功能。中间件还可以支持单一系统不同协议产品的工作。

完整的自动识别计算机管理系统包括自动识别系统（Automatic Identification System）、应用程序接口（Application Programming Interface）或者中间件（Middleware）、应用系统软件（Application Software）3 部分。

自动识别系统完成系统的采集和存储工作，应用系统软件对自动识别系统采集的数据进行应用处理，而应用程序接口则提供自动识别系统和应用系统软件之间的通信接口（包括数据格式），将自动识别系统采集的数据信息转换成应用软件系统可以识别和利用的信息并进行数据传递。

（二）RFID 技术的基本工作原理

RFID 技术的基本工作原理并不复杂：标签进入磁场后，接收阅读器发出的射频信号，凭借感应电流所获得的能量发送存储在芯片中的产品信息（Passive Tag，无源标签或被动标签），或者主动发送某一频率的信号（Active Tag，有源标签或主动标签）；阅读器读取信息并解码后将其送至中央信息系统进行有关数据处理。

一套完整的 RFID 系统，是由阅读器（Reader）与电子标签（Tag）也就是所谓的应答器（Transponder）及应用软件系统 3 部分组成的，其工作原理是：阅读器发射一特定频率的无线电波能量给电子标签，用以驱动电子标签电路将内部的数据送出，此时阅读器便依序接收、解读数据，并送给应用软件系统进行相应的处理。

以 RFID 阅读器及电子标签之间的通信及能量感应方式来看，RFID 大致上可以分成感应耦合（Inductive Coupling）及后向散射耦合（Backscatter Coupling）两种，一般低频的 RFID 大都采用感应耦合，而较高频的 RFID 大多采用后向散射耦合。

阅读器根据使用的结构和技术不同，可以是读装置，也可以是读/写装置，它是 RFID 系统的信息控制和处理中心。阅读器通常由耦合模块、收发模块、控制模块和接口单元组成。阅读器和电子标签之间一般采用半双工通信方式进行信息交换，同时阅读器通过耦合为无源标签提供能量和时序。在实际应用中，可进一步通过以太网或无线局域网等实现对物体识别信息的采集、处理及远程传送等管理功能。电子标签是 RFID 系统的信息载体，目前电子标签大多是由耦合原件（线圈、微带天线等）和微芯片组成的无源单元。

六、移动中间件技术

（一）移动中间件技术概况

移动中间件技术是伴随着网络技术、通信技术、嵌入式操作系统和中间件技术的发展与融合而出现的新兴技术，是当前移动数据业务、广大智能终端增值业务的关键共性技术。移动中间件为使包括计算机、笔记本电脑、手机、掌上电脑、电话、家电、汽车等在内的广大终端具有增值应用能力带来了革命性的推动力量。移动中间件使广大终端具有了越来越强的智能处理能力，它在彻底改变传统以计算机为主的计算体系的基础上，全面提升了终端价值，创造了更多的终端增值应用。移动中间件技术的重点研究内容包括接入管理、多协议接入网关、认证服务、连接管理、同步/异步数据传递服务、安全管理、内容服务管理等。

由于中间件需要屏蔽分布环境中异构的操作系统和网络协议，所以它必须提供分布环境下的通信服务，我们将这种通信服务称为平台。基于目的和实现机制的不同，可以将平台主要分为以下几类：远程过程调用（Remote Procedure Call，RPC）、面向消息的中间件（Message-Oriented Middleware，MOM）、对象请求代理（Object Request Broker，ORB）和事务处理监控（Transaction Processing Monitors，TPM）。

平台可向上提供不同形式的通信服务，包括同步、排队、订阅发布、广播等，在这些基本的通信平台上，可构筑各种框架，为应用程序提供不同领域内的服务，如事务处理监控器、分布数据访问、对象事务管理器（OTM）等。平台为上层应用屏蔽了异构平台的差异，而其上的框架又定义了相应领域内的应用系统结构、标准的服务组件等，用户只需告诉框架所关心的事件，然后提供处理这些事件的代码即可。当事件发生时，框架就会调用用户代码，而用户代码不需要调用框架，用户代码也不必关心框架结构、执行流程、对系统级 API 的调用等，所有这些都由框架负责完成。因此，基于中间件开发的应用具有良好的可扩充性、易管理性、高可用性和可移植性特点。

下面针对几类主要的中间件分别进行简要的介绍。

1. 远程过程调用

远程过程调用是一种广泛使用的分布式应用程序处理方法。一个应用程序使用远程过程调用来远程执行一个位于不同地址空间里的过程，从效果上看和执行本地调用相同。事实上，一个远程过程调用应用分为两部分：Server（服务器）和 Client（客户端）。Server 提供一个或多个远程过程；Client 向 Server 发出远程调用。Server 和 Client 可以位于同一台计算机，也可以位于不同的计算机，甚至可以运行在不同的操作系统之上，它们通过网络进行通信。相应的存根进程（stub）和运行支持提供数据转换与通信服务，从而屏蔽不同的操作系统和网络协议。在这里，远程过程调用通信是同步的，采用线程可以进行异步调用。

在远程过程调用模型中，Client 和 Server 只要具备了相应的远程过程调用接口，并且具有远程过程调用运行支持，就可以完成相应的互操作，而不必限制于特定的 Server。因此，远程过程调用为 Client/Server 分布式计算提供了有力的支持。同时，远程过程调用提供的是基于过程的服务访问，Client 与 Server 进行直接连接，没有中间机构来处理请求，因此也具有一定的局限性。例如，远程过程调用通常需要一些网络细节以定位 Server；在 Client 发出请求的同时，要求 Server 必须是活动的；等等。

2. 面向消息的中间件

面向消息的中间件指的是利用高效可靠的消息传递机制进行与平台无关的数据交流，并基于数据通信来进行分布式系统的集成。面向消息的中间件通过提供消息传递和消息排队模型，可在分布环境下扩展进程间的通信，并支持多通信协议、语言、应用程序、硬件和软件平台。目前流行的面向消息的中间件产品有 IBM 的 MQSeries、BEA 的 MessageQ 等。消息传递和消息排队技术有以下 3 个主要特点。

（1）通信程序可在不同的时间运行。程序不在网络上直接相互通话，而是间接地将消息放入消息队列，因为程序间没有直接的联系，所以它们不必同时运行。当消息放入适当的队列时，目标程序甚至根本不需要正在运行；即使目标程序正在运行，也不意味着要立即处理该消息。

（2）对应用程序的结构没有约束。在复杂的应用场合，通信程序之间不仅可以是一对一的方式，还可以是一对多和多对一的方式，甚至可以是上述多种方式的组合。多种通信方式的构造并没有增加应用程序的复杂性。

（3）程序与网络复杂性相隔离。程序将消息放入消息队列或从消息队列中取出消息来进行通信，与此关联的全部活动（如维护消息队列、维护程序和队列之间的关系、处理网络的重新启动和在网络中移动消息等）都是面向消息的中间件的任务，程序不直接与其他程序通话，并且它们不涉及网络通信的复杂性。

3. 对象请求代理

随着对象技术与分布式计算技术的发展，两者相互结合形成了分布对象计算，并发展为当今软件技术的主流方向。1990 年年底，对象管理组织 OMG 首次推出对象管理体系结构（Object Management Architecture，OMA），对象请求代理是这个模型的核心组件。对象请求代理的作用在于提供一个通信框架，在异构的分布计算环境中透明地传递对象请求。CORBA（公共对象请求代理体系结构）规范包括了对象请求代理的所有标准接口。1991 年推出的 CORBA 1.1 定义了接口描述语言 OMG IDL 和支持 Client/Server 对象在具体的

ORB 上进行互操作的 API。CORBA2.0 规范描述的是不同厂商提供的对象请求代理之间的互操作。

对象请求代理是对象总线，它在 CORBA 规范中处于核心地位，定义异构环境下对象透明地发送请求和接收响应的基本机制，是建立对象之间 Client/Server 关系的中间件。对象请求代理使对象可以透明地向其他对象发出请求或接收其他对象的响应，这些对象可以位于本地也可以位于远程机器。对象请求代理拦截请求调用，并负责找到可以实现请求的对象、传送参数、调用相应的方法、返回结果等。Client 对象并不知道同 Server 对象通信、激活或存储 Server 对象的机制，也不必知道 Server 对象位于何处、使用何种语言实现的、使用什么操作系统或其他不属于对象接口的系统成分。

值得指出的是，Client 和 Server 角色只是用来协调对象之间的相互作用的，根据相应的场合，对象请求代理上的对象可以是 Client，也可以是 Server，甚至可以兼有两者。当对象发出一个请求时，它是处于 Client 角色；当对象在接收请求时，它处于 Server 角色。大部分的对象都是既扮演 Client 又扮演 Server。另外，由于对象请求代理负责对象请求的传送和 Server 的管理，Client 和 Server 之间并不直接连接，所以，与 RPC 支持的单纯的 Client/Server 结构相比，对象请求代理可以支持更加复杂的结构。

4. 事务处理监控

事务处理监控最早出现在大型机上，并为其提供支持大规模事务处理的可靠运行环境。随着分布计算技术的发展，分布应用系统对大规模的事务处理提出了需求，如商业活动中大量的关键事务处理。事务处理监控介于 Client 和 Server 之间，进行事务管理与协调、负载平衡、失败恢复等，以提高系统的整体性能。事务处理监控可以被看作事务处理应用程序的“操作系统”。总体来说，事务处理监控有以下功能。

（1）进程管理：包括启动 Server 进程、为其分配任务、监控其执行并对负载进行平衡。

（2）事务管理：保证在其监控下的事务处理的原子性、一致性、独立性和持久性。

（3）通信管理：为 Client 和 Server 提供了多种通信机制，包括请求响应、会话、排队、订阅发布和广播等。

事务处理监控能够为大量的 Client 提供服务，如飞机订票系统。如果 Server 为每一个 Client 都分配其所需要的资源，那么 Server 将不堪重负。但实际上，在同一时刻并不是所有的 Client 都需要请求服务，而一旦某个 Client 请求了服务，它希望得到快速的响应，则事务处理监控在操作系统上提供一组服务，对 Client 请求进行管理并为其分配相应的服务进程，使 Server 在有限的系统资源下能够高效地为大规模的 Client 提供服务。

（二）移动中间件技术面临的一些问题

中间件能够屏蔽操作系统和网络协议的差异，为应用程序提供多种通信机制，并提供相应的平台以满足不同领域的需要。因此，中间件为应用程序提供了一个相对稳定的高层应用环境。然而，中间件服务也并非“万能药”。中间件应遵循的一些原则与实际还有很大的差距。多数流行的中间件服务使用专有的 API 和专有的协议，使得应用建立于单一厂家的产品，导致来自不同厂家的中间件很难实现互操作。有些中间件服务只提供一些平台的实现功能，从而限制了应用在异构系统之间的移植。应用开发者在这些中间件服务之上建立自己的应用还要承担相当大的风险，随着技术的发展，他们往往还需重写自身的系统。尽管中间件服务提高了分布计算的抽象化程度，但应用开发者还需面临许多艰难的设计选择。例如，开发者还需决定分布应用在 Client 和 Server 的功能分配。通常将表示服务放在

Client 上以方便使用显示设备，将数据服务放在 Server 上以靠近数据库，但也并非总是如此，何况其他应用功能如何分配也是不容易确定的。

七、物联网技术

（一）物联网的定义

物联网的英文名称为 the Internet of Things，简称 IoT，由该名称可见，物联网就是“物物相连的互联网”，这有两层意思：第一，物联网的核心和基础仍然是互联网，它是在互联网的基础上延伸和扩展的一种网络；第二，其用户端延伸和扩展到了任何物品与物品之间进行信息交换和通信。因此，物联网的定义是通过 RFID 装置、红外线感应器、全球定位系统、激光扫描器等信息传感设备，按约定的协议把任何物品与互联网相连接进行信息交换和通信的，是实现智能化识别、定位、跟踪、监控和管理的一种网络。

这里的“物”要满足以下条件才能够被纳入物联网的范围：①要有相应信息的接收器；②要有数据传输通路；③要有一定的存储功能；④要有 CPU；⑤要有操作系统；⑥要有专门的应用程序；⑦要有数据发送器；⑧要遵循物联网的通信协议；⑨在世界网络中，要有可被识别的唯一编号。

2009 年 9 月，在北京举办的物联网与企业环境中欧研讨会上，Lorent Ferderix 博士给出了欧盟对物联网的定义：物联网是一个动态的全球网络基础设施，它具有基于标准和互操作通信协议的自组织能力，其中物理的和虚拟的“物”具有身份标识、物理属性、虚拟的特性和智能的接口，并与信息网络无缝整合。物联网将与媒体互联网、服务互联网和企业互联网一同构成未来的互联网。

物联网用途广泛，遍及智能交通、环境保护、政府工作、公共安全、平安家居、智能消防、工业监测、老人护理、个人健康、花卉栽培、水系监测、食品溯源、敌情侦查和情报搜集等多个领域。

（二）物联网的应用原理

物联网是在计算机互联网的基础上，利用 RFID、无线数据通信等技术构造的一个覆盖世界上万事万物的网络。在物联网中，物品（商品）能够彼此进行“交流”，而无须人的干预，其实质是利用 RFID 技术，通过计算机互联网实现物品（商品）的自动识别和信息的互联与共享。RFID 技术是物联网中非常重要的技术，它是一种能够让物品“开口说话”的技术。在物联网的构想中，RFID 标签中存储着规范而具有互用性的信息，通过无线数据通信网络把它们自动采集到中央信息系统，实现物品（商品）的识别，进而通过开放性的计算机网络实现信息交换和共享，实现对物品的“透明”管理。以简单 RFID 系统为基础，结合已有的网络技术、数据库技术、中间件技术等，构筑一个由大量联网的阅读器和无数移动的电子标签组成的，比 Internet 更为庞大的物联网成为 RFID 技术发展的趋势。

物联网概念的问世，打破了之前的传统思维。过去的思维一直是将物理基础设施和 IT 基础设施分开：一方面是机场、公路、建筑物；另一方面是数据中心、个人计算机、宽带等。而在物联网时代，钢筋混凝土、电缆将与芯片、宽带整合为统一的基础设施，在此意义上，基础设施更像是一块新的地球工地，世界的运转就在它上面进行，其中包括经济管理、生产运行、社会管理乃至个人生活。

一般来讲，物联网的开展步骤主要如下。

（1）对物体属性进行标识，属性包括静态属性和动态属性，静态属性可以直接存储在电子标签中，动态属性需要由传感器实时探测。

（2）需要识别设备完成对物体属性的读取，并将信息转换为适合网络传输的数据格式。

（3）将物体的信息通过网络传输到信息处理中心（处理中心可能是分布式的，如家里的计算机或者手机；也可能是集中式的，如中国移动的 IDC），由处理中心完成物体通信的相关计算。

（三）物联网认识方面的误区

目前关于物联网的认识还有很多误区，主要体现在以下 4 方面。

（1）把传感网或 RFID 网等同于物联网。事实上，传感技术也好、RFID 技术也好，都只是信息采集技术之一。除传感技术和 RFID 技术外，GPS、视频识别、红外线、激光、扫描等所有能够实现自动识别与物物通信的技术都可以成为物联网的信息采集技术。传感网或者 RFID 网只是物联网的一种应用，但绝不是物联网的全部。

（2）把物联网当成互联网的无限延伸，把物联网当成所有物的完全开放、全部互联、全部共享的互联网平台。实际上，物联网绝不是简单的全球共享互联网的无限延伸。互联网也不仅仅指我们通常认为的国际共享的计算机网络，互联网也有广域网和局域网之分。物联网既可以是我们平常意义上的互联网向物的延伸，又可以根据现实需要及产业应用组成局域网、专业网。现实中没必要也不可能使全部物品联网，也没必要使专业网、局域网都必须连接到全球互联网共享平台。今后的物联网与互联网会有很大的不同，类似智慧物流、智能交通、智能电网等专业网，智能小区等局域网才是最大的应用空间。

（3）认为物联网就是物物互联的无所不在的网络，认为物联网是空中楼阁，是目前很难实现的技术。事实上，物联网是实实在在的，很多初级的物联网应用早就在为人们服务了。物联网理念就是在很多现实应用基础上推出的聚合型集成的创新，是对早就存在的具有物物互联的网络化、智能化、自动化系统的概括与提升，它从更高的角度升级了我们的认识。

（4）把物联网当成一个筐，什么都往里装。基于自身认识，把仅仅能够互动、通信的产品都当成物联网应用。例如，只嵌入了一些传感器，就成了物联网家电；把产品贴上了 RFID 标签，就成了物联网应用；等等。

（四）物联网发展和应用过程中面临的问题

（1）国家安全问题。

我国大型企业、政府机构如果与国外机构进行项目合作，如何确保企业商业机密、国家机密不被泄露。这不仅是一个技术问题，还涉及国家安全问题，必须引起高度重视。

（2）隐私问题。

在物联网中，RFID 技术是一个很重要的技术。在 RFID 系统中，电子标签有可能被预先嵌入任何物品，如人们的日常生活物品，但由于该物品（如衣物）的拥有者，不一定能够觉察该物品已预先嵌入了电子标签，以及自身可能不受控制地被扫描、定位和追踪，这势必会使个人的隐私受到侵犯。因此，如何确保标签物的拥有者的个人隐私不受侵犯便成为 RFID 技术以至物联网推广的关键问题。而且，这不仅是一个技术问题，还涉及政治和法律问题，必须引起高度重视，并从技术上和法律上予以解决。造成侵犯个人隐私问题的关键在于 RFID 标签的基本功能：任意一个电子标签的标识（ID）或识别码都能在远程被任意扫描，而且电子标签自动地、不加区别地回应阅读器的指令，并将其所存储的信息传输给阅读器。这一特性可用来追踪和定位某个特定用户或物品，从而获得相关的隐私信息。这就带来了如何确保标签物的拥有者的个人隐私不受侵犯的问题。

（3）商业模式。

物联网的发展目前处于起步阶段，其商用模式有待完善。

（4）物联网的政策和法规。

物联网不是一个小产品，也不是一个小企业可以做出来的，它不仅需要技术，还牵涉各个行业、各个产业，需要多种力量的整合。这就需要国家的产业政策和立法走在前面，要制定适合这个行业发展的政策和法规，保证行业的正常发展。政府必须要有专门的人员和专门的机构来研究与协调，物联网才能有真正意义上的发展。

（5）技术标准的统一与协调。

在物联网的发展过程中，传感、传输、应用各个层面都会有大量的技术出现，可能会采用不同的技术方案。如果各行其是，那么结果是灾难的，大量小的专用网，相互不能连通、不能进行联网、不能形成规模经济、不能形成整合的商业模式、不能降低研发成本。因此，尽快统一技术标准、形成一个管理机制是物联网马上就要面对的问题。开始时这个问题解决得好，以后就很容易解决，如果开始解决不好，积重难返，那么以后就很难解决。

（6）管理平台的形成。

物联网的价值在于网，而不在于物。传感是容易的，但是感知的信息，如果没有一个庞大的网络体系，就不能进行管理和整合，那这个网络就没有意义。因此，建立一个全国性的、庞大的、综合的业务管理平台，对各种传感信息进行收集，进行分门别类的管理，进行有指向性的传输，这就是一个大问题。一个小企业甚至可以开发出传感技术、传感应用。但是一个小企业没有办法建立一个全国性、高效率的网络。没有这个平台，结果一定是效率低、成本高，物联网很难发展起来，也很难发挥作用。

电信运营商最有力量与可能来建设这个平台，在建设过程中也可能会有新的管理平台建设与提供者出现。可以相信，这个平台的建设者会在未来的物联网发展中，取得较好的市场地位，甚至成为最大的受益者。

（7）安全体系的建立与形成。

物联网目前的传感技术主要是 RFID 技术，植入 RFID 芯片的产品，是有可能被任何人感知的，对于产品的主人而言，可以方便地对植入 RFID 芯片的产品进行管理。但是，它也存在着一个巨大的问题：其他人也能进行感知，如产品的竞争对手。那么如何做到在感知、传输、应用过程中，这些有价值的信息可以为我所用，却不为别人所用，尤其不为竞争对手所用。这就需要在安全上努力，形成一套强大的安全体系。现在应该说，会有哪些安全问题出现，如何应对这些安全问题，怎样进行屏蔽是一些非常复杂的问题，甚至是不清晰的。但是这些问题一定是值得注意的，尤其是对于这个管理平台的提供者。安全问题解决不好，未来可能有价值的物联网会成为给竞争对手提供信息的平台，那么它的价值就会大打折扣，也不会有企业愿意和敢于去使用。

（8）应用的开发。

物联网的价值不是一个可传感的网络，而是必须各个行业参与进来进行应用的，不同行业会有不同的应用，也会有各自不同的要求，这些必须根据行业的特点，进行深入的研究和有价值的开发。这些应用开发不能只依靠运营商，也不能只依靠技术企业，因为运营商和技术企业都无法理解行业的要求与这个行业具体的特点。在很大程度上，这是非常难的一步，需要时间来等待。需要一个物联网的体系基本形成，需要一些应用形成示范，需要更多的传统行业感受到物联网的价值，这样才能有更多企业看清楚物联网的意义，看清楚物联网有可能带来的商业价值，进而也会把自己的应用和业务与物联网结合起来。

八、移动终端

移动终端或移动通信终端是指可以在移动中使用的计算机设备，广义地讲，包括手机、笔记本电脑、POS 机甚至包括车载电脑。但是在大部分情况下是指手机或者具有多种应用功能的智能手机。

随着网络和技术朝着越来越宽带化的方向发展，移动通信产业将走向真正的移动信息时代。另外，随着集成电路技术的飞速发展，移动终端已经拥有了强大的处理能力，它正在从简单的通话工具变为一个综合信息处理平台，这也给移动终端增加了更加宽广的发展空间。

现代的移动终端已经拥有了极为强大的处理能力、内存、固化存储介质，以及像计算机一样的操作系统，是一个完整的超小型计算机系统，可以完成复杂的处理任务。移动终端也拥有非常丰富的通信方式，既可以通过无线运营网进行通信，又可以通过无线局域网、蓝牙或红外线进行通信。

现在的移动终端不仅可以通话、拍照、听音乐、玩游戏，还可以实现包括定位、信息处理、指纹扫描、身份证扫描、条形码扫描、RFID 扫描、IC 卡扫描及酒精含量检测等丰富的功能，成为移动执法、移动办公和移动商务的重要工具，有的移动终端还集成了对讲机的功能。移动终端已经深深地融入人们的经济和社会生活中，为提高人们的生活水平、执法效率、生产的管理效率，减少资源消耗和环境污染，以及突发事件应急处理增添了新的手段。国外已将这种智能终端用在快递、保险、移动执法等领域。最近几年，移动终端也越来越广泛地应用在我国的移动执法和移动商务领域。

【任务实施】

（1）确定调查主题：我国移动商务技术发展和应用总体状况。

（2）初步确定所需的基本资料：移动商务涉及的主要技术、有关技术的最新发展和在我国的应用状况。

（3）初步确定收集资料的方式和途径：主要通过互联网等途径，以收集二手资料为主。

（4）资料收集。

（5）资料筛选、整理：筛选有用信息，并对信息按问题进行归类、整理。

（6）资料分析：根据收集的信息，阐述移动商务所涉及的主要技术及最新发展状况，分析相关技术在我国移动商务中的应用状况、存在的问题，展望未来我国移动商务发展的趋势。

（7）撰写市场调查报告。

【任务拓展】

一、无线应用协议

1. WAP

WAP（Wireless Application Protocol，无线应用协议）是在数字移动电话、互联网或其他 PDA、计算机应用乃至未来的信息家电之间进行通信的全球性开放标准。WAP 的诞生是 WAP 论坛成员努力的结果，WAP 论坛是在 1997 年 6 月，由诺基亚、爱立信、摩托罗拉和无线星球（Unwired Planet）共同组成的。

WAP 能够运行于各种无线网络之上。WML（无线标记语言）是“Wireless Makeup language”的缩写，支持 WAP 技术的手机能浏览由 WML 描述的互联网内容。

WML 是以 XML（可扩展标记语言）为基础的标记语言，是用于规范窄频设备（如手机、呼叫器等）如何显示内容和使用者接口的语言。因为窄频使 WML 受到部分限制，如较小型的显示器、有限的使用者输入设备、窄频网络联机、有限的内存和资源等。

WML 支持文字和图片显示，在内容组织上，一个页面为一个 Card（卡），而一组 Card 则构成一个 Deck（层）。当使用者向服务器提出浏览要求后，WML 会将整个 Deck 发送至客户端的浏览器，使用者就可以浏览 Deck 里面所有 Card 的内容，而不需要从网络上单独下载每个 Card。

通过 WAP 技术，可以将互联网的大量信息及各种各样的业务引入移动电话、PALM 等无线终端中。用户无论在何时、何地需要信息，只要打开 WAP 无线终端，就可以享受无穷无尽的网上信息或者网上资源，如综合新闻、天气预报、股市动态、商业报道、当前汇率等，电子商务、网上银行也将逐一实现。通过 WAP 无线终端用户还可以随时随地获得体育比赛结果、娱乐圈趣闻等，为生活增添情趣，也可以利用网上预订功能，把生活安排得有条不紊。所有操作系统都支持 WAP。

WAP 协议栈分为以下几层。

（1）应用层，即无线应用环境（Wireless Application Environment，WAE）层。

（2）无线会话协议（Wireless Session Protocol，WSP）层。

（3）无线传输协议（Wireless Transaction Protocol，WTP）层。

（4）无线传输层安全协议（Wireless Transport Layer Security，WTLS）层。

（5）无线数据包协议（Wireless Datagram Protocol，WDP）层。

其中，WAE 层含有微型浏览器、WML、WMLScript 的解释器等功能。WTLS 层为无线电子商务，以及在无线加密传输数据时提供安全方面的基本功能。

WAP 论坛的一个很重要的指导思想是让 WAP 尽可能多的与现有的标准一致，以最大限度地保护制造商和应用开发者的投资。在很大程度上利用了现有的 WWW 编程模型，应用开发人员可以继续使用自己熟悉的编程模型、现有的工具（如 Web 服务器、XML 工具）等。另外，WAP 编程模型还针对无线环境的通信特点，对原有的 WWW 编程模型进行了优化和扩展。

在带宽方面，WAP 用轻量级协议栈优化现在的协议层对话，将 WAP 无线终端接入互联网的带宽需求降到最低，保证现有无线网络能够符合 WAP 规范。WAP 无线终端通过使用 WAP 协议栈可以为无线网络节省大量的无线带宽。例如，完成一个股票指数的查询操作，如果通过使用 HTTP 1.0 的台式机浏览器来完成比通过一个 WAP 浏览器来完成所涉及的包通信量大一倍以上。WAP 协议使用的包数量不到标准的 HTTP /TCP/IP 协议栈使用的包数量的一半。

目前，WAP 在很多方面还不够成熟，但是已经足够打开一个新的通信领域，为无线网络提供足够的技术标准基础，让互联网能够真正无所不在。

WAP 目前主要使用 1.2 和 2.0 两个版本，2.0 版本是趋势，低端手机只能浏览 1.2 版本，目前主流的手机都支持 2.0 版本。有了 2.0 版本，使用手机浏览的内容会更生动，也可以像 Web 网站一样有背景音乐、背景图片，使原本单调的手机网页变得色彩斑斓。

2. IPv4

IPv4 是互联网协议（Internet Protocol，IP）的第四版，也是第一个被广泛使用的，是构成现今互联网技术基石的协议。1981 年 Jon Postel 在 RFC791 中定义了 IP，IPv4 可以运行在各种各样的底层网络上，如端对端的串行数据链路（PPP 协议和 SLIP 协议）、卫星链路等。局域网中最常用的是以太网。

IP 是 TCP/IP 协议族中网络层的协议，是 TCP/IP 协议族的核心协议，它的下一个版本就是 IPv6。IPv6 正处在不断发展和完善的过程中，在不久的将来将取代目前被广泛使用的 IPv4。

3. IPv6

IPv6 是“Internet Protocol Version 6”的缩写，它是 IETF（因特网工程任务组）设计的用于替代 IPv4 的下一代 IP 协议。

IPv4 的最大问题是网络地址资源有限，从理论上讲，编址 1600 万个网络、40 亿台主机，但采用 A、B、C 三类编址方式后，可用的网络地址和主机地址的数目大打折扣，以至目前的 IP 地址近乎枯竭。地址不足严重制约了我国及其他国家互联网的应用与发展。

一方面是地址资源数量的限制，另一方面是随着电子技术及网络技术的发展，计算机网络将进入人们的日常生活，身边的每一样东西可能都需要连入全球因特网。在这样的环境下，IPv6 应运而生。单从数字上来说，IPv6 拥有的地址容量约是 IPv4 的 8×10^{28} 倍，达到 $2^{128}-1$ 个。这不但解决了网络地址资源的数量问题，而且为除计算机外的设备连入互联网在数量限制上扫清了障碍。

但是与 IPv4 一样，IPv6 也会造成大量的 IP 地址浪费。准确地说，使用 IPv6 的网络并没有 $2^{128}-1$ 个能充分利用的地址。首先，要实现 IP 地址的自动配置，局域网使用的子网的前缀必须等于 64，但是很少有一个局域网能容纳 2^{64} 个网络终端；其次，由于 IPv6 的地址分配必须遵循聚类的原则，所以地址的浪费在所难免。

但是，如果说 IPv4 实现的只是人机对话，那么 IPv6 则扩展到了任意事物之间的对话，它不仅可以服务于人类，还将服务于众多硬件设备，如家用电器、传感器、远程照相机、汽车等，它将是无时不在、无处不在的深入社会每个角落的真正的宽带网，而且它带来的经济效益将非常巨大。

当然，IPv6 并非是十全十美的，不可能解决所有问题。IPv6 只能在发展中不断完善，其过渡需要时间和成本，但从长远看，IPv6 有利于互联网的持续和长久发展。目前，国际互联网组织已经决定成立两个专门工作组来制定相应的国际标准。

与 IPv4 相比，IPv6 具有以下几点优势。

（1）IPv6 具有更大的地址空间。IPv4 中规定 IP 地址的长度为 32，即有 $2^{32}-1$ 个地址；而 IPv6 中 IP 地址的长度为 128，即有 $2^{128}-1$ 个地址。

（2）IPv6 使用更小的路由表。IPv6 的地址分配一开始就遵循聚类（Aggregation）的原则，这使路由器可以在路由表中用一条记录（Entry）表示一片子网，大大减小了路由器中路由表的长度，提高了路由器转发数据包的速度。

（3）IPv6 增加了增强的组播（Multicast）支持，以及对流支持（Flow Control），使网络上的多媒体应用有了长足发展的机会，为服务质量（Quality of Service，QoS）控制提供了良好的网络平台。

（4）IPv6 加入了对自动配置（Auto Configuration）的支持。这是对 DHCP 协议的改进和扩展，使对网络（尤其是局域网）的管理更加方便和快捷。

（5）IPv6 具有更高的安全性。在使用 IPv6 网络时，用户可以对网络层的数据进行加密，并对 IP 报文进行校验，极大地增强了网络的安全性。

二、不同频段的 RFID 产品

不同频段的 RFID 产品会有不同的特性，目前定义的 RFID 产品的工作频率有低频、高频和超高频。其中感应器包括无源和有源两种方式，下面介绍无源的感应器在不同工作频率产品的特性及主要应用。

1. 低频（工作频率为 125～134kHz）

其实 RFID 技术首先在低频得到了广泛的应用和推广。低频 RFID 产品主要是通过电感耦合的方式进行工作的，也就是在读/写器线圈和感应器线圈间存在着变压器耦合。通过读/写器交变场的作用在感应器天线中感应的电压被整流，可作为供电电压使用。磁场区域能够很好地被定义，但是场强下降得太快。

低频 RFID 产品的主要特性如下。

（1）工作在低频的感应器一般工作频率为 125～134kHz，TI 的工作频率为 134.2kHz。该频段的波长大约为 2500m。

（2）除金属材料影响外，一般低频能够穿过任意材料的物品而不缩短它的读取距离。

（3）工作在低频的读/写器在全球没有任何特殊的许可限制。

（4）低频产品有不同的封装形式。好的封装形式价格昂贵，但是有 10 年以上的使用寿命。

（5）虽然该频率的磁场区域场强下降很快，但是能够产生相对均匀的读/写区域。

（6）相对于其他频段的 RFID 产品，该频段数据传输速率比较低。

（7）该频段的感应器的价格相对于其他频段感应器的价格来说要贵。

低频段感应器的主要应用有：①畜牧业管理系统的应用；②汽车防盗和无钥匙开门系统的应用；③马拉松赛跑系统的应用；④自动停车场收费和车辆管理系统的应用；⑤自动加油系统的应用；⑥酒店门锁系统的应用；⑦门禁和安全管理系统的应用。

2. 高频（工作频率为 13.56MHz）

在高频率工作的感应器不再需要线圈进行绕制，可以通过腐蚀活字印刷的方式制作天线。感应器一般通过负载调制的方式进行工作，也就是通过感应器上负载电阻的接通和断开促使读/写器天线上的电压发生变化，实现用远距离感应器对天线电压进行振幅调制。如果人们通过数据控制负载电压的接通和断开，那么这些数据就能够从感应器传输到读/写器。

高频 RFID 产品的主要特性如下。

（1）工作频率为 13.56MHz，该频率的波长大概为 22m。

（2）除金属材料外，该频率的波长可以穿过大多数的材料，但是往往会缩短读取距离。感应器需要离开金属一段距离。

（3）该频段在全球都得到认可，并且没有特殊的限制。

（4）感应器一般以电子标签的形式存在。

（5）虽然该频率的磁场区域场强下降很快，但是能够产生相对均匀的读/写区域。

（6）该系统具有防冲撞特性，可以同时读取多个电子标签。

（7）可以把某些数据信息写入电子标签中。

（8）数据传输速率比低频段数据传输速率高，价格不是很贵。

高频段感应器的主要应用有：①图书管理系统的应用；②瓦斯钢瓶的管理应用；③服装生产线和物流系统的管理与应用；④三表预收费系统的应用；⑤酒店门锁的管理和应用；⑥大型会议人员通道系统的应用；⑦固定资产管理系统的应用；⑧医药物流系统的管理和应用；⑨智能货架的管理和应用。

3. 超高频（工作频率为 860～960MHz）

超高频系统通过电场来传输能量。电场的能量下降得不是很快，但是读/写区域不能很好地进行定义。该频段读取距离比较远，无源可达 10m 左右。超高频段产品主要是通过电容耦合的方式来实现的。

超高频 RFID 产品的主要特性如下。

（1）在该频段，全球的定义不是很相同——欧洲和部分亚洲定义的频率为 868MHz，北美定义的频段为 902～905MHz，日本建议的频段为 950～956MHz。该频段的波长大概为 30cm。

（2）目前，该频段功率输出统一的定义：美国定义为 4W；欧洲定义为 500mW，欧洲可能限制会上升到 2W。

（3）超高频段的电波不能通过许多材料，特别是水、灰尘、雾等悬浮颗粒物质。相对于高频的电子标签来说，该频段的电子标签不需要和金属分开。

（4）该频段电子标签的天线一般是长条状和标签状。天线有线性和圆极化两种设计，以满足不同应用的需求。

（5）该频段有好的读取距离，但是对读/写区域很难进行定义。

（6）该频段有很高的数据传输速率，在很短的时间可以读取大量的电子标签。

超高频段感应器的主要应用有：①供应链上的管理和应用；②生产线自动化的管理和应用；③航空包裹的管理和应用；④集装箱的管理和应用；⑤铁路包裹的管理和应用；⑥后勤管理系统的应用。

三、无线通信技术的应用

无线通信技术的应用根据实现的技术路线可划分为两种：一种是采用 WAP（Wireless Application Protocol，无线应用协议）架构的应用；另一种是采用非 WAP 架构的应用。

（一）WAP 架构简介

WWW（World Wide Web，万维网）的协议架构是单纯的两层式架构，是由客户端与服务器端单纯地要求与回应构成整体的网络信息传递架构的。与 WWW 非常类似，WAP 的架构只是将客户端延伸到了 WAP 设备，同时 WAP 设备与 WAP 服务器之间还要通过 WAP 网关（WAP Gateway）的协助，将原始的 WAP 内容转换成二进制的数据，然后传递到 WAP 设备，如图 1-2 所示。

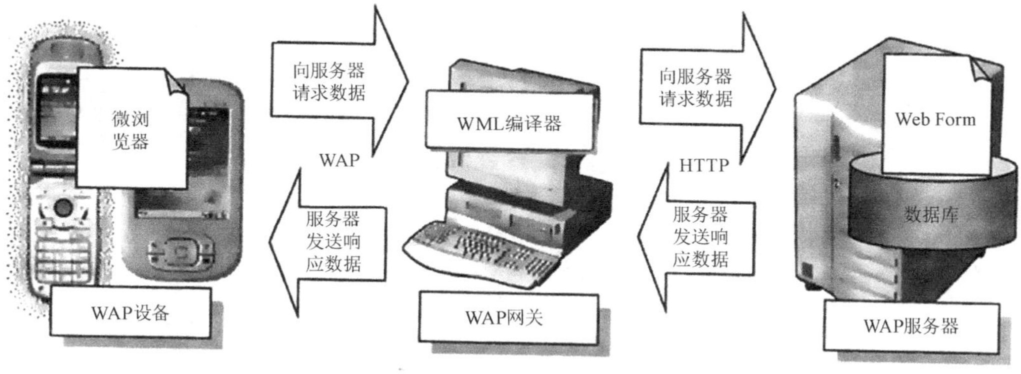

图 1-2　WAP 的构架

WAP 的架构如图 1-2 所示，由于 WAP 网关的加入，原本 WWW 的架构被分成了两部分。同时，使用者最终使用的装置，从计算机上的浏览器变成了手机或 PDA 上的微浏览器（Micro-Browser），这些装有微浏览器的设备我们统称为 WAP 设备。

在 WAP 环境中，增加了一个 WAP 网关的角色，这个 WAP 网关的存在是为了弥补 WAP 设备计算能力的不足，由于 WAP 设备的计算能力比较差，所以微浏览器无法对复杂的网页文件进行处理，不像计算机中的浏览器可以对所有网页中的内容进行处理，定义文件中的哪些部分要在哪里显示。WAP 设备必须依靠 WAP 网关将所有文件编译成二进制码，才能将其显示在 WAP 设备屏幕上。

此外，WAP 网关也通过 HTTP 协议取回 WAP 设备所要求的模式，并确认这些数据中语法的正确性，在将其编译成二进制码之后，以 UDP 模式，配合 WAP 协议将其传给 WAP 设备。

WAP 服务器基本上就是 WWW 服务器，只是在文件类型对应表中新增了 WAP 所需的几种 MIME type，包含 WML（Wireless Markup Language，无线标记语言）、WBMP、WMLScript 等。此外，WAP 网关还必须将原有输出的 HTML 格式的文件改成输出 WML 格式的文件。

当采用 WAP 架构在 WAP 设备实现企业已有的应用时，必须设置 WAP 网关和 WAP 服务器，并且需要重新对原有应用进行专门的处理，把文件的输出格式从 HTML 格式改成 WML 格式。

（二）非 WAP 架构简介

非 WAP 架构需要在移动终端安装客户端程序，用户通过客户端程序访问应用和信息资源，采用的是客户端/服务器（C/S）架构，如图 1-3 所示。

与传统应用的三层体系结构非常类似，非 WAP 架构只是将客户端延伸到了移动终端，客户端程序通过 TCP/IP 或 HTTP 或 SOAP 与移动应用服务器通信，移动应用服务器与企业应用服务器（包括 OA 服务器和生产管理系统服务器）通信，获取数据并对其进行处理后把响应返回给客户端程序，客户端程序负责把数据呈现给用户。与传统应用的三层体系结构一样，客户端程序仅负责界面逻辑。

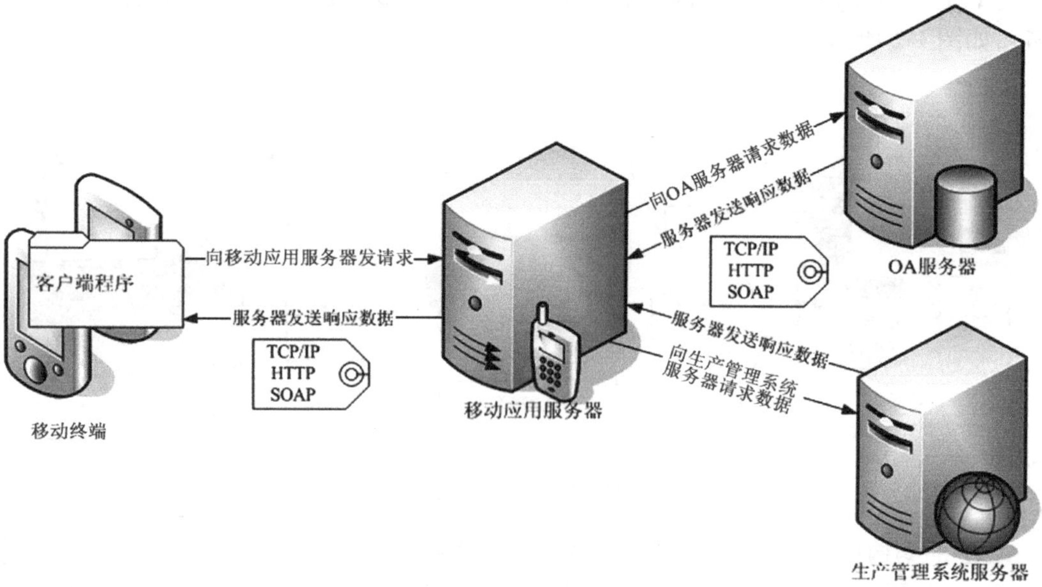

图 1-3　非 WAP 架构

当采用非 WAP 架构在移动终端实现企业已有的应用时，必须设置移动应用服务器，需要扩展应用，添加对来自移动应用请求的访问接口。

与计算机客户端程序类似，移动客户端程序也必须在移动操作系统的支持下运行，在智能手持设备上可选择的操作系统包括 Android（Google 开发的基于 Linux 的开源手机操作系统）、Symbian（摩托罗拉、西门子、诺基亚等几家大型移动通信设备商共同出资组建的公司开发的）、微软的 Windows Phone（Windows 操作系统在智能手机上的扩展）、iOS、Linux OS（与计算机上的一样，免费开源）、Palm OS 和 BlackBerry 等。

四、案例阅读——5G 技术为企业带来哪些功能和优势

第五代移动通信技术（5G）正式投入商用后，不仅给消费者和智能手机带来了极大的好处，还可以使企业从中获得显著的优势，从固定无线 5G（作为点对点宽带的替代品）开始，最终到移动 5G。

（1）速度和带宽提升。5G 的数据速率高达 10 Gb/s，5G 将比现有 4G LTE 技术提高 10 倍至 100 倍。蜂窝网络现在是可实现分支机构自动化的潜在技术，因为广域网连接最终将具有足够的带宽。对于企业而言，5G 的真正好处可能不是实际带宽，而是 5G 将对现有局域网连接市场施加压力，使其调整价格。

（2）5G 的低延迟性（低至 1ms）将成为局域网使用的另一个关键因素。客户现在主要使用 MPLS 或专用线路来实现业务线应用程序中的低延迟性。5G 的低延迟性可能带来额外的灵活性，使企业可以放弃分支机构的部分 MPLS 基础设施，转而选择更便宜、更灵活的 5G 连接分支机构。尤其在零售或共享基础架构或非常远程的环境中。

（3）在 4G LTE 运行的相同物理区域内，5G 的密度将支持多达 100 倍的设备，同时保持 99.9%的可用性。虽然这种密度可能为移动员工带来商业优势，但真正的好处是增大移动客户市场的规模。移动电子商务的增长速度正在超过零售和传统的基于计算机的电子商务。现在，比以往更多的客户开始使用移动设备进行在线购物，因此，更大的密度将扩大整体潜在市场。

（4）设备功耗降低 90%，这意味着在智能手机级别只会节省很少的功耗。但是，从基础设施的角度来看，尤其是物联网设备，节能效果可能会非常显著。物联网设备与 5G 通信相结合，可帮助在设计和实际消耗中降低功耗。当单独使用电池运行时，远程设备的使用寿命可能要长得多。有些研究甚至表明，部署在远程位置的物联网传感器设备可以实现 10 年的远程电池寿命。

（5）安全性始终是移动设备和物联网设备的关注点，因为物联网设备位于企业网络的边缘。5G 将提供比 4G LTE 更高的安全性，包括硬件安全模块、密钥管理服务、无线、安全元件等。这将有助于确保通过 5G 网络传输数据的安全性，同时还可以加强网络端点的安全性。

五、思考与练习

1. 思考题

（1）请对蓝牙、Wi-Fi、红外线数据传输、NFC、ZigBee、UWB 等近距离无线通信技术的使用范围、优点、缺点进行比较。

（2）和 IPv4 相比，IPv6 具有哪些优势？

（3）简述自动识别技术在信息采集中的重要作用。

（4）简述低频、高频、超高频 RFID 技术在现实中的应用。

（5）试比较 WAP 架构与非 WAP 架构的优点及缺点。

（6）简述 RFID 技术在物联网中的重要作用。

（7）简述物联网面临的隐私保护问题，你认为该如何解决？

（8）简述中国移动推出 OMS 的战略意义。

2. 技能训练

根据自身情况，选取一家移动运营商（中国电信、中国移动或中国联通），调查该运营商移动商务技术的应用状况，并撰写调研报告。

项目总结

本项目对移动商务的总体状况、涉及的技术及应用状况进行了阐述，通过本项目的学习和实践，完成对移动商务总体发展状况和技术发展及应用状况的调研，达到较为全面地掌握和了解移动商务总体状况的目的。

项目二

移动商务应用

项目目标

（1）知识目标：通过本项目的学习，熟悉移动商务的价值链构成和各成员之间的相互关系；了解移动商务价值链各成员之间的利益分配关系和移动商务的主要应用模式。

（2）能力目标：根据特定的行业，能够进行移动商务价值链分析，理清价值链的构成、各成员的相互关系和利益分配关系；根据特定的行业或应用，能够对移动商务的应用模式进行分析。

项目导入

面对数量迅速壮大的手机网民，众多企业都纷纷寻求合适的推广方式和流量获取通道，以达到良好的宣传效果。北京跃泰恒智信息科技有限公司（以下简称跃泰公司）针对这一情况，自主研发了虚拟门迎机器人，可放在企业网站或植入微博，为企业提供私属 App 客户端服务。

虚拟门迎机器人是跃泰公司的恋爱机器人柳柳的高端产品，跃泰公司通过对原有技术进行修改，使柳柳成为一款为企业量身定制的虚拟门迎机器人。虚拟门迎机器人以问答的形式介绍企业的相关信息。例如，“你们公司有哪些产品”“你们公司在什么地方”，通俗易懂，易于客户理解接受。根据提供服务的内容不同，虚拟门迎机器人价格各有不同，最低可至几千元。并且可以根据企业需要提供个性化 UI 设计和虚拟机器人形象设计，做属于企业独一无二的虚拟门迎机器人。

虚拟门迎机器人既可通过传统的文字输入方式回答来访客户的问题，又可以通过语音的方式介绍企业的相关信息。用户只要会说话就能与虚拟门迎机器人进行沟通，使用户在轻松的聊天中详细了解企业的产品和服务。虚拟门迎机器人的操作方式时尚便捷，可成为企业网站的一大亮点。虚拟门迎机器人是跃泰公司使用自己的自然语言处理技术研发的，此项技术在业内处于较领先地位，能识别句子的各个语法成分、理解语义、识辨情绪和情感，使机器人能更准确地理解语义，从而对用户的提问做出最为准确的回答。

企业对虚拟门迎机器人的后期管理维护极为简单，只需在企业管理后台增加或删除相关内容，无须修改程序。跃泰公司可为企业提供独立的 App 包、API 接口、IOS 软件包，满足企业网站的不同需求，使企业全方位的利用互联网。

项目实施

任务三　移动商务价值链分析

【任务描述】

以中国移动为例，对基于 5G 的第五代移动电话产业价值链进行分析，理清其价值链的构成、各成员之间的相互关系及利益分配关系。

【知识准备】

一、移动商务生态系统

1993 年，美国企业战略专家詹姆斯·穆尔在《竞争的衰亡：商业生态系统时代的领导与战略》中第一次提出了“商业生态系统”的概念，构架了基于共同进化模式的企业战略全新设计思路，开创了将生态学的观点引入战略管理的先河。

一般认为，移动商务生态系统是指由很多子系统（如网络设备供应商、网络运营商、终端供应商、内容提供商、内容集成商、消费者群体、政府等）共同组成的一个生态系统。移动商务生态系统是一个开放的系统，也是一个动态的系统。现代移动商务是个巨大的生态系统，其中可以容纳的物种种类和数量在迅速膨胀。组成这个生态系统的所有成员都应该持一种更为开放、更为包容的心态，共同搭建一个大平台，并依托这一平台共同进化、共同发展。在生态系统内的各物种，如网络设备供应商、网络运营商、消费者群体、内容提供商等，存在着共生、竞争、合作、中立等关系。

研究移动商务生态系统的重要意义之一是制定科学的“游戏规则”。“弱肉强食”的“丛林法则”是每一个生态系统所具备的天然法则，这也说明了移动商务生态系统内竞争的残酷性。在完全竞争的市场状态下，这一天然法则可以保证系统的生存和发展。但在现实环境中，如果缺乏良好的游戏规则，那么将会造成市场竞争过分激烈，形成无谓的市场内耗；或者市场过于沉寂，阻碍产业发展。规则的制定和实施是政府的责任与义务，同时也是政府作为监管者参与移动商务生态系统的方式。良好的规则必须在防止垄断、防止重复投资、保护消费者利益、鼓励技术创新等原则中取得平衡。

研究移动商务生态系统的另一个重要意义是寻找恰当的生态位。企业生态位是指一个企业乃至一个行业在企业生态大环境中处于何种位置。对处于生态系统中的每一个物种或个体而言，在系统中保持竞争优势的关键是寻找恰当的生态位，每个个体必须认清自身的资源和能力及行业的整体态势，认清自身在整体生态系统中的地位和价值，以及与自身密切相关的其他个体，认清哪些是竞争者、哪些是合作者，对于竞争者自身的优势和劣势何在、对于合作者采用何种合作方式比较好。

二、移动商务价值链的生成

价值链的概念最早是由哈佛大学商学院的 Porter 教授于 1985 年在《竞争优势》一书中提出的，但是，至今没有一个统一的定义，研究的内容也有所不同。一般而言，价值链是指在产品或服务的创造、生产、传输、维护和价值实现的过程中所需的各种投资与运作活动，以及这些活动之间的相互关系所构成的链式结构。移动商务的价值链就是在直接或间接地通过移动平台进行产品或服务的创造、提供、传递和维持，进而获得利润的过程中形成的价值传递的链式结构。

在价值链分析中，价值这个概念是从用户角度定义的，即用户对企业提供的产品或服务认可并愿意接受的价值，如果用户愿意支付的价值超过了企业提供产品或服务所需的成本，那么企业就有盈利。企业创造的价值产生于其自身的一系列作业之中，如采购、生产、服务、销售等，这些作业在创造价值的同时也消耗了一定的成本。而价值作业就是指那些对企业完成目标有帮助的而互相之间又有明显区别的企业作业，它具有经济性（指完成价值作业本身所需的代价）、价值性（指价值作业对客户有贡献）和可比较性（指价值作业以价值或盈利表现其贡献，因而可以比较）。

（一）移动商务价值链演进分析

移动商务价值链是随着移动电话技术的变革而不断发展变化的，主要历经了以下三个阶段。

1. 第一代移动商务价值链

20 世纪 80 年代中期出现的模拟移动电话技术能够提供的移动服务比较单一，以语音服务为主，其产业价值链主要由 4 部分构成：无线服务提供商（Wireless Service Provider，WSP）、终端设备制造商（Terminal Manufacture，TMF）、中间服务提供商（Intermediate Service Provider，ISP）、最终用户（The End User），如图 2-1 所示。

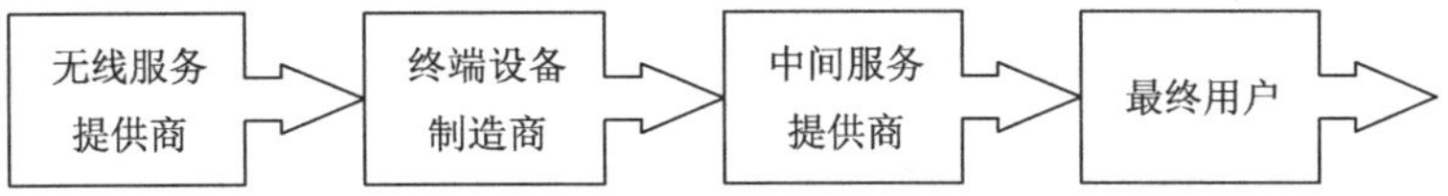

图 2-1　第一代移动商务价值链

在图 2-1 中，无线服务提供商的主要业务是运用无线设备建立和运营传输信号的无线网络平台，为电子信号实现无线传输提供了最基本的网络条件；终端设备制造商的主要业务是制造用户使用的终端设备；中间服务提供商的主要业务是提供安装在终端设备上的应用程序，包括系统集成（System Integration，SI）、增值转接（Value Added Reseller，VAR）、专业零售商（Specialty Retailer，SR）等，这些程序把价值链上的参与者连接在一起，使参与者能够理解其他参与者各种动作的含义，从而实现正确的信息传递；最终用户，即享受无线服务提供商提供的无线服务的个体。

第一代移动商务价值链的基础是模拟技术（Analog Technology），其传输、交换、终端设备、信号都是模拟的，缺点是辐射大、稳定性低、价格昂贵。

2. 第二代移动商务价值链

数字技术的出现促进了移动电话产业的更新换代。20 世纪 90 年代，以数字技术为动力的第二代移动电话系统开始应用，提供数字语音和简单的数据服务，这促使原来移动电话产业价值链中参与者的组合分化，以及新参与者的介入，并且改变了参与者之间的价值分配关系。第二代移动商务价值链如图 2-2 所示。

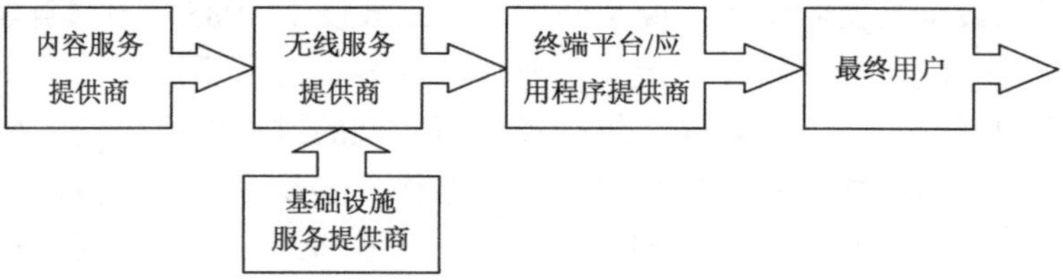

图 2-2　第二代移动商务价值链

3. 第三代移动商务价值链

自 19 世纪末、20 世纪初开始的 3G、4G、5G 移动技术催生了大量新的应用。基于这些技术，可以提供各种多媒体数据服务，多媒体数据服务的出现必然引起移动商务价值链的再一次变革。第三代移动商务价值链如图 2-3 所示。

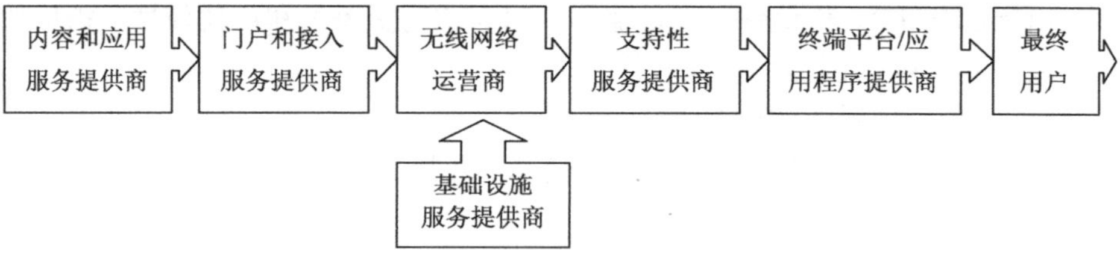

图 2-3　第三代移动商务价值链

第三代移动商务价值链的参与者发生了变化，出现了门户和接入服务提供商、支持性服务提供商。门户和接入服务提供商的出现是网络服务内容扩展的必然。随着网络内容变得复杂、处理技术难度提高，内容和应用服务提供商与无线网络运营商之间就需要既熟悉无线网络技术，又熟悉内容处理技术的实体，使内容和应用服务提供商能够方便、快捷地接入无线网络，而不需要过多的了解无线网络技术。门户和接入服务提供商正是这样的实体，它在内容和应用服务提供商与无线网络运营商之间架起了一座可以互通的桥梁。

第三代移动商务价值链中的支持性服务提供商不同于第一代移动商务价值链中的中间服务提供商。第一代移动商务价值链中的中间服务提供商的主要业务是提供安装在终端设备上的应用程序，而第三代移动商务价值链中的支持性服务提供商的主要业务是提供使移动商务顺利进行的支持性服务，如付费平台的建立、付费支持、安全保证等。此时的支持性服务提供商的业务是从无线网络运营商的业务范围中分化出来的。因此，无线网络运营商只专注于自己的无线网络构建和无线网络运营，而将相关业务外包（Outsourcing）给其他价值主体，从而突出了自身的核心竞争力，降低了运营风险。同时整个价值链更加明细化，关系变得更加复杂。第三代移动商务价值链的具体组成及相互关系如图 2-4 所示。

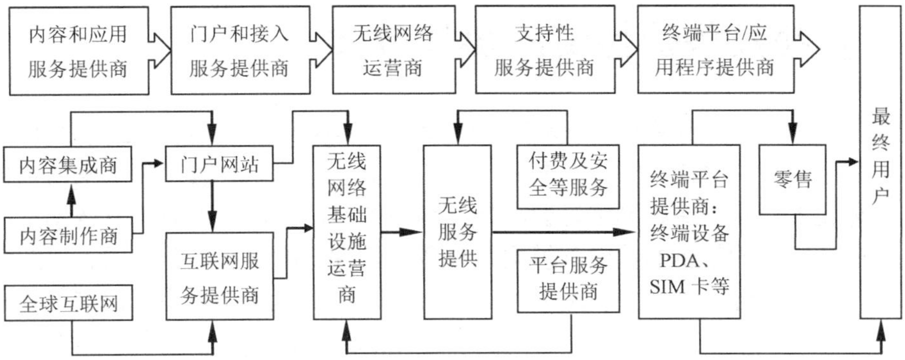

图 2-4　第三代移动商务价值链的具体组成及相互关系

当前移动技术的服务内容主体从语音转向了移动多媒体。按格式划分，可将移动多媒体内容分成以下四类。

（1）文本内容：新闻、股票价格、产品描述、文字广告、定位信息等。

（2）音频内容：无线网络广播、音乐、语音信箱等。

（3）图片内容：静态图片、动画等。

（4）视频内容：无线电视、视频文件等。

丰富的移动多媒体内容催生了专业化的分工。有制作大量的、具体的移动多媒体信息的内容制作商，这些内容再经过内容集成商的加工转化成顾客所需要的形式，通过运营网络主机或信息传输企业（全球互联网）渠道，最后通过最终用户的消费实现移动服务的价值。

（二）移动商务价值链的生成模型

图 2-5 是移动商务的资金流向模型，即价值链的生成模型。最终用户通过接入服务（基本识别服务）支付所接受移动商务的费用，从服务方的角度看，可以假定这些费用为总收入。这些费用经过接入服务汇集到内容聚集者手中，内容聚集者应当将它分摊给内容提供者和应用提供者，并结算给承载分发商。应用提供者也应当将其收入的一部分交给这项应用的承载分发商。将承载分发商与接入服务整合在一起，可以控制价值链总收入这一环节，保证移动商务业务健康发展。内容服务中有一部分是产品销售商提供的广告，最终用户通过内容服务看到广告而购买产品销售商的产品，产品销售商因此要付钱给内容聚集者。图 2-5 中没有涉及各个商家之间的物流问题。

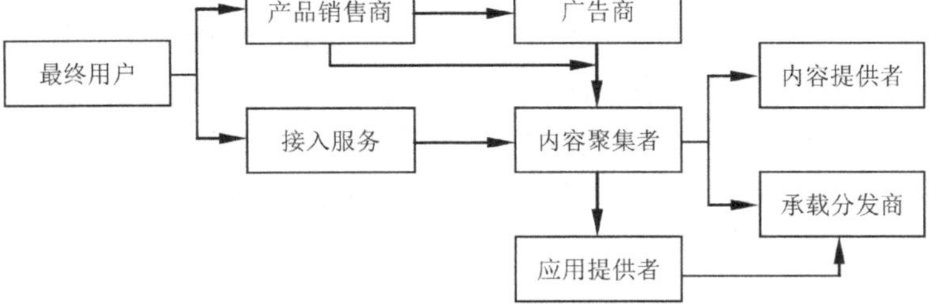

图 2-5　移动商务的资金流向模型

三、移动商务价值链的协调发展

在国际上，电信产业的激烈变革始于 20 世纪 80 年代中期。随着美国贝尔公司的拆分，英国和日本随之跟进，电信产业由垄断时代进入了竞争时代。打破垄断带来的直接后果是传统垂直一体化的设备制造、网络运营、最终客户的三段式电信产业价值链模型不再具有实践意义，应运而生的是新的价值链模型：设备及软件、网络层、链接层、导航和中间件层、应用层（包括内容）和客户。电信产业具有趋于不断复杂化的趋势，这种复杂性源于打破垄断、解除管制后的自由化趋势，以及降低进入价值链的技术障碍。具体表现为市场的不断分化，使企业战略、商业模式等都呈多样化发展。

电信产业正经历着激烈的变革，基础设施和服务提供方面的机遇与挑战并存，已有的价值链正在分崩离析，产业结构正在重新架构，新进入者力量强大。迅速发展的技术和不断增加的市场紊乱使本来就很复杂的状况徒增变数。许多尝试过的商业模式，连同相关的框架、工具和技术已经成为障碍。价值链正在迅速进化成价值网络，具有多元的进出点和巨大的复杂性。当前的电信产业在某些方面的变革是相当激烈的，所有的交易主体都需要重新评估自身的市场定位和战略，并且对下一步的走向做出艰难的抉择。

电信产业价值链的激烈变革给移动商务价值链协调带来了前所未有的挑战。这里所讲的协调是指产业成员之间的一种均衡状态，成员之间在进行交易时，关于数量和价格的最优决策不应违背整个价值链的最优。在垄断时代高度垂直一体化的市场结构下，各成员可以通过命令控制等非市场措施，以牺牲局部利益为代价保证供应链整体的最佳利益。而价值链的网络化趋势使得交易主体的数量急剧膨胀，通过传统的交叉补贴、命令控制等显性方式协调整个产业价值链已不再奏效，甚至通过简单的市场机制、以单纯价格为纽带的契约安排也无法达到协调发展。

移动商务价值链的协调发展依赖于各成员的协同努力，要使各成员有积极性参与产业网络的建设与发展，就必须建立合理的利益分配机制，让各成员感觉到参与产业网络建设比脱离产业网络建设能得到更多的利益，并且在产业网络中得到公平对待。如果合作利益得不到合理、公正的分配，那么产业网络中各成员间就难以形成稳定、长久的合作关系，甚至使整个产业网络崩溃。由此可见，合作利益分配是非常重要的，是价值链协调发展的核心问题。移动商务价值链的协调发展需要合理的契约安排。

合作利益分配价值的契约安排需要解决两个问题：何种契约能够实现利益的任意分配；何种契约的实施成本较低。利益的任意分配是指通过调整合同条款，特别是合同参数，是否可以实现利益在产业网络中各独立成员之间的不同分配，从而使契约具有较好的稳定性。利益的任意分配是契约的理想状态，而执行该类契约往往会增加各种各样的管理成本，因此，制订合同应考虑管理成本与预期收益，这也是现实中常见的契约从形式上来讲都比较简单的重要原因。发展协调的契约意味着产业网络中各独立成员均采取实现整个系统最优的行动。

四、5G 时代的移动商务价值链

国内外的各移动运营商都对 5G 投入了极高的热情，其主要原因是移动运营商欲借 5G

的高带宽为用户提供更加丰富的移动数据业务，从而达到提高收入的目的。由于 5G 时代的移动通信产业价值链的重点和关键在于移动数据业务，所以价值链的构成和整个业务环境都必须围绕如何满足用户在移动数据业务方面的需求，并在此基础上进行丰富。

5G 时代的移动商务价值链呈现为一个围绕着顾客需求和顾客价值为目标的价值网络。价值链的每一个环节都参与用户价值的满足过程，特别是手机制造商、应用服务商和内容服务商都开始建立直接与用户的联系，从而使用户与价值链的每一个环节的反馈都是开放的、双向的。

5G 时代移动商务价值链的特点如下。

（1）以顾客为目标。

5G 时代的移动商务价值链的最终目的是满足顾客的需求和价值，特别是在移动数据增值服务上的需求和价值。在我们所理解的完整价值链中，顾客处于中心位置，顾客能够对运营商的服务进行选择，同时也能对手机产品、应用服务、内容进行选择。

（2）形成多个竞争环境。

由于顾客已经被置于整个价值链的中心位置，并且具有独立的选择能力，所以围绕着顾客需求和顾客价值，电信运营商之间、手机制造商之间、服务提供商之间、内容服务商之间会产生竞争。这四个竞争环境既是相互独立的又是相互关联的。

（3）合作竞争是主要基调。

由于围绕顾客产生了独立的竞争环境，而且竞争越来越激烈，而通过合作联盟可以有效地降低成本，提高适应顾客需求的能力，所以各个参与者之间就需要寻求各种方式和内容的合作，合作竞争成为所有价值链参与者的唯一选择。合作竞争的具体方式可以根据参与者在价值链中的位置采取包括上下游/同环节合作，同质/异质竞争的不同组合。

（4）价值链仍然以移动运营商为主导。

从资金流上来看，顾客支付的费用首先进入移动运营商，移动运营商再与 SP/CP 分成，SP/CP 又将获得的收入与手机制造商进行分成。从价值链的其他参与者来看，移动运营商处于一个关键的位置，控制着资金流的最上游，以及顾客的身份识别代号——电话号码，并且提供最基础的网络，因此，价值链仍然以移动运营商为主导。

【任务实施】

（1）分析中国移动基于 5G 的第五代移动电话产业价值链的成员构成。

（2）分析中国移动基于 5G 的第五代移动电话产业价值链各成员之间的相互关系。

（3）分析中国移动基于 5G 的第五代移动电话产业价值链各成员之间的利益分配关系。

【任务拓展】

一、几种业务的价值链分配

目前移动商务主要是以短消息业务（SMS）、多媒体消息业务（MMS）、个人信息管理（PIM）、移动办公系统、移动定位服务（MLS）等为基础发展起来。

1. 短消息业务

短消息业务价值链的分配如下。

（1）用户接入识别，并且按照使用付费。

（2）移动运营商整合了接入服务、承载分发和内容聚集的功能。

（3）各个运营商之间对承载分发进行结算，与内容、应用提供商无关。

2. 多媒体消息业务

多媒体消息业务价值链的分配如下。

（1）用户登记（向内容提供商或者移动门户登记）该项服务后，接入识别服务分发相关消息给用户，并向用户收费。

（2）移动运营商整合了接入服务、承载分发的功能，也可以包括内容聚集功能和安全保障服务。

（3）各个运营商之间对承载分发进行结算。

（4）移动运营商将费用分配给内容、应用提供商。

（5）商家向运营商支付广告费。

3. 个人信息管理

个人信息管理是移动运营商应当特别关注的一项增值业务。这是一种属于多媒体消息业务的应用服务，用户的手机除了通话，还可以同步接收和发送照片、文本（名片）等。甚至在手机上可以安装数码摄像头，将所摄取图像传送给对方。个人信息管理价值链的分配如下。

（1）用户接入识别，通话、传递多媒体信息并付费。

（2）移动运营商整合了接入服务、承载分发的功能，甚至包括内容聚集功能和安全保障功能。

（3）各个运营商之间对承载分发进行结算。

（4）移动运营商将费用分配给应用提供商（用户授权使用，通过接入识别付费）。

（5）如果所传送的信息包括应当付费的内容，则记录在用户费用中，并通过移动运营商收取后分配给内容提供商。

（6）商家向运营商支付广告费。

4. 移动办公系统

移动办公系统是结合了短消息业务、多媒体消息业务、个人信息管理、移动定位服务和 OIS（Office Information System，办公信息系统）的移动商务。移动办公系统应用提供商的收益来自两方面：一是使用授权，二是所提供的办公平台。移动办公系统的价值链与个人信息管理价值链的相似之处在于，都要由移动运营商提供接入识别和收费服务，但是由于移动办公系统业务并不是每次使用都付费，而可能是用户（企业用户）一次性地向应用提供商购买了使用权，所以，除非移动运营商向应用提供商购买使用权并向自己的订户分发，否则在使用中移动运营商无法从中得到收益。当然，如果移动办公平台由移动运营商提供，那么移动运营商当然可以从中得到收益。移动办公系统价值链的分配如下。

（1）用户接入识别，通话、进行移动办公并付通信费。

（2）各个运营商之间进行结算。

（3）如果移动运营商代理应用服务（包括提供移动办公平台），则可收取费用，否则与之无关。

5. *移动定位服务*

移动定位服务技术用来判定在某一半径范围内移动电话用户的物理位置，可提供的业务主要分为 4 类，即公共安全服务（营救、报警、旅馆定位器之类的保卫业务等）、与位置相关的计费、跟踪业务（车队监视管理、丢失车辆定位等）、基于定位的信息服务（导航、交通报告、观光导游、定位广告、移动黄页等）。这些应用如何给运营商开辟新的收入来源，应当根据每个具体应用分析运营商是否能够控制接入识别，是否能够做到每完成一笔交易运营商都能抽取一定费用来判定。

二、移动运营商与内容/服务提供商收益分成

由于移动运营商提供的服务种类众多、成本核算复杂、用户量巨大，所以与移动运营商有关的价值分配最困难，导致中国移动、中国联通、中国电信等移动运营商难以确定自身如何与上/下游企业进行价值分配才最合理。然而，移动运营商作为整条价值链中最强势的企业，除了为自身创造最大价值，还应考虑整条价值链的优化问题，从而使价值链上的各个组成部分能协作一致共同获利。因此，以移动运营商为中心展开价值分配的研究具有重要的意义。

与移动运营商进行价值分配最相关的是内容/服务提供商，它们利用移动运营商的网络平台为移动用户提供各类服务，如果没有它们，移动运营商的平台就形同虚设，没有了任何意义。但相应的，如果没有移动运营商的平台，内容/服务提供商即使有再好的服务也无法直接传递给用户，内容/服务提供商必须依赖移动运营商而生存。这表明，移动运营商与内容/服务提供商相辅相成，缺一不可，两者是紧密的协作关系。目前，信息服务越来越多样化，内容/服务提供商作为信息、服务的创造者，在移动商务价值链中的地位越来越重要。

移动运营商与内容/服务提供商进行合作为广大用户提供各类服务，移动运营商以代收费的形式从用户账户中直接扣取服务费用，然后再按照一定比例与内容/服务提供商进行收入结算。以中国移动为例，中国移动在其制定的《移动梦网 SP 合作管理办法》中，针对不同的 SP 合作模式规定了不同的结算比例，如 15%∶85%、30%∶70%、50%∶50%。中国移动与 SP 合作模式及各自的职责和结算比例如表 2-1 所示。

表 2-1　中国移动与 SP 合作模式及各自的职责和结算比例

合作模式	中国移动职责	SP 职责	结算比例
普通型合作	提供网络通道、业务管理平台、代计/代收信息费服务，配合 SP 有偿提供客户服务	提供业务内容，自主进行营销宣传，并负责提供全程客户服务	中国移动与 SP 应收信息费结算比例为 15%:85%，SP 向中国移动支付不均衡通信费
半紧密型合作	提供网络通道、业务管理平台、代计/代收信息费服务，负责客户服务	负责提供业务内容，自主进行营销宣传，配合客户支撑	中国移动与 SP 的信息费结算比例为 30%:70%，SP 向中国移动支付不均衡通信费
紧密型合作	提供网络通道、业务管理平台、代计/代收信息费服务，自主进行营销宣传，提供全部的客户服务，并享有该业务的相应知识产权	提供业务内容	中国移动与 SP 的信息费结算比例为 50%:50%，SP 不向中国移动支付不均衡通信费

这些结算比例一般都由移动运营商确定，内容/服务提供商被动接受，但是这种确定结算比例的方式显然没有考虑内容/服务提供商的利益，不利于整个价值链的发展。

除了考虑移动运营商与内容/服务提供商之间的价值分配，还必须考虑移动运营商与移动用户之间的价值分配。移动用户是一切利润的来源，而移动运营商对各种服务的定价则是影响移动运营商与移动用户之间价值分配的最主要因素。只有制定了合理的价格，移动用户享受内容/服务提供商和移动运营商提供的各种服务，才能为整个价值链创造最大的价值。

国际上大部分先进移动运营商都把作业成本法作为成本分摊的工具，移动运营商的成本主要包括固定成本、营销成本和服务成本。

固定成本指建设和维护移动网络花费的成本。这部分成本金额巨大，需要在各种服务中逐渐分摊到所有移动用户。选择作业成本法分摊固定成本的过程：第一，选择作业项目，将移动网络元素予以细化，并以各项业务的网络元素使用量作为衡量互动的基础；第二，设立成本库，即收集各项作业的相关成本，包括共用资源成本的合理分摊；第三，归集各项业务的作业使用量，依次作为分摊因子，并计算各项作业的单位成本；第四，将依据单位成本计算的各成本对象所使用的各项业务成本进行加总，得到该成本对象的单位成本。但是，分摊固定成本需要输入很多要素和相应的数据，还需要确定关键假设，最后才能得出成本分摊结果。具体来说，网络相关数据要素包括固定资产投入、网络运维成本费用、网络元素单位和容量、网络成本分摊动因数据；关键假设包括资产折旧年限、储备战略所占比例、支持部门贡献方式、固定的投资回报率及由此得出的资本成本加成。在综合考虑这些因素后，通过一定的计算就可以得出每类服务分摊的固定成本。内容/服务提供商相对于移动运营商，其固定成本比较低，企业规模也较小，固定成本的分摊可以由常规会计核算方法得出。

营销成本包括广告、业务推广、积分送礼等营销活动带来的成本。在不同的合作模式中，移动运营商和内容/服务提供商的营销成本有所不同，例如，在普通型合作模式中，内容/服务提供商负责营销，该类服务的营销成本便成为内容/服务提供商的成本，而移动运营商不涉及此成本；在紧密型合作模式中，内容/服务提供商不涉及任何营销成本，全部由移动运营商承担。但诸如品牌营销这样的营销成本需要分摊到各类服务中。

服务成本包括服务热线、营业厅、客户服务代表及俱乐部会员享受的贵宾服务等造成的成本。与营销成本类似，不同的合作模式，移动运营商与内容/服务提供商的服务成本有所不同。服务热线和营业厅这样的整体服务成本也需要分摊到各类服务中。

三、移动商务价值链的成功经验

不同国家的移动商务价值链的成功经营都有各自的特点，但也有共同点。通过对 SK Telecom 开展的 MBank 业务的分析归纳，并结合 NTT DoCoMo、KDDI、和记黄埔等移动数据业务和产业价值链的分析，以下是值得国内移动运营商借鉴的一些经验。

（1）顾客需求。

一个成功的业务必须起始于对顾客需求的准确把握和挖掘，并设计能够吸引顾客且最终培养顾客忠诚度的业务。韩国移动运营商 KTF 设计业务的原则是："快速、简单、有趣、有用"。

移动运营商应该针对市场用户进行调查和咨询，认清业务服务的目标市场，提供具有针对性的业务需求，必须进行差异化的服务，吸引更多、更广泛的用户。例如，韩国 SK Telecom 运用多品牌市场细分战略，1997 年 SK Telecom 与咨询公司合作，把移动通信用户细分为大学生、低年级学生、家庭主妇、年长者、专业人士和个人消费者 6 类人群。

（2）内容和应用提供商。

纵观在移动内容业务提供方面获得一定成功的移动运营商的经验，可以得出一个共同点，那就是这些移动运营商都很重视与内容和应用提供商进行联盟与合作，制造共同市场并创造盈利。

例如，NTT DoCoMo 在设计系统时就充分考虑了如何激励内容和应用提供商提供丰富的内容，措施有以下几方面。

① 选择方便内容和应用提供商的技术，如 HTML、HTTP、GIF、MIDI、Java 等。

② 业务设计（包括手机规范）也尽量方便内容和应用提供商，而不是从移动运营商和无线厂商的角度考虑。

③ 可进行功能升级，这样可以引入新产品，从而促进使用量的增加，也意味着 NTT DoCoMo 流量的增加。

NTT DoCoMo 从内容获取的收入不足数据总收入的 2%，它自己的收入来自业务流量。NTT DoCoMo 作为市场的倡导者建立了能够激励内容提供者的商业模式后，公司利用自己的市场地位影响整个价值链各行业企业之间的合作，使日本移动数据业务市场在这几年获得了惊人的发展。

（3）终端制造商。

终端制造商在价值链上处于一个更加独立的地位，手机本身成了一个竞争激烈、规模巨大的市场，而且手机是用户享用数据业务的平台，因此在价值链中，移动运营商与终端制造商保持合作又相互制约和促进。当业务趋于稳定成熟时，让更多的终端制造商制造符合业务需求的手机，可以最大限度满足顾客的多元化需求。

很多移动运营商都采取各种措施来加强与终端制造商的合作，措施有如下几方面。

① 出台技术规范，资助厂商研发，NTT DoCoMo 出台了一些技术规范，并提供给手机厂商，手机厂商生产的手机必须严格符合这些技术规范。

② 选取本土终端制造商，可以得到更多、更实际、更方便的技术及服务支持，还可以节约成本、提升竞争力。

③ 参股手机厂商或者成立生产手机的控股子公司。

④ 手机定制和集中采购。

（4）商业模式。

顺利开展移动增值数据业务的商业模式多种多样，在业务推广过程中可以看到，有如下几方面。

① 品牌营销策略。

② 低价策略。

③ 业务组合捆绑策略。

④ 手机补贴策略。

⑤ 辅助的优惠策略。

但从顾客价值的角度来看，不外乎是通过增加顾客的收益、降低顾客的成本，或者两者同时进行，最终结果是增加顾客价值。因此，一切商业模式的设计都将围绕顾客这个最终的目标，以提升顾客价值为目标导向，并可以考虑根据客户类别的不同，增加提升顾客价值方法的灵活性。

除了在价值链的各个环节促进移动商务价值链的发展，移动商务价值链的发展也受其他一些因素的影响，如来自于政府的支持、技术的稳定及融合程度、顾客需求挖掘与应用的培育环境，在考虑国内移动通信产业价值链的构成时，也需要同时系统地考虑上述因素的影响。

四、案例阅读——5G的投资有多大，竟然让全球运营商心惊胆战

2018年5月，T-Mobile和美国Sprint表示，两家公司已经同意了一项规模达260亿美元全股票方式的并购交易，并且认为此交易能够获得持怀疑态度的监管机构的批准，因为两家公司的合并将会创造数千个工作岗位。

（一）国外运营商合并已成风潮

1. 美国两大移动运营商合并，形成三足鼎立的局面应对5G巨大投资

T-Mobile和Sprint分别是美国第三大和第四大移动运营商，市场份额分别为19%和12%。美国第一大移动运营商为Verizon，其市场份额约为36%，其次是AT&T，其市场份额约为30%。T-Mobile和Sprint合并后，其规模将超越AT&T，成为美国第二大移动运营商，美国移动运营商市场也将形成三足鼎立的局面。T-Mobile和Sprint在联合声明中的表示如下。

（1）合并有助于美国5G技术领先。

要保持5G领先，就需要一张覆盖广而深的5G网络。T-Mobile计划在600MHz频段上部署5G，Sprint计划在2.5 GHz频段上部署5G，两家公司的5G频段均位于中、低频段，均具备良好的覆盖性，这有助于美国快速建成一张全国性的5G网络。

T-Mobile和Sprint表示，两家公司合并后，将建成一张美国历史上最广覆盖、最高容量的移动网络，在未来三年内将投入300亿美元建设新网络、部署新业务，计划在2024年之前将美国平均网速提升15倍。

（2）合并不会减少竞争，因为这是一个任何企业都可以成为运营商的时代。

在这个“固移融合”的时代，运营商间的竞争已跨越边界，宽带运营商进军无线，无线运营商抢夺宽带市场，美国市场已经不再只是3～4家移动运营商的竞争格局，而是7～8家运营商并立的格局，因此，合并不会减少市场竞争，而合并后的New T-Mobile一旦建成一张更低成本、更具规模的5G网络，反而会进一步推动竞争、降低资费。

（3）合并利于缩小农村与城市之间的“数字鸿沟”，推动就业增长。

联合声明表示，New T-Mobile的广覆盖网络有助于改善农村上网，缩小农村与城市之间的“数字鸿沟”。New T-Mobile在不断延伸网络覆盖的同时，也将在农村社区开设数百家新店，从而创造数千个新的就业机会。

此外，Sprint和T-Mobile合并后，由于大规模的5G投资，将需要更多的员工，可推动就业增长。同时，根据CTIA的报告，预计到2024年，5G将在美国创造300万个就业机会、带来5000亿美元的经济增长，合并后的New T-Mobile将成为推动这一大规模经济刺

激计划的催化剂。

2. 俄罗斯两大运营商合并，争取5G不掉队

在2018年初，俄罗斯两家大型运营商MegaFon和Rostelecom试图通过联合双方力量来共同克服在俄罗斯市场建设5G网络所面临的巨大成本挑战。

最新宣布的5G计划把MegaFon和Rostelecom联合起来，Rostelecom是一家国有电信运营商，曾在俄罗斯提供长途网络服务。其中一些基础设施可以用于支持5G技术的推出，5G将需要高速固定线路用于核心网络系统和其他部分的“回传”连接。MegaFon目前是俄罗斯第二大移动网络运营商，该公司拥有超过7600万用户，占据近29%的市场份额。俄罗斯移动市场的领导者为MTS（拥有约7800万用户），紧随MegaFon之后的为VEON（拥有约5900万用户）。

（二）5G的投资

1. 全球5G投资是个天文数字

5G技术发展势头迅速加快，一些国家围绕5G展开竞争，其中很多国家力争在该技术领域取得领先地位，其中美国无线运营商从2018年下半年开始在5G设备上投入了大量资金。

参考OVUM的咨询报告，非标5G和3GPP标准5G的RAN（无线接入网）侧设备投资到2020年将会达到50亿美金。其中2017年以美国Verizon私标FWA的投资为主，从2018年开始亚太及欧洲的5G投入崛起，到2019—2020年中国移动5G商用后，亚太区域成为5G主力。

2. 国内5G投资给运营商带来压力

目前我国三大运营商4G基站数超过380万，累计投资超过5700亿元，建设周期5～6年。按照目前我国三大运营商4G成熟网络预测，5G全覆盖预计累计投资2.3万亿元左右，投资规模是4G的4倍。

（三）5G基础设施建设投入巨大，共建共享将是5G建设的主题词

中国上市公司协会会长、全球移动通信协会高级顾问、中国移动前董事长王建宙建议：未来网络建设成本更高，网络同质化越来越严重，消费者也会更加关注服务、体验，5G时代运营商能够共享网络。

随着运营商的服务收入增长陷入困境，全球范围内通过合作或共享基础设施来降低5G部署成本的运营商越来越多。西欧部分电信运营商（包括英国）已经成立了合资基础设施公司。与此同时，在美国像Crown Castle International Corp和American Tower Corp这样所谓的“铁塔公司”已经兴起，它们向AT&T、Verizon和T-Mobile这样的运营商提供铁塔租赁服务。

工业和信息化部多次表示，5G时代，需合力打造开放共赢的5G产业生态，着力形成共商、共建、共享的国际合作新局面。2019年9月，中国联通发布公告称，将与中国电信在全国范围内合作共建一张5G接入网络。同时，双方用户归属不变，品牌和业务运营保持独立。

可以预见，未来在中国电信、中国联通没有5G网络的地方，中国电信、中国联通仍有可能租赁中国移动在当地的5G网络；而在中国移动没有5G网络的地方，中国移动也可以租赁中国电信、中国联通在当地的5G网络。

五、思考与练习

1. 思考题

（1）你如何理解移动商务生态系统各成员之间的相互竞争与共同发展的关系？

（2）第三代移动商务价值链与第一代、第二代相比，存在哪些不同之处？

（3）你认为在移动商务价值链中，移动运营商与内容/服务提供商应如何进行利益分配？

（4）你认为我国在构建5G时代的移动商务价值链的过程中，应该注意哪些问题？

2. 技能训练

以中国电信为例，对基于5G的移动商务价值链进行分析，理清其价值链的构成、各成员之间的相互关系及利益分配关系。

任务四 移动商务应用模式分析

【任务描述】

根据自身的实际情况，选择一个熟悉的行业（如移动音乐），分析其应用模式，具体内容可包括该应用模式涉及的核心技术、运营模式（市场范围、价值构成、收入来源、参与者在价值链中的角色等）、目前发展和应用状况、未来发展前景等。

【知识准备】

一、移动商务应用概述

移动商务具有非常丰富的应用内容，而且发展迅速，不断扩展。通过这些应用或者服务，用户可以获得前所未有的使用感受，并且极大方便了人们的工作、学习和生活。

（一）移动商务应用的定义

移动商务应用是移动商务主体通过手机等移动终端，在“动态”中进行应用和实现应用的行为，也是一种在“动态”中调动他人共同应用，或者整合相关商务资源参与应用或共同应用的行为。移动商务应用可能是移动终端持有者的个人行为，也可能是通过个人行为调动多人参与的群体行为，还可能是整合了价值链相关各方互为动作的整合互动行为。

在移动商务的形成与发展过程中，网络信息技术的发展推动了社会生活节奏的加快，也推动了商务活动、商务交易过程和商务交易节奏的加快，从而使得社会需求不断增加。

移动商务应用是以移动通信技术及相关技术为支撑，利用移动终端（包括便携、手持数字设备）建立起相应的商务应用模型并直接进行的商务活动，或利用移动信息转移功能，依托网络化的商务平台，进行或完成多维的、跨行业或跨国的商务实现活动。

移动商务应用的范围非常广，如移动广告业务、移动库存管理、移动金融业务、移动拍卖和招标、无线娱乐服务、移动办公、移动远程教育、无线数据中心、移动黄页、紧急救援、定位服务等方面的应用。例如，销售人员在拜访客户时，如果客户有订单，则可以直接通过手机等移动终端在系统中下单，同时系统还可以实现物料的有效性检查。即系统会自动判断现在是否有可用的库存以满足客户的交货要求。

移动商务的流动性和易用性特征，使移动商务不仅可以广泛应用于服装、化妆品、家电、快速消费品等众多从事店面零售的企业，还可以广泛应用于物流企业、运输企业、递送企业、公安车检、产品质量追踪等，同时可以广泛应用于农业生产领域，以及紧急避险、抗震救灾等领域。对于企业管理、市场管理、城市管理，移动商务也具有重要的作用和广泛的应用前景。

（二）移动商务应用的特点

移动商务是传统互联网电子商务在移动领域的延伸和发展，但是两者的服务对象和服务方式及技术特征又有很大的不同，移动商务主要有以下特点：①主要针对具有移动应用需求的用户；②用户对商务信息的交互性、实时性要求较高；③服务终端具有私人性；④由于手机界面及输入方式的限制，对应用服务要求操作简单、响应快速。移动商务最突出的特点是随时随地和个性化。

移动商务平台能够帮助用户解决的实际问题主要包括以下几项。

（1）可以不受时间、空间及设备的限制，快捷地处理业务信息，解决了商务人士离开计算机后无法快捷处理业务的难题。

（2）可以快速查询各种资料、信息（如查询联系人、查询产品信息、查询库存信息等）。

（3）作为统一门户平台享受各种移动信息服务。

手机及一些相关的便携通信设备的各种创新技术具有并提供了移动终端功能，具备在移动过程中完成或实现商务活动的技术条件，这就为发展和进行移动商务活动奠定了基础、提供了可能。正是这种探索，成为推动移动商务发展的巨大力量。

电子商务的发展，提供了在静态环境下进行快速查找、快速浏览、快速对接、快速支付、快速成交的现实可能性；而移动商务的发展，则进一步提供了在动态中进行和实现商务活动的可能性与现实性。因此，把握和理解移动商务应用，必须紧紧抓住其在动态中进行的应用行为和动态中完成的应用活动的特征。正是由于能在动态中进行应用行为与完成应用活动，才从根本上满足了商务活动及时、有效的要求。

（三）典型的移动商务运营模式

商务运营模式是企业运营和营利的模式，它与价值链有着紧密的联系。在移动商务中，存在很多种商务运营模式。

1. 商务运营模式的定义

商务运营模式就是企业运营业务、创造利润的模式，主要指企业是如何在与其他实体的合作过程中创造价值并实现利润的。移动商务的商务运营模式就是指在移动技术条件下，相关的经济实体是如何通过一定的商务活动创造、实现价值，并获得利润的。

商务运营模式与价值链既相互关联又相互区别。价值链是在某种技术条件下，所有相关实体及其相关活动组成的链式结构，而商务运营模式是由其中的某几部分及其相关活动组成的业务运营和营利模式。例如，移动商务的价值链是由所有参与移动商务价值创造过程的利益实体组成的，而其商务运营模式则是由其中的某几个组成部分组成的。尽管商务运营模式是由价值链中的某几个部分组成的，但是它们的关注点是有很大区别的。价值链主要强调的是这种技术所涉及的所有实体的类型和其在商务运营中的地位与作用，而商务运营模式强调的是相关企业在运营过程中的关联，以及各自是如何应用这种技术创造和实现利润的。商务运营模式是某个特定领域或某种特定产品和服务的运营模式。只有将应用某技术的所有商务运营模式进行总结和分析，才能获得该技术条件下的价值链，也只有对该技术条件下的价值链结构和其中各成员的关系进行全面的分析，才能充分认识它们在具体的商务运营模式中所扮演的角色和所起的作用。

2. *移动商务运营模式的发展*

移动商务价值链随着技术的升级而不断扩充、完善和成熟，而商务运营模式是由价值链中的某几个组成部分相互合作形成的营利模式，因此，商务运营模式必然随着价值链的扩充而变得更加复杂多样。

总的来讲，商务运营模式是从简单到复杂、以种类少到种类多变化的。其中，最大的变化就是从现有内容提供商的参与到内容提供商在整个商务运营模式中逐渐占据主要地位。现在大多数的移动商务的商务运营模式都少不了内容提供商的参与，它们是移动商务内容和服务的来源，也是移动商务实现商业价值的根本。而另一个显著的变化是：无线网络运营商从原来整个价值链的拥有者和管理者，变成了简单的通信服务提供者，逐步失去了其在移动商务中的主导地位。最后只能依靠向内容提供商出租网络资源而生存，通过在向内容提供商提供产品和服务的过程中收取佣金获得利润。

3. *移动商务运营模式和电子商务运营模式的区别与联系*

移动商务和电子商务是建立在两种不同的技术基础上的，电子商务是建立在电子数字技术和电子通信技术基础上的，而移动商务是建立在电子技术和移动技术基础上的。有人认为移动商务是电子商务的扩展，移动商务的实现要有电子商务相关技术的支持，而且电子商务的发展过程也对移动商务的发展起到了借鉴作用；但是，移动商务决不应该被看作电子商务的简单扩展，而是在接入了关键性技术的条件下的扩展，移动商务不但接入了更多的参与者，而且实现了更多的商务运营模式。

就商务运营模式来讲，移动商务与电子商务主要由四方面组成：市场范围、价值构成、收入来源和参与者在价值链中的角色。下面就从这几方面对电子商务和移动商务进行分析。

1）市场范围

商务运营模式的市场范围，主要是看这种商务运营模式所针对的市场特征，如地域文化特征、消费者特征等。

从移动商务和电子商务的特征我们不难分析出，移动终端可移动性的特征决定了移动商务与电子商务最大的不同就是移动商务的可移动性。这也就决定了移动商务是针对移动人群的，而不像传统的电子商务那样，只要是可以连接因特网的人都能成为电子商务的目标客户，而因特网又是世界各地、各种文化背景、各种年龄层次的人都可以连接的。但由于移动商务在技术上的限制，目前，大部分的移动网络还只是针对某个特定范围（如某个国家或者地区）内的移动人群的，所以客户群都具有相似的文化背景。而且由于无线网络运营商的不同，同地域的移动商务客户群还会被细分成不同的部分。再加上移动商务是通过移动终端实现的，而移动终端本身又是个性特征相当明显的。例如，不同的移动终端的功能特征都有所区别，决定其能够接受的服务有所区别；移动终端的使用者具有不同的特征，决定其会接受的服务有很大的区别——对于时间充裕的年轻人来讲，可能体现年轻、时尚的饰品和游戏比较容易被接受；而对于老年人，可能新闻信息、健身保健信息更加重要。所以，移动商务的市场与电子商务的市场相比，其细分程度更高、个性化更强。

2）价值构成

电子商务的主要价值在于能够以低廉的传输成本在全球范围内提供丰富的电子信息，而与此相比，移动商务主要是由其可移动性和良好的位置感而产生价值的。终端设备的可移动性使用户能够随时随地地通信、得到紧急事件响应和时效性信息服务，并可以把终端设备当作电子钱包使用，还可以在终端设备中携带娱乐项目；良好的位置感能够让用户享受基于地理位置的服务（如前进方向、最近的旅馆、最近的娱乐场所信息等）。这两方面的共同作用又能够促进移动工作者提高生产率。

下面以一个例子来具体说明移动商务是如何起作用的。

某位工作人员出差到 A 地开会，由于某些原因，开会的地点需要改为 B 地，而且时间也提前了，如果等这位工作人员到了 A 地再转向 B 地是来不及的。但是该工作人员已经在去 A 地的途中了，不能通过因特网、固定电话等方式对其进行通知。幸运的是，该工作人员带有移动终端设备，及时得到了通知。因此该工作人员就在去 A 地的途中转向去 B 地了，而且正好能赶上开会的时间。另外，如果他对 B 地不了解，不知道该如何到达具体的开会地点，他就可以通过移动终端设备申请基于位置的服务，得到到达具体开会地点的路径信息；如果由于临时改动，没有提前预订旅馆，那么他就可以在到达目的地以后，通过移动终端设备请求最近旅馆信息的服务，并得到到达该旅馆的最近路线；如果没有预订返回机票、车票等，他可以通过移动终端设备完成预订；如果在 B 地没有可用的现金，他也可以通过移动终端设备进行支付。

从上面这个过程可以充分体会移动商务给人们生活带来的方便性，这也充分体现了移动商务区别于电子商务的特征。

3）收入来源

移动商务和电子商务一样，其收入来源由基本通信收费、附加值服务收费、销售通信器材和设备、移动应用开发收费、广告等构成。但不同的是，这些收入来源在两种商务形式中的内涵和地位不同。例如，对于附加值服务收费，电子商务可能是指主机托管、虚拟主机等服务，而在移动商务中更多的是指与移动性和位置信息相关的服务（如紧急情况通知，小孩、老人跟踪等）。

4）参与者在价值链中的角色

总体来说，在电子商务价值链中的参与者，在移动商务中基本上也存在，不同的是移动商务中新增加了无线网络接入商和无线网络运营商。但是，移动商务逐步改变了原来电子商务价值链中大部分成员的角色和重要程度，并为新参与者提供了进入空间。

价值链上的每个参与者都试图通过对自身的调整以适应不断变化的商务环境，但有一点是可以肯定的：移动商务是一个由各个商业成员组成的复杂网络。移动商务的参与者包括内容和服务提供商、内容集成商、有线网络接入商和门户网站、无线网络接入商和门户网站、有线网络运营商、无线网络运营商、网络和终端设备制造商、终端用户等。这些参与者在进行各种竞争和合作，而每个参与者只能集中于整个价值链中的某个很小的组成部分。

在商务活动中，交易支持、内容服务和内容集成是技术复杂而获利空间高的业务，移动运营商将把移动商务看作重新获得这些业务的有利时机。要想成功地实现转变，就要改善与已有用户的关系，并与大量的内容和应用服务提供商建立良好的合作关系。这种策略的关键是谁掌握了用户信息，谁就是实现价值创造的关键要素。付费明细、用户位置和偏好等信息对于向应用传递便利的、高度个性化的服务相当重要，也是与内容和应用服务提供商、广告商进行利润分配谈判的重要资本。传统的门户网站、电子银行、内容和应用服务提供商，以及大量新进入的参与者都在实施类似的策略。它们都在努力发掘自身的优势，希望与用户建立更加紧密的关系，并进一步在移动商务价值链中占据重要地位。

表 2-2 是对以上内容的总结，读者可以从中进一步认识电子商务和移动商务运营模式的区别与联系。

表 2-2　电子商务和移动商务运营模式比较分析

比较项目		电子商务	移动商务
一级项目	二级项目		
市场范围	移动性特征	目标客户群不包括移动中的人群	针对移动客户群
	地域文化特征	面向全球范围	具有一定的地域限制和文化特征
	消费者特征	没有细分市场	可以根据地域、文化背景、人员层次等进行细分
价值构成	通信	只能在固定地点接入网络，进行通信	可以随时随地与其他人进行通信
	时效性	时效性较差	时效性好
	地理位置相关服务	提供与地理位置无关的静态服务	可以根据用户的地理位置提供相应的服务
	娱乐	强大的娱乐程序	由于随身携带娱乐程序，所以可以随时进行简单的娱乐活动（如音乐、游戏等）
	电子钱包	需要第三方的认证才能进行交易	本身具有个性化信息，可以通过终端设备内置的认证信息或用户特征进行认证（如手机号码、指纹等）
	工作者生产率	通过减少旅行，可以提高生产率	可以提高移动人员的生产率
收入来源	基本通信收费	是网络接入商和门户网站的主要利润来源	是无线网络运营商的主要利润来源
	附加值服务收费	是门户网站与内容和应用服务提供商的主要利润来源（如主机托管、手机铃声下载等）	是无线网络运营商与内容和应用服务提供商的主要利润来源（如紧急情况通知、基于位置的信息服务、各种“电子产品”下载等）
	销售通信器材和设备	是网络和终端设备制造商的主要利润来源	是网络和终端设备制造商的主要利润来源，而大部分情况下需要与无线网络运营商合作，这时无线网络运营商也会参与价值分配
	移动应用开发收费	开发平台和开发技术都是标准的，应用开发相对较容易，是应用程序开发商的主要利润来源，但利润空间比较小	开发技术比较复杂，而且设备的相关性较高，是无线应用程序开发商的主要利润来源，利润空间较大
	广告	成本低、范围广等特点决定了广告是门户网站的主要利润来源	成本高使广告无法成为无线运营商的主要利润来源

续表

比较项目		电子商务	移动商务
一级项目	二级项目		
参与者在价值链中的角色	内容和服务提供商	获取内容服务利润的大部分，在整个价值链中占据核心地位	依赖于无线网络运营商，获取利润的比例相对较小
	内容集成商	对内容和服务提供商提供的内容进行加工处理，从中分得利润（大部分内容不需要集成）	对内容和服务提供商提供的内容进行加工处理，从中分得利润（大部分内容需要集成）
	有线网络接入商和门户网站	提供有线网络接入服务，获取提供服务所获利润的一部分	当内容是来自有线网络时，分得利润的一部分，但比无线网络接入商的重要性要低
	无线网络接入商和门户网站	不参与	是接入无线网络的关键部分，参与价值分配，一般由无线网络运营商扮演
	有线网络运营商	收取通信费	在内容或服务来自有线网络时，收取通信费
	无线网络运营商	不参与	处于重要地位，控制整个无线网络的接入口和规范
	网络和终端设备制造商	主要利润来源是向有线网络运营商或商业客户出售网络终端设备，技术标准规范，难度较低，可移植性好	主要利润来源是向无线网络运营商或商业客户出售网络和终端设备，技术更新快，但可移植性相对较差，一般与无线网络运营商联合开发
	终端用户	是利润的主要供给者	是利润的主要供给者

4. 主要的移动商务运营模式

移动商务是借助移动技术，通过移动网络向用户提供内容和服务并从中获得利润的商务活动。而商务活动中不同的参与者、服务内容和利润来源的组合就形成了不同的商务运营模式。在移动商务中，提供的主要服务包括新闻信息、定位服务、移动购物、娱乐等；可能的利润来源包括通信费、佣金、交易费等，当然还有各种广告费、提名费。

移动商务中的商务运营模式主要包括通信模式、信息服务模式、广告模式、销售模式和移动工作者支持服务模式等。

1）通信模式

移动通信是移动终端用户的基本需求，也是移动商务中最早出现、最普遍的服务。无线网络运营商为用户提供移动通信服务，用户交纳使用费，这就形成了无线网络运营商通过语音或短信服务获取利润的商务运营模式。

如图 2-6 所示，在通信模式中，主要的参与者是无线网络运营商和移动用户，主要的服务是语音和短信服务，主要的利润来源是移动用户交纳的使用费。

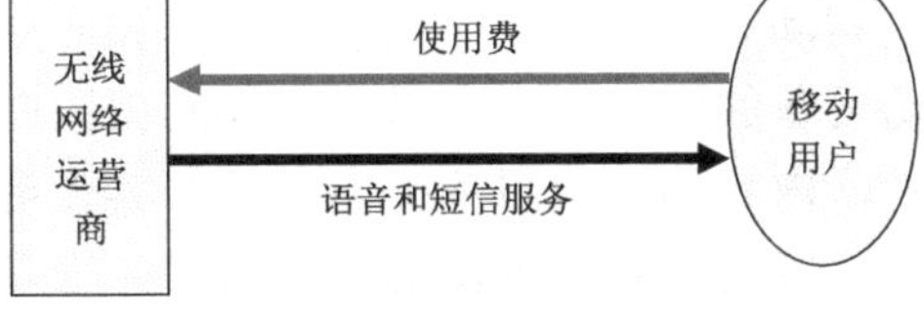

图 2-6　通信模式

在通信模式中，移动用户需要交纳月租费或根据实际使用的通信量或通信时间交费。例如，移动用户只要每个月交纳一定的金额，就可以在这段时间内免费获得语音和短信服务；无线网络运营商也可以根据移动用户的通话时间和发送短信的条数进行收费。

移动通信服务商之间的竞争促进了移动通信服务费用的下降，也进一步扩大了移动通信服务市场，持有移动终端设备的用户越来越多。

2）信息服务模式

移动商务中另一种比较常见的服务是信息服务，包括各种实时信息（如新闻、天气、股票信息等）服务、各种基于位置的信息（如移动用户附近的酒店信息、娱乐场所信息、加油站位置信息等）服务、各种紧急信息服务。

如图 2-7 所示，在信息服务模式中，主要的参与者是内容和应用服务提供商、无线网络运营商和移动用户；主要的服务是信息服务；主要的利润来源是移动用户交纳的预订费。内容和应用服务提供商通过无线网络运营商向移动用户提供各种信息服务；移动用户通过交纳一定的预订费获得这些服务；无线网络运营商通过传输信息而获得通信费。另外，根据与内容和应用服务提供商签订协议的情况，无线网络运营商还会以佣金的形式获得内容和应用服务提供商的利润分成。

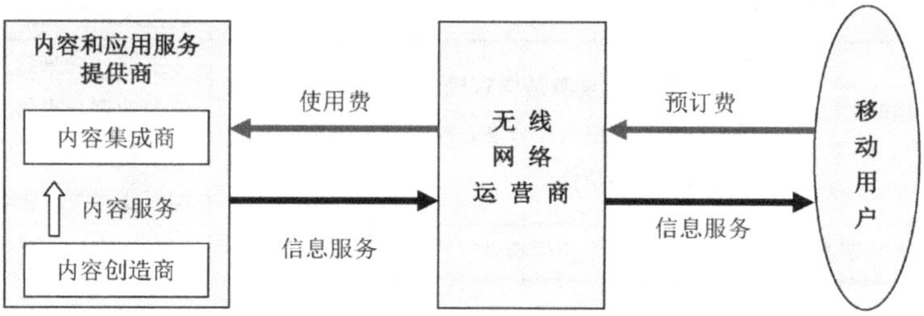

图 2-7　信息服务模式

用户交纳预订费的方式可以按时间计费或按流量计费。按时间计费可以按年、月或星期，一般都是以月为单位。按流量计费可以根据获得服务的次数或获得服务内容的多少。例如，移动用户希望获得附近的酒店信息，可以根据他获得的短信条数交纳费用，也可以根据他获得多少个酒店的信息交纳费用。

无线网络运营商获得通信费也有两种方式：信息流量费和佣金。无线网络运营商通过与内容和应用服务提供商协调，确定收费模式。无线网络运营商可以按照信息流量收取通信费。例如，根据短信条数进行收费；也可以根据与内容和应用服务提供商达成的协议，从所有用户交纳的预订费中收取一定比例的佣金。

在信息服务模式中，移动用户是服务的享受者，也是利润的来源；无线网络运营商提供了服务实现的途径，获取信息服务费和佣金；而内容和应用服务提供商提供各种信息服务，是利润的主要获得者，所获利润占总利润的 80%～90%，可以说是最大赢家。

3）广告模式

广告是电子商务的重要利润来源，它至今仍然是内容和应用服务提供商赚取高额利润的有效途径。但是由于移动设备的屏幕小，所以与有线网相比就需要目的性更强的广告。例如，当移动用户找饭店时，内容和应用服务提供商将与其查询内容相关性最好的广告发给他，同时将其所在地附近饭店的优惠券也发给他。当然，很多服务的提供过程是需要收集移动用户的偏好信息的。例如，根据移动用户的偏好，把与移动用户所在地或其他相关的属性（时间、所在地的天气等）敏感的广告发给移动用户（如在天气晴朗时，把附近冰激凌店的信息发给他等）。那么，在多种信息的同时引导下，移动用户就更容易接受所推销的产品。有些门户网站，还通过赠送精美礼品、提供各种优惠条件，甚至是直接给移动用户现金的方式来提高广告的点击率。

图 2-8 是广告模式，从图 2-8 中可以看出，这种商务运营模式涉及广告客户、内容和应用服务提供商、无线网络运营商和移动用户。当然，在广告模式运营过程中，还涉及一些中间商，如无线广告代理商、内容集成商、移动门户网站和无线网络接入商等。

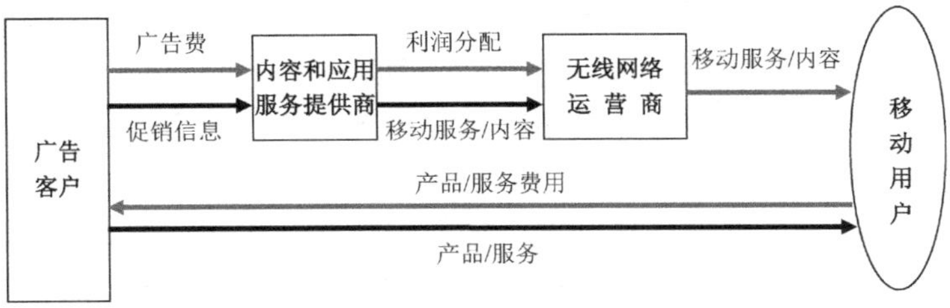

图 2-8　广告模式

在广告模式中，虽然从表面上看，广告客户支付给内容和应用服务提供商一定的费用，内容和应用服务提供商再与无线网络运营商进行利润分配。而实际上，移动用户才是利润的来源，移动用户通过购买产品和服务，将利润过渡给广告客户，而广告客户只是将其获得的一部分利润以广告费的形式付给内容和应用服务提供商。内容和应用服务提供商通过将促销信息添加到发给移动用户的产品和服务中，获得广告费。而无线网络运营商通过为内容和应用服务提供商提供无线传输服务获得通信费或利润分成。在广告模式下，内容和应用服务提供商和无线网络运营商的职能及获利方式与信息服务模式非常相似。

4）销售模式

自 Internet 诞生以来，人们就将其视为销售渠道之一，通过建立网上商店等形式降低销售成本。无线网络也具有同样的功能，它已经开始成为产品和服务的另一种销售渠道。而且无线网络技术和终端设备的特性决定了这种销售模式具有不同于有线网络销售方式的特性。

如图 2-9 所示，在销售模式中，主要的参与者有内容和应用服务提供商、门户接入服务提供商、无线网络运营商、支持性服务提供商（第三方服务）和移动用户。

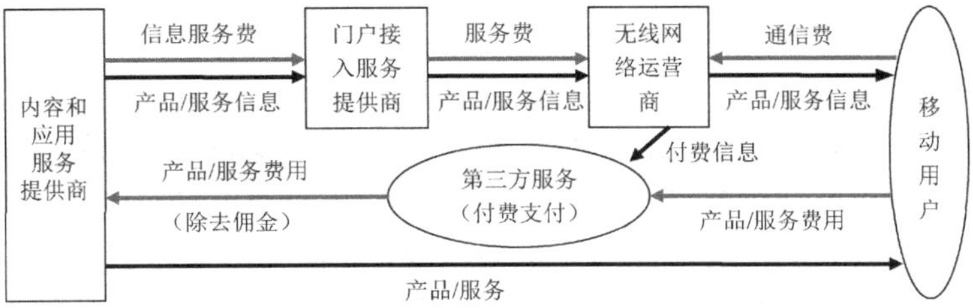

图 2-9　销售模式

在销售模式中，移动用户是利润的主要来源；内容和应用服务提供商通过向移动用户销售产品/服务信息获得利润；门户接入服务提供商通过向内容和应用服务提供商提供无线网络接入服务获得信息服务费；无线网络运营商通过向门户接入服务提供商提供无线网络接入获得服务费，有时还会获得移动用户支付的通信费；而第三方服务（信用卡公司、银行等）则是通过向内容和应用服务提供商提供服务支持（付费支持）获得佣金。

从图 2-9 中可以看出，内容和应用服务提供商要向门户接入服务提供商交纳信息服务费，这种费用可以根据信息流量或时间长度交费，也可以根据访问次数交费，或按月、年交费等。而门户接入服务提供商与无线网络运营商之间的付费方式则大多根据带宽的大小，按月或年交费，当然也可以根据提供信息的数量（如按照提供多少千字节的信息）交费。有时（产品/服务信息不是免费提供的情况）移动用户还要向无线网络运营商提供通信费。第三方服务获得佣金的方式则可以根据交易次数收取（如每次收取一定额度的交易费），也可以根据交易金额收取（收取交易金额的一定比例）。

无线网络的销售模式除了与有线网络的销售模式一样，具有降低成本、减少中间层的作用，还具有自己的特性。

首先，由于移动用户能够在任何时候、任何地方接入无线网络，所以能够享受更加便利的服务，随时随地都可以参与各种竞拍活动，以及通过移动网络购买产品等。

其次，由于移动终端设备能够反映个性信息，所以销售产品和服务的针对性更强，更能够满足用户的个性化需求。加上移动终端设备与使用者形影不离，也促使了移动销售成为最理想的激发人们购买欲的手段。

最后，由于移动终端设备的位置敏感性，所以用户能够获得与位置相关的产品和服务。例如，在移动用户出差时，为其提供所在地附近的旅店信息；当其在傍晚寻找休闲娱乐场所时，为其提供附近电影院等娱乐场所的相关信息。

但是，除了以上相对优势，无线网络的销售模式也有其自身的局限性：受移动通信设备（主要是指移动终端设备）的计算能力和传输能力的限制，移动通信的安全性相对较差，而且通信成本较高，这就对信息的整合程度要求更高。

另一个重要差别是，并不是所有的产品和服务都适合移动销售模式，尤其对于那些非急需的、在购买之前需要搜寻大量信息才能进行决策的产品和服务。例如，人们不会在等车或在咖啡厅休息时，用手机购买小汽车。常见的适合移动销售模式的产品和服务有预订电影票、紧急车票、CD 和鲜花等。

现在许多企业开展了移动终端订票业务，希望通过无限技术为移动用户提供更好的服务。首先，移动用户通过官方网站或 App 进行在线订票，形成电子凭证，然后利用电子凭证获得纸质票据，或者在检票处直接通过 NFC 等无线技术检查电子凭证，从而省去了纸质票据分发和携带的麻烦。

随着移动销售的发展，已经逐渐出现了各种形式的移动销售代理。移动销售代理的出现会促使更多移动销售模式的出现，使更多类型的产品可以通过移动销售模式进行销售。不仅如此，有些门户网站在销售产品的基础上，已经开始为用户提供产品比价服务（对在门户网站上注册过的公司的同类产品进行价格比较，以便用户选择更加合适的产品）。产品和服务类型的增加，以及安全性等方面的进一步改善都会大大促进移动销售的发展。

5）移动工作者支持服务模式

移动商务可以作为企业降低成本、提高客户满意度的手段，典型的应用包括移动支付、移动交易和移动订票等。无线网络的出现不仅能够帮助公司削减分支机构、呼叫中心、售票厅和柜台的人员数量，还有很多其他方面的作用，如减少传统商务运营模式的中间层，缩短供销链，增进企业与客户之间的亲密感等。例如，航空公司不需要旅行社介入，通过移动网络就可以直接把机票卖给客户。

通过移动网络进行商务活动能够大幅度地降低成本，很容易就能够抵消商务过程移动化的成本。

企业运营过程的移动支持主要包括移动资产管理、移动供应链管理、移动销售支持系统（售货员可以通过该系统访问企业后台数据库以检查产品的可用性，进而与客户达成更合适的发货日期）等，这个过程能够大大提高企业的生产力。

在企业移动支持中，最重要的一项是为移动工作者提供支持服务系统，这个系统的建立能够大大提高移动工作者的工作效率。根据 IDC 公司的定义，移动工作者是指那些在 20% 或更多的时间里都不在办公室的工作人员。由于这些人员不在公司时也需要利用公司的资源，有些甚至随时随地都需要借助公司的资源进行工作。例如，一些咨询机构的咨询师，大部分时间都是在客户那里，但是在提供服务的过程中，很有可能需要利用公司的资源来解决问题或为客户提供更好的服务。其中包括客户的相关信息、相似案例的分析、资深专家的意见等。如果他们可以随时获得这些信息，而不一定要求客户具备一定的条件（如有线网络接入条件等），那么就会大大提高他们的工作效率，从而提高客户的满意度。

如图 2-10 所示，在移动工作者支持服务模式中，包括企业、无线网络运营商和移动工作者。无线网络运营商通过向移动工作者提供移动支持服务获得服务费用；移动工作者是移动支持服务的对象；而企业则充当类似于内容和应用服务提供商的角色。但不同的是，这里企业并不会直接从移动工作者那里获得产品和服务费用，而是借助移动工作者工作效率及客户满意度和忠诚度的提高，进而提高经营效率的方式获得回报的。

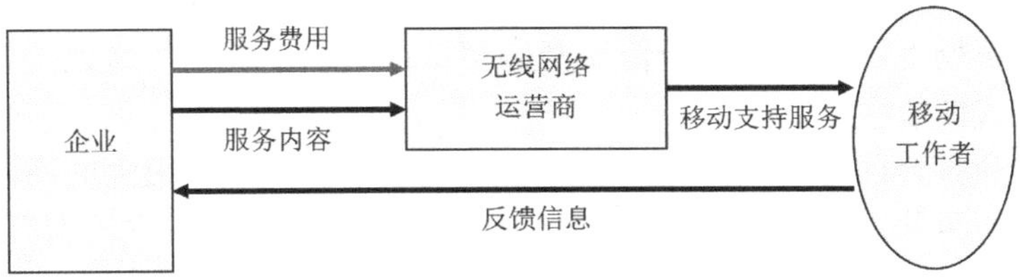

图 2-10　移动工作者支持服务模式

当然，由于移动技术的限制，移动工作者获得的信息是有限的，所以这些信息应该是最有效、相关性最好的信息。这就要求企业在提供这种服务之前，对要提供的内容进行精炼和整合。

二、移动商务的交易服务

（一）移动商务合同

1. 移动商务合同的概念和特点

1）合同的概念

关于合同的概念，在《中华人民共和国民法通则》中代表性的表述有两种：一种认为，合同是指当事人之间设定、变更、终止债权债务关系合意，因此可以称为“合意说”；另一种认为，合同是当事人之间产生、变更、终止民事权利义务关系的意思表示一致的法律行为，因此可以称为“法律行为说”。这两种概念的差别在于：合意说侧重于表明当事人的意思表示一致，而法律行为说则侧重于表明合同的法律行为性质。由于法律行为是以意思表示为要素的，所以这两种合同概念并没有本质上的区别。

总之，合同是指具有平等民事主体资格的当事人，为了达到一定的目的，经过自愿、平等、协商一致而设立、变更、终止民事权利义务关系达成的协议。协议或合意构成了合同的本质，合同法重在保护当事人之间的协议或合意。

2）移动商务合同与电子商务合同的异同

移动商务是通过手机、PDA 等移动通信设备与 Internet 有机结合所进行的电子商务活动。移动商务与电子商务的区别不是移动商务将电子商务活动扩展了，突破了传统的有线环境的局限，而是将无线通信与 Internet 的移动网络相结合，形成了一种新的商业运作模式。但通过移动通信设备做出的交易活动，达成的合同协议，同样要符合合同法的规定，受合同法的制约。

与电子商务合同一样，移动商务合同本质上是当事人之间达成的合意，其成立意味着移动商务各方当事人的意思表示一致。移动商务合同成立须具备的条件，除了存在各当事人对主要条款达成一致、具备要约和承诺阶段，还须具备全部或部分采用电子记录形式要件。

对于电子商务合同，许多学者进行了广泛深入的研究探索，很多国家也出台了相关的法律法规对其进行了规定。但移动商务合同只是在现实的网络环境和缔约的设备上与电子商务合同有所不同，在其他方面与电子商务合同并无太大差异，因此对于移动商务合同来说，电子商务合同的相关规定仍然适用。

3）移动商务合同的特点

第一，移动商务合同邀约承诺是通过无线网络进行的。合同双方当事人都通过无线设备连接在虚拟的市场上运转，其身份依靠密码辨认或者认证机构的认证，表示合同生效的传统签字盖章方式被数字签字代替。

第二，移动商务合同与传统合同的订立、变更、解除方式有很大的不同。传统的形式有书面的和口头的两种，法律有着严格的规定。移动商务合同的订立没有严格的形式要求，不同情况有不同的表现形式。标的额小、关系简单的交易表现为直接通过手机订购、付款，如利用手机直接购买图片。

第三，传统合同和移动商务合同在成立的地点上有着明显的不同。传统合同的生效地点一般为合同成立的地点；而移动商务最大的特点就是其可移动性，因而通过移动商务订立的合同根据不同的情况有着不同的规定。

2. 移动商务合同的订立与成立

移动商务合同的订立，是指缔约人做出意思表示并达成合意的行为和过程。任何一个合同的签订都需要当事人双方进行一次或多次的协商、谈判，并最终达成一致意见，合同才可成立。移动商务合同的成立，是指当事人之间就合同的主要条款达成一致的意见。

移动商务合同作为合同中的一种特殊形式，其成立与传统的合同一样，需要具备相关的要素和条件。世界各国的合同法对合同的成立大都减少了不必要的限制，这种做法是适应和鼓励交易行为、增进社会财富的需要，因此在移动商务合同的成立上，只要当事人之间就合同的主要条款达成一致的意见即可成立。

关于合同中的主要条款，现行的立法是很宽泛的，《中华人民共和国合同法》第 12 条作了列举性的规定，但是该列举性规定是指一般条款。就合同的主要本质而言，在合同主要条款方面如果当事人有约定，要以双方约定为主要条款，如果没有约定的可以根据合同的性质予以确定合同主要条款。

合同的成立与合同的订立是两个不同的概念，两者既有联系又有区别。移动商务合同的成立需要具备的相应要件如下。

首先，订约人的主体是双方或者是多方当事人。合同的主体是合同关系的当事人，他们是实际享受合同权利并承担合同义务的人。

其次，订约当事人对主要条款达成合意。合同成立的根本标志在于合同当事人就合同的主要条款达成合意。

最后，合同的成立应该具备要约和承诺两个阶段，《中华人民共和国合同法》第 13 条规定："当事人订立合同，采取要约、承诺方式。"

1）要约和要约邀请

要约是指缔约一方以缔结合同为目的而向对方当事人做出的意思表示。关于要约的形式，联合国的《电子商务示范法》第 11 条规定：除非当事人另有协议，合同要约及承诺均可以通过数据电文的手段来表示，并不得仅仅以使用了数据电文为理由否认该合同的有效性或可执行性。要约的形式，既可以是明示的，也可以是默示的。

要约通常都具有特定的形式和内容，一项要约要发生法律效力，则必须具备以下特定的有效要件。

（1）要约是由具有订约能力的特定人做出的意思表示。

（2）要约必须具有订立合同的意图。

（3）要约必须向要约人希望与之缔结合同的受要约人发出。

（4）要约的内容必须明确具体和完整。

（5）要约必须送达受要约人。

要约邀请是指希望他人向自己发出要约的意思表示。在电子商务活动中，从事电子交易的商家在互联网上发布广告的行为到底应该视为要约还是要约邀请？在该问题上，学界有不同的观点：一种观点认为是要约邀请，认为这些广告是针对不特定的多数人发出的；另一种观点认为是要约，因为这些广告所包含的内容是具体确定的，包括价格、规格、数量等完整的交易信息。

要约一旦做出就不能随意撤销或撤回，否则要约人必须承担违约责任。《中华人民共和国合同法》第 16 条规定："要约到达受要约人时生效"。由于移动商务交易均采取电子方式进行，要约的内容均表现为数字信息在网络上传播，所以往往在自己的移动终端上按下确认键的同时对方几乎同步收到要约的内容，这种技术改变了传统交易中的时间和地点观念。为了明确电子交易中何谓要约的到达标准，《中华人民共和国合同法》第 16 条第 2 款规定："采用数据电文形式订立合同，收件人指定特定系统接收数据电文的，该数据电文进入该特定系统的时间；视为到达时间，未指定特定系统的，该数据电文进入收件人的任何系统的首次时间，视为到达时间。"

2）承诺

承诺，又称为接盘或接受，是指受要约人作出的，对要约的内容表示同意并愿意与要约人缔结合同的意思表示。《中华人民共和国合同法》第 21 条规定："承诺是受要约人同意要约的意思表示"。意思表示是否构成承诺需具备以下几个要件。

（1）承诺必须由受要约人向要约人作出。

（2）承诺必须是对要约明确表示同意的意思表示。

（3）承诺的内容不能对要约的内容作出实质性的变更。

（4）承诺应在要约有效期间内到达要约人。要约没有规定承诺期限的，若要约是以对话方式作出的，则承诺应当即时作出，若要约是以非对话方式作出的，则承诺应当在合理期间内到达，双方当事人另有约定的从其约定。

承诺的撤回，是指受要约人在发出承诺通知以后，在承诺正式生效之前撤回承诺。根据《中华人民共和国合同法》第27条的规定："承诺可以撤回。撤回承诺的通知应当在承诺通知到达要约人之前或者与承诺通知同时到达要约人。"因此，承诺的撤回通知必须在承诺生效之前到达要约人，或者是与承诺通知同时到达要约人，撤回才能生效。如果承诺通知已经生效，合同已经成立，受要约人不能再撤回承诺。对承诺的撤回问题学界有不同的观点，反对者认为移动商务具有传递速度快，自动化程度高的特点，要约或者承诺生效后，可能自动引发交易系统做出相关的指令，这样会导致一系列的后果。赞同承诺撤回的学者则认为无论电子传输速度有多快，总是有时间间隔的，而且也存在网络故障、信箱拥挤、计算机病毒等突发性事件，使要约、承诺不可能及时到达。

当事人订立合同，都采用要约、承诺方式。要约人提出订立合同的条件，受要约人完全接受，表明双方的意思表示一致，合同的订立过程结束。

3. 移动商务合同的内容与履行

1）移动商务合同的内容

合同的内容，即合同的当事人订立合同的各项具体意思表示，具体体现为合同的各项条款。《中华人民共和国合同法》第12条规定：合同的内容由当事人约定，一般包括以下条款：①当事人的名称或者姓名和住所；②标的；③数量；④质量；⑤价款或者报酬；⑥履行期限、地点和方式；⑦违约责任；⑧解决争议的方法。

合同生效后，当事人就质量、价款或者报酬、履行地点等内容没有约定或者约定不明确的，可以协议补充；不能达成补充协议的，按照合同有关条款或者交易习惯确定。当事人就有关合同内容约定不明确，依照前述规定仍不能确定的，适用以下规定。

（1）质量要求不明确的，按照国家标准、行业标准履行；没有国家标准、行业标准的，按照通常标准或者符合合同目的的特定标准履行。

（2）价款或者报酬不明确的，按照订立合同时履行地的市场价格履行；依法应当执行政府定价或者政府指导价的，按照规定履行。

（3）履行地点不明确的，给付货币的，在接受货币一方所在地履行；交付不动产的，在不动产所在地履行；其他标的，在履行义务一方所在地履行。

（4）履行期限不明确的，债务人可以随时履行，债权人也可以随时要求履行，但应当给对方必要的准备时间。

（5）到履行方式不明确的，按照有利于实现合同目的的方式履行。

（6）履行费用的负担不明确的，由履行义务一方负担。

传统合同法上的八大条款并不是每个合同都必须具备"必备条款""主要条款"，缺少了其中的一条或几条条款，并不会导致一个合同不成立或者不生效。事实上，每个合同应该具备哪些条款依合同情形不同而各不相同。

2）移动商务合同的履行

移动商务合同的标的可以划分为有形标的与无形标的两类。当某一标的为有形物时，移动商务合同的履行与传统合同的履行没有什么差别。当某一标的为无形物时，依据交付方式的不同，移动商务合同的履行与传统合同的履行有所不同。

当标的为无形物时，往往通过电子传输进行交付，即通过无线网络中的数据电文往来完成合同标的交付。例如，在得到供方许可的前提下，通过发送短信或通过无线设备直接登录供方的网络下载图片或游戏，这是移动商务独有的交付方式。该方式已经将合同履行过程虚拟化，在需方能够按照合同目的地、有效地占有和支配电子合同项下的标的时，供方就已经履行了自己所承担的合同义务。有效地占有和支配是指在供方的指引下取得标的，并能够完成发挥其功能的相关操作。

在电子合同中，需方的履行义务主要是货币支付，支付额度应当与供方的交付形成对价，这是合同相对性规则的直接体现。当有证据表明供方的交付属于法律上的单方行为时，可以免去需方的对待给付义务，如无偿赠予等。如果合同标的属于无形物中共享性特征非常明显的产品类型，如电子信息，按照先使用后付费的履行顺序，则很可能会出现一方履行交付义务之后，另一方逃避对待给付义务的情况，致使权利人的合法权益得不到保障。为了保护权利人的合法权益，法律可以允许发送方在接收方对待给付之前不完全履行，或设置电子控制，但必须保证接收人已经存在的合法权益不会因此而受到侵害，且一旦按合同规定进行对待给付后，接收人就要能够顺利接收和使用该信息。在当前法律没有规定的情况下，当事人也可以在协商一致后，采取在合同中规定预付款、保证金等办法来缓解这一问题。

在合同履行过程中，与交付相对应的是检验和接收。当合同标的无需经过专业人士检验，根据通常标准即可确定其使用性能与特点时，法律也就无需为此规定专门的检验和接收程序；当合同标的需要经过专业人士检验才能确定其使用性能与特点，并且接收方有机会对其进行检验时，法律就应当考虑为此设置合理程序，赋予接收方在合理条件下进行检验的权利，以保障接收方的合法权益。经过检验，当一方交付的合同标的符合合同目的时，另一方应当按规定方式予以接收，协助对方完成交付行为，不得为此设置任何障碍；当另一方交付时，合同一方负有同样的协助义务。

违约责任是合同法的核心内容，在电子合同中也不例外。当事人一方不履行或不完全履行合同义务，不存在法定或约定免责事由的，应当依据《中华人民共和国合同法》第 107 条的规定“应当承担继续履行、采取补救措施或者赔偿损失等违约责任。”经营者对消费者有欺诈、胁迫行为的，应当依照《中华人民共和国消费者权益保护法》的规定承担损害赔偿责任。特别是在合同标的为无形物时，当事人可以通过在合同中约定定金、预付款等方式来敦促对方履行合同，还可以根据《中华人民共和国合同法》第 66 条、67 条、68 条、69 条的规定，积极运用所享有的抗辩权，保障自己的合法权益。

3）变更与解除

遵守合同就是遵守法律，在移动商务合同成立后，任何一方都要受其一致意思表示的约束，不得随意变更、解除移动商务合同。只有在当事人双方协商一致，或出现当事人约定的或法律规定的可变更、解除合同的事由时，才可变更、解除合同。

在要约未到达受要约人之前，要约人有权宣告取消要约；受要约人发出承诺通知后，在承诺正式生效之前可以撤回承诺。但数字化信息的交换快速无比，要约或者承诺到达对方制定系统或特定系统的时间几乎是瞬间的，甚至在许多时候，交易双方的信息几乎是同时到达对方的，在客观上似乎没有能够撤回的余地。从理论上来讲，在不根本侵害合同当事人利益平衡的前提下，电子要约和承诺的撤回、变更应予以承认。但从移动商务旨在提高交易效率，以及网络快速、便捷的天性角度出发，允许撤回、变更的时间应依具体的交易内容而进行更严格的限制。

（二）移动商务认证服务

安全是制约移动商务快速发展的主要问题，而身份认证是最基本的安全服务，它以密码学理论为基础，用于正确识别主体（用户、节点或终端等）的身份。离开身份认证，安全的存取控制就无法实现，安全则无从谈起。

与传统商务相比，移动商务在身份认证的实现上具备一定的优势。首先，移动终端传输的信号为数字信号，便于加密；其次，由于移动用户和移动终端普遍为一对一的，所以身份认证更易实现。但移动商务的身份认证也存在一些问题：一是由于无线信道的开放性，认证信息在传送中易遭受窃听、干扰、篡改等攻击，这可能是移动商务中实现身份认证最大的安全问题；二是与有线信道相比，无线信道的带宽较窄，容易产生信号的衰落、频移和时延扩展，信道的误码率较高；三是与固定终端相比，移动终端在功能及资源上严重受限，如计算能力弱、存储空间小、通信带宽窄和电源供应时间短等；四是移动终端本身不能提供足够的安全防护。因此，对于移动商务身份认证机制的研究，必须综合考虑上述因素。

1. 移动商务认证机构

1）认证机构的特点

认证机构（Certificate Authority，CA）是移动商务的一个核心环节，是在电子交易中承担网上安全电子交易认证服务、签发数字证书、确认用户身份等工作的具有权威性和公正性的第三方服务机构。认证机构是安全电子交易中的重要单位，是一个公正、公开的代理组织，它接受持卡人和特约商店的申请，会与发卡银行及收单银行核对其申请资料是否一致，并负责电子证书的发放、管理及取消等事宜，是在线交易的监督者和担保人。认证机构的主要职能是进行电子证书管理、电子贸易伙伴关系建立和确认、密钥管理、为支付系统中的各参与方提供身份认证服务等。认证机构类似于现实生活中公证人的角色，具有权威性，是一个普遍可信的第三方。

作为提供身份认证服务的第三方，认证机构须具备如下一些特点。

（1）独立的法律实体。认证机构以自己的名义进行认证服务，以自有财产提供担保，并承担一定的法律责任。同时也向客户收取一定的费用，作为服务的报酬。

（2）具有中立性与可靠性。认证机构一般不直接与客户进行商业交易，而是在其交易中，以受信赖的中立机构的身份提供信用服务。认证机构不代表交易任何一方的利益，仅公布公正的交易信息促成交易。

（3）被交易的当事人接受。如果交易者不信赖认证机构，就不会接受其服务，而认证机构就不可能为交易人提供服务，当然也就无法参与其中。认证机构被接受可能是明示的，如在当事人之间的正式合同中表达，也可能在交易中默示承认，或被成文法律法规或条约要求。

（4）认证机构经营的目的是提供公正的交易环境。

2）认证机构的管理体系

目前市面上出现的认证机构管理体系主要包括以下几个。

（1）政府主导的电子商务认证体系。该体系由政府出面对认证机构进行管理，规定认证机构必须具备的条件和应承担的责任，并且在法律上推定经认证机构核实的电子签名具有证据力。

（2）行业协会主导的电子商务认证体系。该体系由认证机构协会负责制定，是认证机构必须遵守的行业规范，并由认证机构协会负责对各认证机构进行监督。这种做法强调的是行业自律，但是在具体实施过程中，行业协会如何产生，以及经认证机构协会批准的认证机构核实的电子签名证据力如何，还有待相关法律的规定。

（3）当事人自由约定的电子商务认证体系。该体系没有规定认证机构的行业规则，在实践中，当事人可以自由约定采用何种方式的电子签名，也可以约定选用哪个认证机构，具体的权利义务完全由当事人双方自由商定。这种做法给了当事人最大的自主权，适应了技术发展的灵活性，但是势力弱小的消费者，很难在风险责任分担中起作用，而且各认证机构规则不统一，因此认证结果通用性差。

在我国目前的国情下，商家的商业信誉不够，完全采用当事人自由约定的电子商务认证体系是不合适的。

3）认证机构的功能

认证机构主要具有以下几方面的功能。

（1）证书的发放功能。当收到用户的数字证书申请后，注册中心将申请的内容进行备案，并根据申请的内容确定是否受理该数字证书的申请。如果决定受理该数字证书的申请，则请求认证机构用私钥签名对新颁发的数字证书进行签名，发送到证书库供用户下载和查询。

（2）证书的更新功能。为了增强数字证书的安全性，一般来说，认证机构都会定期更新所有用户的数字证书。如果用户原有的数字证书遗失或损坏，或对现有数字证书的安全性有所顾虑，也可以请求认证机构更新其数字证书。

（3）证书的查询功能。对数字证书的查询可以分为两类：一类是数字证书申请情况的查询，认证机构将根据用户的查询请求返回该用户的数字证书申请的处理信息；另一类是用户数字证书状态及相关信息的查询。

（4）证书的撤销功能。当用户的私钥由于泄密等原因造成用户数字证书需要申请撤销时，用户向认证机构提出撤销请求，认证机构根据用户的请求和自身的政策来确定是否将该证书撤销。另一种证书撤销的情况是数字证书已经过期，认证机构自动将该数字证书作废。

（5）证书的归档功能。所有的数字证书都有一定的有效期，当数字证书过了有效期之后，认证机构自动将该数字证书作废。但是，已经作废的数字证书不能被删除，因为如果需要验证在以前的某个交易过程中产生的数字签名，就需要查询那些作废证书，所以认证机构还应当具备作废证书的存储与管理功能。

2. 移动商务认证的作用

认证是指权威的、中立的、没有直接利害关系的第三人或机构对当事人提出的包括文件、身份、物品及其产品品质等具有法律意义的事实与资格，经审查属实后做出的证明。移动商务认证是在移动环境下对电子签名和用户身份进行验证的具有法律意义的服务。

认证作为一种特殊服务，其作用可以表现在以下两方面。

1）担保功能

认证机构为用户颁发证书，必须证实以下情况：潜在用户和请求者与证书上所列的人是同一人；如果潜在用户是通过代理人行事的，则该用户适当的授权了代理人对其私有密钥享有监管权，并请求颁发相应的公开密钥证书；在适当谨慎行事后，待颁发证书中的信息是准确的；潜在用户合法持有与待颁发证书上所列公开密钥相对应的私有密钥；潜在用户持有能够用以创制数字签名的私有密钥；证书上所列的公开密钥可以用于证实由潜在用户所持有私有密钥附加的数字签名。

通过发放认证证书，认证机构对所有合理信赖证书内信息的人承担一定的担保义务：签名人的身份；用以识别签名者的方法；在签发证书时，签名生成数据是由证书所列签名人控制的；在签发证书之时签名生成数据有效；证书的效力状况等。

这样，通过中立的认证机构的信用服务，一方当事人可以相信与其进行交易的另一方当事人是真实可靠的交易人。

2）预防功能

（1）防止欺诈功能。

在开放型电子商务环境下，交易各方可能是跨越国境、互不见面的当事人，交易各方之间不但缺少封闭型社区交易群体的道德约束力，而且在发生欺诈事件后的救济方法也非常有限，即便有救济的可能，其成本也往往要超过损失本身。因此只有事先对各种欺诈予以防范，才是最明智、最经济的选择。

认证机构向其用户提供可靠的在线证书状态查询服务，满足用户实时证书验证的要求，从而解决了可能被欺骗的问题。如果甲与乙都是用户，那么利用认证机构的在线证书状态查询功能，就可以同时查询到二者的证书公开信息，该证书是包括用户姓名、公开密钥、电子邮件地址、证书有效期及其他信息的数字化文件。认证机构还对每个证书都附加有电子签名，以证明证书的内容是可靠的。然而，无论用户多么小心谨慎，其私有密钥都有丢失或被盗的可能。一旦该类事件发生，遭受危险的私有密钥和与其相对应的公开密钥，就不能再用来加密信息。为了应对这种危险状况，大多数认证机构都能提供作废证书表（CRL），以列举那些失效的密钥对。作废证书表的内容是经常更新的，对于广大用户来说，也是容易利用的。

（2）不可否认功能。

不可否认原理是诚实信用原则在电子交易领域中的具体体现。不可否认原理要求行为人在进行民事交往活动时，一方面，应动机纯正，没有损人利己的不当或不法的主观态度；另一方面，在进行某种行为时，应符合道德惯例。因此，从这一角度来看，不得否认是诚实信用的基本要求，是实现交易安全问题的基本手段之一。

电子认证的最终目的就是在电子商务交易的当事人发生纠纷的情况下，提供有效的认证解决方法。信息发送人不得否认电子认证程序与规则，而信息接收人不得否认其已经接收的信息，这就为交易当事人提供了大量的预防性的保护，避免了一方当事人试图否认曾发送或接收某一数据信息而欺骗另一方当事人的行为发生。

当然，电子认证是对数字签名及其签署者的认证，因此认证只有和数字签名结合起来，才能完成上述功能。

（三）移动商务交易相关服务

1. 商品检索

“先搜索，再购物”已经成为消费者的购物习惯，商品检索是移动商务交易中一项很重要的服务。中国互联网络信息中心数据显示，截至2019年6月底，搜索引擎用户规模达到6.95亿人，占网民整体的81.3%，手机搜索引擎用户规模达6.62亿人，占手机网民的78.2%，是仅次于即时通信的第二大网络应用，成为主要用户入口。易观数据显示，2017年我国搜索引擎市场规模为 775.16 亿元，相比 2016 年的 723.5 亿元，年同比增长 7.14%；仅 2018 年第 1 季度，我国搜索引擎市场规模就达 203.74 亿元，同比增长 29.21%；我国手机搜索引擎市场规模达到 160.54 亿元，同比增长 27.5%。

搜索引擎是用户在宽广无限的网络世界中快速到达目的地的捷径。在网上购物时，用户往往也会通过搜索引擎了解所需商品的信息，并在搜索引擎的引导下进入某一家网上商店购买。搜索作为距离交易转换最近的用户行为，以及其巨大的流量，成了电子商务广告投放的首选平台。

经营一个移动商务网站，任何企业都清楚将产品在搜索结果中排列在竞争对手的前面的重要性。对于大型商务网站来说，由于其知名度非常高，所以品牌推广已经不重要了，但对于网站上数以百万计的商品，站内搜索引擎的作用还是非常有效的。

2. 交易支付

移动支付，也称为手机支付，就是允许用户使用其移动终端（通常是手机）对所消费的商品或服务进行账务支付的一种服务方式。整个移动支付价值链包括移动运营商、支付服务商（如银行、银联等）、应用提供商（如公交、校园、公共事业等）、设备提供商（终端厂商、卡供应商、芯片提供商等）、系统集成商、商家和终端用户。

移动支付主要分为近场支付和远程支付两种。近场支付是指用手机刷卡的方式坐车、买东西等，很便利。远程支付是指通过发送支付指令（如网银、电话银行、手机支付等）或借助支付工具进行的支付方式，如掌中付推出的掌中电商、掌中充值、掌中视频等都属于远程支付。

移动支付业务是由移动运营商、移动应用服务提供商（MASP）和金融机构共同推出的，是构建在移动运营支撑系统上的一个移动数据增值业务应用。移动支付系统将为每个移动用户建立一个与其手机号码关联的支付账户，其功能相当于电子钱包，为移动用户提供了一个通过手机进行交易支付和身份认证的途径。移动用户通过拨打电话、发送短信或者使用 WAP 功能接入移动支付系统，移动支付系统将此次交易的要求传送给 MASP，由 MASP 确定此次交易的金额，并通过移动支付系统通知移动用户，在移动用户确认后，付费方式可以通过多种途径实现，如直接转入银行、用户电话账单或者实时在专用预付账户上借记，这些都将由移动支付系统（或与移动用户和 MASP 开户银行的主机系统协作）来完成。

目前移动支付技术实现方案主要有五种：双界面 Java Card、SIM Pass、RFID-SIM、NFC 和智能 SD 卡。

（1）双界面 Java Card（基于 13.56MHz）。

双界面 Java Card 是多功能 SIM 卡，支持 SIM 卡/USIM 卡和移动支付功能。双界面 Java Card 放在手机内，可利用手机内置的 STK 菜单查看读取 Java Card 的内容，并可通过 STK 菜单操作各类应用。双界面 Java Card 空间大，可内置多个支付钱包。最具特色的是用户可后续通过空中下载、召回 Java Card、重新写入等方式不断增加、修改、删除 Java Card 内部的 STK 菜单应用。Java Card 为非接触通信设置的天线分为定制手机方案和低成本天线组方案。在低成本天线组方案中，天线为可拆卸组件，天线坏掉可以重新配置，自行购买粘贴即可，方便实用。

（2）SIM Pass（基于 13.56MHz）。

SIM Pass 是一种多功能的 SIM 卡，支持 SIM 卡功能和移动支付功能。SIM Pass 运行于手机内，为解决非接触界面工作所需的天线布置问题给予了两种解决方案：定制手机方案和低成本天线组方案。

（3）RFID-SIM（基于 2.4MHz）。

RFID-SIM 是双界面智能卡技术向手机领域渗透的产品。RFID-SIM 既有 SIM 卡的功能，又可实现近距离无线通信。

（4）NFC（基于 13.56MHz）。

NFC 是一种非接触式识别和互联技术。NFC 手机内置 NFC 芯片，组成 RFID 模块的一部分，可以当作 RFID 无源标签来进行支付，也可以当作 RFID 读/写器来进行数据交换和采集。

（5）智能 SD 卡。

在目前 SIM 卡的封装形势下，EEPROM（电擦除可编程只读存储器）的容量已经达到极限。通过使用智能 SD 卡来扩大 SIM 卡的容量，可以满足业务拓展的需要。

3. 物流配送

物流配送是移动商务的“最后一千米”。配送是物流中一种特殊的、综合的活动形式，是商流与物流的紧密结合，既包含商流活动和物流活动，又包含物流中若干功能要素的一种形式。

从物流来讲，配送几乎包括了所有的物流功能要素，是物流的一个缩影或在某小范围中物流全部活动的体现。一般的配送集装卸、包装、保管、运输于一身，通过这一系列活动完成将货物送达的目的。特殊的配送还要以加工活动为支撑，因此包括的方面更广。但是，配送的主体活动与一般物流不同，一般物流是运输及保管，而配送则是运输及分拣配货。分拣配货是配送的独特要求，也是配送中有特点的活动，以送货为目的的运输是最后实现配送的主要手段，从这一主要手段出发，常常将配送简化地看成运输的一种。

从商流来讲，配送和物流的不同之处在于，物流是商流与物流分离的产物，而配送则是商流与物流合一的产物，配送本身就是一种商业形式。虽然配送在具体实施时，也有是以商流和物流分离形式实现的，但从配送的发展趋势看，商流与物流越来越紧密的结合，是配送成功的重要保障。

物流配送网络是配送过程中相互联系的组织与设施的集合。物流配送网的最终目的是使客户满意，从而实现整个供应链的价值，并增强供应链的能力。物流配送网络是整个供应链的末端，属于末端物流，是最接近客户、直接影响客户满意度，并能快速掌握市场变化的一个环节。物流配送网络的建立是一个复杂的优化过程，对配送的效率有着极其重要的影响。物流配送网络的优化包括以下几方面。

（1）配送网络结构。

配送网络结构确定物品从生产区域到消费区域的空间转移过程中移动（运输）和静止（中转集运、换装、分拣、库存、包装等）的控制策略与组织方式。配送网络结构决定了不同层次的节点在整个配送网络中的功能是不同的。节点功能不同，其设施条件也必然存在一定的区别。

（2）配送设施选址。

选择配送设施的数量和最佳位置，需要根据在某一指定或不定的配送区域内和各需求点已给定的条件，使配送设施的运作成本及运输成本降到最低。配送设施选址决策涉及的影响因素非常多，其中运输成本和效率是配送设施选址决策中要考虑的重要因素。

（3）配送线路优化。

配送线路优化是整个配送网络优化的关键环节。合理确定配送线路，就是用最少的动力、走最短的里程、花最少的费用、经最少的环节、以最快的速度把货物运至客户手中。合理规划配送线路对配送成本的影响要比一般运输大得多，因此必须在全面计划的基础上，制定高效的运输线路，并选择合理的运输方式和运输工具。

（4）运输优化。

运输优化主要包括运输方式的优化和商品搭载的优化。配送中心常将生产商送来的商品，按类别、品种分门别类地存放到指定位置。在进行配送时，为了充分利用载货车辆的容量、提高运输效率，配送中心常把一条送货线路上不同用户的货物进行组合，配装在同一辆载货车上，这样不但能降低送货成本，而且可以减少交通流量、改善交通拥挤状况。

移动商务物流还要从传统物流做起。目前国内外的各种物流配送虽然基本上都跨越了简单送货上门的阶段，但在层次上仍是传统意义上的物流配送，因此，在经营中存在着传统物流配送无法克服的种种弊端和问题，尚不具备或基本不具备信息化、现代化、社会化的新型物流配送的特征。

移动商务作为数字化生存方式，代表未来的贸易方式、消费方式和服务方式。因此要求整体生态环境要完善，要求打破原有物流行业的传统格局，建设和发展以商品代理和配送为主要特征，建设物流、商流、信息流有机结合的社会化物流配送中心，进而建立移动商务物流体系，使各种流的畅通无阻，才是最佳的移动商务境界。

三、移动商务的信息服务

移动信息服务是移动商务的主要方式之一，其应用十分广泛，正由通用服务向企业商务活动和业务管理的广阔领域扩展。例如，短信服务已经介入企业办公、交通、教育、社会管理等众多领域，短信商业信息发布、短信客户关系管理、短信呼叫中心、短信防伪、短信移动办公等已成为企业网上经营活动的一部分。移动阅读改变了传统的信息获取方式，移动即时通信使沟通无处不在，移动应急服务能解决燃眉之急，移动搜索服务让用户从茫茫的信息世界里找到所需要的内容。

（一）移动阅读

1. 移动阅读的概念

随着电子阅读、网络阅读、数字阅读的出现，出版物中的文本信息不再独霸天下，集文本、音频、视频于一体的多媒体信息的所占比重越来越大，人们的阅读也转变成对出版物中的多媒体内容的综合利用。

移动阅读是指使用手机、数码产品或带有通信功能的电子书阅读器等通信终端进行的移动化、个人化的电子阅读行为。这种阅读行为的内容既包括书籍、博客、影视、图片等，又包括手机运营商定制的各类互动资讯内容。

移动阅读行为既是手持终端等现代通信技术、现代多媒体技术发展互相融合的结果，又是这些现代技术进一步融合、发展的诱因。移动阅读适应了现代人群多元、变化的社会生活场景、节奏，并以全天候的无线移动通信技术与多媒体传播技术营造的文化环境为基础，将阅读、学习内容大量密植在各种传媒之中，营造了一个真正的“任何时间、任何地点、任何内容”的学习环境。

2. 移动阅读的类型

移动阅读的细分，可以从读物和阅读行为两方面进行。

1）根据读物的不同进行分类

以读物载体即移动终端为划分标准，目前移动阅读终端包括手机（普通手机、智能手机）、便携式电脑、电子阅读器、PDA、MP4、电子词典等，可以将移动阅读分为手机阅读、便携式电脑阅读、电子阅读器阅读、PDA 阅读、MP4 阅读、电子词典阅读等。

以读物中的信息符号为划分标准，可以将移动阅读分为纯文本阅读和多媒体阅读（集文本、音频、图像、视频为一体）。

以读物内容形态为划分标准，可以将移动阅读分为手机报、小说、杂志、网页、音乐、影视、动漫、图书等阅读。

以读物内容专业属性为划分标准，可以将移动阅读分为新闻、文学、体育、气象、娱乐、生活时尚、金融财经等阅读。

以读物内容篇幅为划分标准，可以将移动阅读分为长篇阅读和短篇阅读。

2）根据阅读行为的不同进行分类

以移动读物寻求的技术实现为划分标准，可以将移动阅读分为短信息、多媒体信息（彩信）、上网（浏览器）、客户端软件等阅读。

以移动读物寻求的连接状态为划分标准，可以将移动阅读分为在线阅读和离线（下载）阅读。

以移动阅读方式为划分标准，可以将移动阅读分为快速浏览和精心细读。

3. 移动阅读的特点

与纸质阅读、网络阅读比较，移动阅读具有以下特点。

（1）在时空环境上，移动阅读突破了时空局限，人们可以随时随地进行阅读。移动阅读以手机等移动终端为载体，读物可以随身携带，并可以通过无线/移动通信技术和在线支付即时获取阅读内容，从而实现了随时随地的阅读。这在阅读史上是一次革命，给读者带来了前所未有的方便，是移动阅读的首要特点。

（2）在阅读内容上，移动阅读主要以各类新闻、金融财经实时信息、体育实时赛况、其他动态资讯等时间敏感性阅读内容和与读者所处地理位置相关的信息为主。与纸质阅读、网络阅读比较，移动阅读的非严肃性内容居多，很多属于文学娱乐等消遣性的内容。内容篇幅更倾向于短小精悍的微型阅读。

（3）在阅读方式上，移动阅读主要表现为快餐式阅读。由于读者身处移动环境，时间短、干扰因素多、无法静心阅读、阅读节奏较快，所以快餐式、浏览式、随意性、跳跃性、碎片化的阅读特点突出。

（4）呈现个性化阅读特点。移动阅读终端，尤其是手机，具有较强的私人属性，一人一部手机，不会出现多人共用的现象。因此，移动阅读能充分满足人们个性化的阅读需求，个性化阅读特点非常明显。

（5）与固定环境下人们在阅读时将阅读作为第一行为相比，移动阅读并非人们的第一行为。对于大部分读者来说，移动阅读大都为临时性阅读、浅阅读，并不能代替固定环境下的专门阅读、深度阅读，属于辅助性阅读。当然，也有一些读者在固定环境下进行移动阅读。

（6）缺点也很明显。手机等移动终端作为阅读载体，其缺点是屏幕小、操作不够方便，长时间阅读容易造成视觉疲劳，阅读舒适度远不如传统阅读和网络阅读。电子阅读器和平板电脑在这些方面有所改进，但目前普及程度还远远不如手机。

（二）移动即时通信

即时通信（Instant Messaging，IM）自 1998 年面世以来，只经历了短暂的市场认知周期便被广大使用者青睐。即时通信是指能够即时发送和接收互联网消息等的业务。通过近几年的迅速发展，即时通信的功能日益丰富，逐渐集成了电子邮件、博客、音乐、电视、游戏和搜索等多种功能。即时通信不再是一个单纯的聊天工具，它已经发展成了集交流、资讯、娱乐、搜索、电子商务、办公协作和企业客户服务等为一体的综合化信息平台。

随着移动互联网的发展，互联网即时通信也在向移动化扩张。目前，腾讯、阿里巴巴、微软、AOL 等重要即时通信提供商都提供通过手机接入互联网即时通信的业务，用户可以通过手机与其他已经安装了相应客户端软件的手机或计算机收发消息。

现在国内的即时通信工具按照使用对象分为两类：一类是个人用即时通信，如微信、QQ、淘宝旺旺、易信等；另一类是企业用即时通信，简称 EIM，如飞书、融云、网易云信、腾讯通 RTX、钉钉等。

即时通信最初是由 AOL、微软、雅虎、腾讯等独立于电信运营商的即时通信提供商提供的。随着即时通信的功能日益丰富、应用日益广泛，特别是其增强软件的某些功能，如 IP 电话等，已经在分流和替代传统的电信业务，使电信运营商不得不采取措施应对这种挑战，如中国移动的飞信、中国联通的超信、中国电信和网易合作推出的易信等，但由于进入市场较晚，用户规模和品牌知名度还比不上原有的即时通信提供商。

移动即时通信市场竞争逐步白热化，手机制造商、电信运营商、软件开发商、互联网企业纷纷涌入。互联网企业方面，有腾讯的微信、盛大的有你、雷军的米聊、奇虎 360 的口信；终端商方面，有苹果的 iMessage、微软的 Live 信使和雅虎通等。与早期的 QQ、MSN 等即时通信工具不同，新型移动即时通信基本都具有深度绑定手机通讯录的特性，对短信等有较强的替代能力，这给中国移动、中国联通等运营商带来的压力也日渐加大。

（三）移动应急服务

当今社会，日益增多的大型集会类事件给现有通信系统带来了极大的压力；同时，一系列的突发事件诸如地震、火灾、恐怖事件等不断考验着政府及其相应职能机关的工作能力和办事效率。提高政府及其相应职能机关的应变能力、反应速度成为一个焦点话题。在进行大型集会时，数以万计的人集中在一起，某些区域的通信设施处于饱和状态，严重的过载会使通信瘫痪直至中断；在消防案例中，当建筑物被毁严重时，楼体内的通信设施基本处于瘫痪状态，而现场周围的公用通信网无法完成指挥调度的功能，同时对图像、视频的支持度也比较低；在公安办案尤其是重大恐怖事件的处理过程中，国家、地方领导需要实时掌握案发现场的状况，此时图像、视频监控的地位尤其突出；更有甚者，在破坏性的自然灾害面前（如大地震），基础设施包括通信设施、交通设施、电力设施等完全被毁，灾区在一定程度上属于孤城的状态，所有的现场信息都需要被实时地采集、发送、反馈。在所有的这些情况下，无线应急通信系统是至关重要的。

应急通信体系在城市运转遭到突发灾害或事故时，承担着及时、准确、畅通地传递第一手信息的“急先锋”角色的责任，它是决策者正确指挥抢险救灾的中枢神经。应急通信只有在突发灾害来临时，真正及时、准确、畅通地传递抢险救灾信息，才能把好城市安全管理的第一道关。例如，2008年5月12日，四川汶川发生8级地震，汶川等多个县级重灾区内通信系统全面阻断，昔日高效、便捷的通信网络遭受毁灭性的打击而陷入瘫痪。网通、电信、移动和联通四大运营商在灾区的互联网和通信链路全部中断。四川等地长途及本地话务量上升至日常的10倍以上，成都联通的话务量达平时的7倍，短信是平时的2倍，加上断电造成传输中断，电话接通率是平常均值的一半，短信发送迟缓，整个灾区霎时成了“信息孤岛”。

以下是在不同情况下，对应急通信的不同要求。

（1）当由于各种原因发生突发话务高峰时，应急通信要避免网络拥塞或阻断，保证用户正常使用通信业务。通信网络可以通过增开中继、应急通信车、交换机的过负荷控制等技术手段扩容或减轻网络负荷。并且无论在什么时候，都要保证指挥调度部门的正常调度指挥等通信。

（2）当发生交通运输事故、环境污染等事故灾难或者传染病疫情、食品安全等公共卫生事件时，通信网络首先要通过应急手段保障重要通信和指挥通信，实现上述事件发生时的应急目标，满足上述需求。另外，由于环境污染、生态破坏等事件的传染性，还需要对现场进行监测，并及时向指挥中心通报监测结果。

（3）当发生恐怖袭击、经济安全等社会安全事件时，一方面，要利用应急手段保证重要通信和指挥通信；另一方面，要防止恐怖分子或其他非法分子利用通信网络进行恐怖活动或其他危害社会安全的活动，即通过通信网络跟踪和定位非法分子、抑制部分或全部通信，防止其利用通信网络进行破坏。

（4）当发生水旱、地震、森林/草原火灾等自然灾害时，通信网络可能出现以下情况：自然灾害引发通信网络本身出现故障造成通信中断，通信网络通过应急手段保障重要通信和指挥通信。移动应急服务的目标是利用各种管理和技术手段尽快恢复通信，保证用户正常使用通信业务，从而实现如下目标：应急指挥中心/联动平台与现场之间的通信畅通；及时向用户发布、调整或解除预警信息；保证国家应急平台之间的互联互通和数据交互；疏通灾害地区通信网话务、防止网络拥塞、保证用户正常使用。

应急通信具有以下特点。

（1）需要应急通信的时间一般不确定，人们无法进行事先准备，如海啸、地震、水灾、火灾、飓风等突发事件。只有在极少数情况下，如重要节假日、重要会议等，可以预料需要应急通信的时间。

（2）需要应急通信的地点一般不确定。

（3）在通信量突发时，人们无法预知需要多大的容量才能满足需求。

（4）在进行应急通信时，需要什么类型的网络不确定。

因此，移动应急服务专用通信系统需要独立于公众网络之外，打造信息高速公路上的应急专用车道。如果应急通信依赖公众网络，那么一旦发生应急事件，即使通信基础设施没有遭到破坏，公网通话量激增，也会导致公众通信拥塞或瘫痪，既无法进行调度指挥，又无法保障政府决策与支持系统的信息传输畅通。在应对诸如反恐等重大突发公共安全事件时，通常需要创造不对称的通信环境，在切断恐怖分子通信的同时，政府和公安人员仍然可以通过专网进行调度指挥，并通过无线宽带网络将现场视频图像传回指挥中心，及时掌握恐怖分子动向。此外，为了应对地震、飓风等破坏通信基础设施的应急事件，还有必要部署以应急通信车为主体，与卫星、微波传输相结合，高速率、高带宽、支持高速移动的城市机动应急指挥网络，作为城市应急通信专网的有效补充。

综上所述，应急通信系统必须满足以下几个基本要求。

（1）小型化。这里的小型化并不是针对常规状态下的应急通信系统的。在常规情况下，系统大区制的、广泛覆盖的基站设备复杂、功能完善，可以满足公安、交警及政府其他职能机关的工作要求。在特殊情况诸如地震、洪水、雪灾等破坏性的自然灾害面前，基础设施部分或全部受损，这时的应急通信设备需要具有小型化的特点，以便迅速运输、快速布设、节约能源，甚至对设备的移动能够最大限度地支持。

（2）快速布设。不管是基于公网的应急通信系统，还是专用应急通信系统，都应该具有能够快速布设的特点。在可预测的事件诸如大型集会、重要节假日景点活动等面前，通信量激增，基于公网的应急通信设备应该能够按需迅速布设到指定区域；在破坏性的自然灾害面前，留给国家和政府的反应时间会更短，这时应急通信系统的布设周期会更加关键。

（3）节能型。由于某些应急场合的电力供应不健全，完全依靠电池供电会带来诸多问题。所以，应急通信系统应该尽可能地节省电源，满足系统长时间、稳定的工作。从基站设备到移动终端均应该严格满足节能要求。由于通信对电力有很强的依赖性，所以在应急指挥车上应适当增加小型的发电机、太阳能蓄电设备及备用电池等设备，尤其是要加强小型卫星电话储备的向下延伸力度。

（4）移动性。要求电信基础结构是由可携带的、可重新部署的或完全机动的设施组成的。覆盖范围以一个县城为基本覆盖范围。承载设施包括车辆（陆地）、直升机/无人机（空中）、飞艇（平流层）、车载卫星 VSAT 系统，可以根据覆盖范围选择一种或几种。指挥调度中心可以随时接入应急通信系统。指挥调度中心可以指挥调度车辆、飞机、飞艇，小到笔记本电脑、PDA 等移动设备，利用无线链路远程监控整个系统。从而使指挥人员可以根据实际情况从容地面对各种应急场合。

（5）简单易操作。应急通信系统要求设备简单、易操作、易维护，能够快速地建立、部署、组网。操作界面友好、直观，硬件系统连接端口越少越好。所有接口标准化、模块化，并能兼容现有的各种通信系统。

（四）移动搜索服务

移动搜索是基于移动网络的搜索技术的总称，用户可以通过 SMS、WAP 等多种接入方式进行搜索，获取 WAP 及互联网信息内容、移动增值服务内容及本地生活信息等。

虽然移动搜索是对互联网搜索的延伸和传承，但互联网搜索与移动搜索还有很多不同之处。首先移动网络的无处不在，使移动搜索的使用更加便捷；同时，与互联网搜索相比，移动搜索有更多的搜索途径，包括 WAP、SMS、MMS 甚至人工客服等。例如，用户可以通过 WAP 上网搜索；可以通过把搜索关键字发送到短信特服号的方式进行；对于比较复杂的问题，用户也可以通过拨打人工客服，由人工客服选择合适的方式把搜索结果推送到用户手机上。

但是，移动网络的带宽比固定接入互联网的带宽窄，移动终端的性能也没有 PC 的性能强大，因此与互联网搜索相比，移动搜索面临着更严格的要求。同时，移动搜索不可能像互联网搜索那样把成千上万条搜索结果直接推给用户，而应对信息进行更精细的筛选，因此对于搜索结果的精确性要求更高。另外，对于搜索到的信息，移动搜索需要适配手机终端进行显示。

但是，与互联网搜索相比，移动搜索更容易实现搜索结果的个性化。在移动搜索中，搜索引擎可以收集用户的手机号码，因此可以把用户的搜索历史与手机号码关联起来，得到用户的个人取向，从而给出更为个性化的搜索结果。例如，当用户经常搜索韩式餐馆时，搜索引擎可以在他下次搜索餐饮时，把韩式餐馆的结果放在前几位推送给他。除此之外，移动搜索还可以利用无线网络的一些特点，给用户提供更优质的服务。例如，利用无线网络具有的定位特点，可以知道用户当前的位置，当用户搜索银行时，可以把他位置周围的银行作为搜索结果的首条发送给他。

网络搜索引擎和移动通信技术的发展使移动搜索技术日益受到人们的重视，移动搜索业务利用移动终端搜索或者短信搜索引擎系统，通过移动通信网络与互联网的对接，将包含用户所需信息的内容转换为移动终端所能接收的信息，并针对移动用户的需求特点提供相应的搜索方式。这种基于移动和互联网的搜索服务，致力于满足各种消费群体的个性化需求。

移动搜索一般依据搜索范围及内容等因素细分为若干类别，其中最主要的几个业务类别如下。

（1）站内搜索，指对无线运营商自身门户内的资源进行搜索。站内搜索有助于用户快速、方便地查找到运营商提供的增值服务资源，对运营商的增值业务开展有非常强劲的促进作用。

（2）站外搜索，指对广泛的 WAP 站点及互联网资源的搜索查询，是传统互联网搜索服务在移动平台上的延伸。互联网和 WAP 是一个巨大的知识库，但是这个知识库是凌乱无序的，其中有完整准确的信息，也有不完整甚至错误的信息。移动搜索需要对互联网搜索到的原始信息进行整合、整理，去粗取精，甚至对某些问题需要求助专家给出权威答案。只有精确的答案积累得足够多，站外搜索才会给用户带来最大的价值。

（3）本地搜索，用于查找当地的各种生活服务场所与公司商务信息等。本地搜索集成了当地信息搜索、黄页咨询、电子地图、空间位置查询、公交和驾车线路查询等服务。用户可以精确地搜索到当地的生活、娱乐、出行等所需的地点信息。从无线搜索的经验来看，本地搜索是用户使用频度最高的搜索，也是对用户最有价值的服务，是必须重点发展的业务。

四、移动定位服务

（一）移动定位服务的定义

移动定位服务又称为移动位置服务（Mobile Location Services，MLS）或基于位置的服务（Location Based Services，LBS）。移动定位服务指通过移动终端（如手机、PDA 等）利用 GIS 技术、空间定位技术和网络通信技术，获取目标移动终端用户的准确位置信息（经纬度坐标数据）和方向相关信息，并在手机屏幕的电子地图上显示的一种增值服务。

目前，移动定位服务可以支持用户自主导航、自主导航+增值服务、中心导航、双模导航四种模式的手机定位导航服务，用户只需通过手机就可以轻松实现地图搜索、周边查询、行车导航、步行导航等多项导航功能。除此之外，付费的增值用户还可以获得实时交通信息、深度 PoI（Point of Interest，兴趣点）信息、电影资讯、旅游资讯、新闻、天气资讯等多项即时服务。移动定位服务在各行业、企业中也有良好的市场前景。企业可以利用移动定位服务对物流配送车辆进行实时监控和调度，从而达到优化线路、节约物流成本的目的；

公安机关也可以引入村道通系统，进行人员定位、轨迹跟踪、突发事件警力调度等。

当前，作为数字移动通信网提供的增值业务之一，移动定位服务已经有了许多成功的先例，并表现出了良好的发展势头，定位业务已经是运营商推出的重点增值业务之一，其广阔的市场前景已经引起了移动运营商、服务提供商和制造商的广泛关注。

但是，移动定位服务的发展也存在着一些潜在的风险。一方面，移动定位服务为通过个性化的移动广告进行有创意的市场营销提供了方便；另一方面，如果不对移动定位服务谨慎地监控和使用，这种应用很可能会侵犯移动用户的个人隐私。因此，移动定位服务在发展的过程中除了要尽量挖掘其潜在收益，还需要加强管理，隐私保护是其中最重要的一项。

此外，移动定位服务的实施具有一定的复杂性，确定移动用户的位置本身并不能保证大部分市场销售服务的实现，只有将位置信息与其他附加的数据相结合，才有可能提供有价值的增值服务。例如，只知道移动用户的位置，还不足以帮助他在附近查找一个合适的饭店。要提供这样的服务，首先要得到移动用户的位置信息，其次要结合当地饭店的准确位置信息，以及各种可能的行驶路线，最后要考虑移动用户的饮食偏好，才有可能给用户提供有用的服务。很显然，位置信息只是移动定位服务所需信息中的一个，只有将各种场景信息相结合，才有可能给移动用户提供创新的、有用的服务。

（二）移动定位服务的类型

移动定位服务的类型包罗万象，只要与定位目标所在位置相关的应用服务都可被列于其中，定位目标包括人、动物、车辆、货物等各种标的，依照移动定位服务的用途，可将其分为安全服务、信息服务、导航服务、追踪服务、休闲娱乐与商业服务六大类型（见表 2-3）。

表 2-3 移动定位服务的类型及应用

服务类型	应用范例
安全服务	紧急救援服务、老人医疗（如慢性疾病监控通知）
信息服务	当地天气、交通路况及加油站、停车场、餐厅、取款机、娱乐场所、医院、汽车维修厂等各种商店地点
导航服务	导航、路况告知、路径规划、地点标示
追踪服务	消费用途：老人、儿童、宠物追踪及重要物品的监控 企业用途：快递业、油罐运输、计程车、救护车等车辆派遣与资产监控
休闲娱乐	社交服务、移动游戏
商业服务	消费用途：移动付款、分区计费、特定地点折价券 企业用途：工厂内的人力调度、维修派遣

随着移动通信基础建设越来越完善、移动终端产品的整合开发及移动互联网的风行，毋庸置疑，移动定位服务应用的发展将随着上述有利因素的成熟而日益蓬勃。但是，移动定位服务应用需着眼于目前的投入资源与使用者需求等因素来考虑，在运营策略上需要进行多个发展方向的评估。首先是应用服务的引入应该考虑其优先级，需要根据消费者使用需求的高低，先行引入需求较高的应用，如餐厅、旅馆、交通状况、电子地图、当地天气等实时地方信息的查询，然后根据使用者的反应依次推出车用/行人导航、人身安全、移动交友、移动游戏等特殊增值服务，如此循序渐进地推进，才可逐步建立消费者的移动定位服务使用习惯，从而带动整体市场的发展。

除了上述应用服务的内容要切合使用者需求，移动定位服务产业体系的发展还涉及多方面的支持：①精准的定位技术及众多移动终端等网络硬件端的支持；②方便好用且具整合性的应用服务平台与使用接口；③良好的产业链供应体系，包括内容提供商、内容集成商、应用服务提供商、应用平台提供商等合作机制之间的配合逐渐成熟。唯有如此，移动定位服务市场才能快速发展。

五、移动娱乐服务

（一）移动娱乐服务概述

娱乐是移动商务所有应用中最成功、利润最丰厚的业务。中国互联网信息中心的数据显示，截至2019年6月，我国手机网络音乐用户规模达5.85亿人，较2018年年底增长了3201万人，占手机网民的69.1%；手机网络文学用户规模达4.35亿人，较2018年年底增长了2527万人，占手机网民的51.4%；手机网络游戏用户规模达4.68亿人，较2018年年底增长了877万，占手机网民的55.2%。另外，截至2019年6月底，我国网络视频用户规模达7.59亿人，较2018年年底增长了3391万人，占整体网民的88.8%；网络直播用户规模达4.33亿人，较2018年年底增长了3646万人，占整体网民的50.7%。

移动娱乐的内容非常丰富，具体包括下面一些类型。

（1）沟通服务：包含短消息、电子邮件、聊天室、移动QQ等；包括一对一、一对多及多对多服务。

（2）信息服务：范围相当广泛，包括运营商、内容提供商、媒体从业者等，如短信、彩信、手机广播、电子邮件、商业信息、交通信息、新闻、天气预报等。

（3）纯娱乐服务：包含短信、在线游戏、WAP游戏、文字、手机铃声、手机电视、移动视频等。

（4）定位服务：包括方位追踪、交通导航等。

（二）移动游戏

移动游戏一般是指将游戏终端与游戏产品相结合，为消费者提供方便、易携带的游戏服务支持。根据移动终端的类型，移动游戏的定义可以分为广义与狭义两种。广义的移动游戏包含广泛，凡是能在移动过程中进行游戏的服务均可称为移动游戏。目前市场中的PDA、游戏手机等均可享受广义的移动游戏服务。狭义的移动游戏主要是指与移动通信终端相结合的游戏服务。就通信领域的游戏而言，狭义的移动游戏就是指手机游戏。

1. 移动游戏的产生

移动游戏的产生和发展应该具备的条件包括以下几方面。

首先，从市场需求的角度来看，用户对电子游戏网络化和游戏终端移动化的需求催生了移动游戏。网络游戏使游戏玩家可以实现人与人之间的交流，也使游戏更加充满变数，更具娱乐性和挑战性。游戏终端的移动性可以满足用户随时随地玩游戏的需求。从这两方面来看，利用移动通信网络的数据承载能力，为用户提供时时在线的移动网络游戏就成了满足这些需求的最佳方案。

其次，从技术角度来看，移动通信网络的数据承载能力的提高，使移动游戏逐渐成为可能。

最后，从市场运作的角度来看，移动通信运营商为推动数据业务发展、增加用户对移动网络的使用，加强了与各种内容提供商的合作。传统游戏商作为移动数据业务的一项主要内容提供者，与移动通信运营商的合作正在逐渐加强。反过来看，庞大的用户基础对传统游戏商也有着巨大的吸引力，几乎所有的用户都可以被视为移动游戏的潜在使用者。

2. 移动游戏的业务特点

与传统的电子游戏相比，移动游戏业务具有以下特征。

（1）便携性。

便携性是移动游戏不可忽视的一大优势。

（2）永远在线。

移动终端随时随地与移动网络，以及通过移动通信网络与其他终端保持着联络。网络游戏的兴起极大地刺激了移动游戏的发展，移动终端永远在线的特征使网络游戏具备了开放移动网络游戏的优越条件。

（3）可定位性。

由于移动终端与移动通信网络保持着实时的联系，所以移动通信网络能够随时随地确定移动终端的位置。对于移动游戏运营商来说，可以充分利用用户的位置信息开发基于位置的游戏产品。增加了位置的元素，进而增加了游戏的趣味性。

（三）移动音乐

移动音乐是指用户可以通过移动通信网络和移动终端得到的数字音乐服务，包括手机铃音、彩铃、手机音乐点播、音乐下载和在线收听等音乐服务。

移动音乐除了与传统音乐一样具备娱乐性、分享性等特征，还具备传统音乐不具备的其他特征。

（1）高效率：由于网络的传播速度极快，所以一首被用户喜欢的歌曲可能以几何递增的速度传播。

（2）方便：可以随时随地进行收听和下载。

（3）可选择：用户可以根据自己的偏好下载喜欢的音乐；而传统的 CD 则必须整体购买，不具有可选择性。

（4）费用便宜：相对购买 CD 唱片而言。一般来说，下载一首单曲仅需付费 1 元至 3 元不等，而购买一张 CD 所付的费用则至少在 10 元至 30 元。

（5）创作主体多元化，平民主动性增强：内容制作准入门槛低。突破了唱片界对于歌曲的主动权，使普通民众可以通过移动音乐这种形式展现自己的才华。

（6）内容丰富：创作主体的多元化，导致了创作内容的丰富性，越来越多的类型与各种形式的歌曲开始流行并受到用户欢迎。

（7）形式多样：目前常见的有彩铃/炫铃、铃音下载等，其他还有手机音乐点播、无线音乐下载、无线音乐收听等。

（8）直接面向用户：打破了以往音乐专辑首先通过 CD、卖场等渠道发布的传统营销模式。

（9）为反盗版提供保障：一方面，由于公共互联网上的非法共享音乐大量存在，唱片公司承受了巨大的经济损失，所以它们渴望一种安全的新型传播模式，而移动通信方式则是一个非常理想的传播选择，它同时具备高覆盖率和安全性；另一方面，移动通信工具由私人占有，使适当实施严密的私人控制变得简单。

（四）移动电视

移动电视是指采用数字广播技术（主要指地面传输技术）播出的，是接收终端安装在公交车、地铁、城铁、出租车、商务车和其他公共场所的电视系统，以及手持接收设备，如手机、笔记本、PMP（Portable Media Player，便携式媒体播放器）等满足移动人群收视需求的电视系统。随着 5G 网络的逐步建设推广，移动运营商将开展更多新的移动多媒体业务和高速数据业务，其中，手机电视业务具有广泛的应用前景，将成为未来 5G 网络中的热门业务之一。移动电视从空间、时间概念上，把电视从原来的客厅解放出来，变成了消费者随身携带、使用的方式。

数字移动电视可以说是传统电视媒体的延伸，它采用了当今世界较先进的数字电视技术，电视节目经过数字编码，通过无线发射、地面接收的方法进行电视节目的传播。数字移动电视与传统的模拟电视无线传播有着本质的区别，它最大的优势就是支持移动接收，通过发射信号的单频网布设，使数字信号覆盖达 90%以上，在此范围内经无线接收，均能收看高质量的电视画面，即使当车辆行驶速度高达 150km/h 时也不影响接收。

移动电视的出现，使人们可以随时随地看电视，随时随地获得最新的资讯，极大地满足了快节奏社会对信息的需求。移动电视作为一种新兴媒体，凭借其内容丰富、节目质量高、资讯更新快等特点深受广大群众的青睐。目前以一个城市为发展空间的格局已形成一定的规模，并且在不断扩大，这充分表明各地对发展移动电视都有着很高的热情。

六、移动商务的金融服务

（一）移动银行

移动银行是无线通信技术与银行业务结合的产物，它将无线通信技术的 3A（任何时间、任何地点、任何方式）优势应用到金融业务中，为客户提供在线的、实时的服务。移动银行主要技术模式是以银行服务器作为虚拟的金融服务柜台，客户利用移动终端，通过移动通信网络与银行建立连接，在银行提供的交互界面中进行操作，完成各种金融交易。目前，国内移动银行的主要形式还是手机银行业务，它将银行业务中有关客户端使用平台的某些业务移植到了手机上。

手机银行业务是一项跨行业的服务，是货币电子化与移动通信业务相结合的产物。手机银行丰富了银行服务的内涵，使人们不仅可以在固定场所享受银行服务，还可以在旅游、出差中高效、便利地处理各种金融理财业务。

移动银行服务市场细分非常重要。据统计，为银行带来高回报率的公司和个人客户，在所有客户中占的比重虽小，但是在使用电子金融服务的客户中，他们占了一半以上。银行为了服务好这些客户，就不能过分在意成本支出，对这些客户需要提供高度个性化的服务，如实时股票信息及其交易服务、账户查询和账务处理业务等。

对于普通客户，他们可以为银行产生现金流，若银行想保持这些客户，就必须为其提供优质的服务，但相对来说并不需要太多的支出。与因特网相比，移动渠道提供了便利、非中介化的成本优势、较低的交易成本，同时通过移动渠道发送和接收信息比通过主机进行更便利、更具有成本效益，这无疑可以推动具有较强接受能力的普通客户转向移动银行。

未来，越来越多的客户将在线管理他们的银行账户，银行想抓住这个机遇，就必须提供满足客户需求的各种业务。移动银行在以下业务上具有非常明显的优势。

（1）移动银行账户业务。移动银行可以提供低成本的传送媒介，可以进行余额核对、资金转账和交易执行，同时传送为客户量身定做的公共或私人信息，这些都是给客户提供价值的服务。

（2）移动经纪业务。移动经纪业务提供实时信息传送和客户迅速回应的机会，通过预先设定投资组合的警戒线，客户可以在股价变动超出设定范围时接到警报，这样就可以在任何时间、任何地点通过移动网络进行买卖，从而减小投资风险。交易可通过一种存储管理服务接收器进行确认，这样可以避免非面对面交易的不确定性，同时也可以不受交易现场气氛的干扰。

（3）移动支付业务。移动支付业务可以通过在用户手机上安装借记卡来实现现金业务，也可以采取蓝牙等技术用手机指向读卡机进行支付或将账单载入手机从而使手机具有借记卡的功能。电子账单的存在，使发票可以通过手机进行传送，这样大大降低了成本。甚至工资单也可以通过移动技术进行传送。

（4）现金管理业务。现金管理是一个热点，在一个多渠道的环境下，移动技术在降低成本、提高效率方面将大有作为。

（5）财产管理和零售资产管理业务。财产管理和零售资产管理业务并不是银行、保险公司和其他金融机构的传统核心业务，但其目前正转变为电子金融服务业务，移动渠道为此类业务提供了便捷、低成本、高回报的媒介。

（二）移动证券

移动证券又称为手机炒股，指利用手机的数据业务功能，在手机上实现股票行情显示、信息浏览和实时证券交易，可以称得上是证券交易方式的一次新的突破，被形象地称为“移动大户室”。与传统的电话委托和网上交易方式相比，手机炒股有它独特的优势。电话委托利用的是电话的双音频功能，由于是语音服务，所以速度慢、不直观，在交易活跃时还会因电话占线而无法下单，影响交易。网上交易信息量大、速度快，但是在使用时必须有计算机，移动性差。而手机炒股完全可以作为电话委托的替代和网上交易的补充方式。手机小巧、方便、普及、可随身携带，在出差、开会、工作时均可使用。

虽然电话委托和网上交易也能使股民足不出户就能完成相关操作，但这两种终端的固定性决定了不能随时随地进行相关的操作。其实只要是一部具有上网功能的手机，就具备无线炒股的基本条件。

手机炒股分为两大类：一类是软件扩展型，即在手机上安装专门的炒股软件；另一类是不安装第三方软件，直接使用股票网站炒股。

目前，移动证券在使用过程中，需要注重以下几方面的问题。

（1）服务提供商的安全性问题。由于移动证券是网络交易，个人的资金账户、银行账户及交易密码都保存在服务商那里，所以，如果服务商或证券公司方面出现问题，那么客户很可能会出现资金损失。

（2）手机使用安全问题。在手机上一般都会保留客户交易后的账户，虽然手机属于私人用品，但登录后不及时退出，如果手机放置不当，仍会给客户带来安全隐患。

（3）要防范手机病毒和木马。

（三）移动保险

利用移动商务技术是迅速提高公司服务质量的重要途径，这已成为保险界的共识。各家保险公司都在加大投入，并进行技术培训，保险移动商务服务已全面开花。移动商务的快速发展和移动技术的不断进步，为保险服务升级创造了条件，同时为保险企业的竞争开辟了新的领域。各个保险公司纷纷利用移动商务平台和技术，破除传统商务运营模式的限制，在投保方式、后援服务、快速理赔、营销手段等多方面，利用移动商务跟随性的便利，紧紧抓住客户，实现贴身服务，从而赢得市场。

占我国财险市场份额约四成的人保财险，在追赶移动商务浪潮中推出的“掌上人保”大大提升了公司的服务水平，它面向最终客户提供信息发布、保险销售、车辆出险服务及各项增值服务。掌上人保的具体功能有：①自助理赔，客户通过移动终端进行车险报案、拍照、上传、理赔的全流程自助服务；②在线投保，客户通过移动终端向公司购买车险、家庭财产险、意外健康险等产品；③信息发布，将公司的广告、官方微博、最新资讯动态等信息直接推送至客户的移动终端；④生活服务及工具，为客户提供周边生活信息、路况信息、限速提醒、事故责任知识、定点寻车等实用信息。

人保财险推出了面向客户的手机自助理赔服务。公司客户可使用手机，完成小额车损案件快捷自助理赔。对于出险后不涉及人伤、物损的案件，客户可通过手机进行自助查勘，拍摄并上传事故现场照片，查询获知定损结果，上传索赔单证，上传赔款接收账户信息，获知赔款金额。这样，通过客户自己的手机就可以获得从出险报案到获知赔款金额等全流程的理赔服务，省去了一切纸质单证、往返保险公司的不便，实现了现场一站式轻松自助理赔。

人保财险的移动查勘定损系统对查勘及理赔工作实行全程信息化管理，通过实时的移动通信网络，实现理赔工作人员定位、任务处理、现场拍照，以及在线派单、照片上传等功能，加快了查勘人员对事故现场及理赔的节奏。在人保财险运用移动查勘定损系统后，现场查勘效率从原来的 30min 缩短到 5～10min，理赔时效提高了 28.5%，并且骗保率几乎接近零，客户满意度得到了有效提高。

中国大地保险公司的“大地快速定损系统”（Rapid Appraisal System，RAS），以 PDA、手机为平台，结合调度短信接入、零配件价格查询、工时费项目选择、定损单及查勘报告现场打印等功能，能有效整合车险小额案件现场处理节点、简化流程、大幅提升现场处理时效。在案件发生后，客户向中国大地保险公司全国统一客服专线报案，座席人员会根据电子地图安排调度，并向相应查勘定损人员的 PDA、手机发送任务提示，查勘定损人员根据任务提示赶赴事故现场，开展查勘定损工作。在确定案件真实的情况下，根据 PDA、手机上的正厂零配件价格数据库及工时费标准，确定事故车辆的损失金额，并使用蓝牙打印机现场打印定损单并请客户签字，避免了客户往返奔波提交理赔资料，大大提升了理赔时效，方便了客户。

七、移动商务的企业应用

（一）移动 OA（移动办公自动化）

企业、政府机构的办公信息化已经经历了两个阶段的重大变更，第一代 OA 系统利用计算机技术实现了无纸化办公，第二代 OA 系统利用网络技术解决了信息孤岛问题，使团体协作办公成为可能。信息化的 OA 系统在企事业内部编织起一套高效、畅通的信息互联体系，极大地推动了企事业单位生产力的发展。但与此同时，伴随着企事业单位办公活动范围的扩展和市场化带来对响应速度的更高要求，使得完全基于PC应用的OA系统凸显不足。企事业单位迫切需要一套可以随时、随地、随手使用的OA系统，以使公司管理者、业务人员不管置身何地，都能随时和企事业内部系统关联。这就带来了办公信息化的第三次变革——移动OA。

移动OA是利用手机等移动终端实现办公信息化的全新方式，它是移动通信、PC与互联网三者融合的最新信息化成果。移动OA将目前普遍采用的OA系统和移动通信技术结合起来，在为用户提供日常办公所需的各项功能基础上，保证用户可以随时随地处理办公信息，并获取必要的工作资讯，彻底解决了离开办公地点就无法处理办公事务的难题，大大提高了企事业日常的办公效率。

强大的移动OA，以移动终端为载体，使用无线网络与服务器系统进行连接，建立起一套可移动化应用的办公信息系统，通过将企事业内部OA系统扩展应用到移动终端的方式，它将原有OA系统上的公文、通讯录、日程、文件管理、通知公告等功能迁移到移动终端，帮助用户摆脱时间和空间的限制，使用户可以随时随地关联企事业OA系统进行掌上办公。

移动OA的功能主要包括公文处理、公告发布、企业通讯录、信息查询、日程管理和邮件提醒等功能。其中公文处理为主要功能，它包括新建公文、公文处理批复、公文流转、公文查阅和建立公文列表等。

（二）移动ERP（移动企业资源计划）

中小企业信息化一直是近年来企业管理软件市场关注的焦点，也是ERP厂商瞄准已久的“巨大蛋糕”。但是ERP软件的核心是MRP（制造资源计划）Ⅱ，它是在此基础上对财务、销售等其他功能的扩展，但众多中小企业并不是制造业企业，即使是制造业企业也会因缺乏数据准确的保障机制而难以发挥ERP软件的性能。更重要的是，中小企业的业务模式更为灵活多变，其相对薄弱的资金人才储备要求实施周期更短、实施成本更低的信息化解决方案，传统的ERP虽然功能强大成熟，但是由于实施周期长、资金投入大而限制了其在中小企业的推广。

在这种情况下，只有探索更为灵活的实施方式和服务模式，才能真正满足中小企业信息化的需要。移动ERP恰恰是商务与互联网、移动融合的产物，它以灵活的商业模式为中小企业信息化提供了一个可行的思路，也为传统ERP厂商从独立软件供应商向服务提供商转变提供了一个良好的契机。

移动ERP具体是指将传统ERP融合移动通信网和互联网多个网络系统，成为企业个性化管理的利器，使管理人员可以从ERP管理系统的海量数据中抽取信息，可以通过手机上网及互联网Web进行ERP工作处理，随时随地实现个性化的信息化。

如今，企业面临的市场环境越来越多变，对于随时管理的要求越来越多。而移动ERP凭借其无所不在的移动服务，使出差在外的商务人士可以凭借手机等通信终端随时随地处理重要问题，实现随时随地管理的能力。

事实上，在零售、物流、金融、政府等各个行业，都可以见到移动ERP的身影。移动ERP与传统ERP互补，形成了企业完整的信息管理平台，真正帮助企业实现了“实时企业、全球商务”的梦想。从功能的角度来看，可以将移动ERP划分为移动OA、移动CRM、移动供应链、移动报账和审批、移动市场调查等。根据企业应用移动ERP所要解决的问题，可以将移动ERP应用大致分为如下几类。

1. 解决企业内部沟通不畅的问题

信息发布与数据采集是移动ERP应用的最主要形式，也是用户需求比较明显和集中的领域。

在信息化建设过程中，政府及企事业单位等都对原有的业务流程进行了重新规范和优化。但是，流程被规范和优化后，又带来了新的问题：领导审批必须按照流程，如果某位领导出差、生病或休假，没能及时审批，设定的流程就无法继续，严重影响了正常的工作效率。为此，他们采用了移动审批，领导可以通过手机随时随地进行审批，方便快捷，也使集团的业务流程得以顺畅、快捷地落地执行。

2. 提升企业与销售渠道的互动效率

多变的市场行情对于山东某肉类企业来说是个考验——如何将每天不断更新的猪肉价格发布给员工和销售渠道？移动ERP帮助此企业解决了这个问题，将最新的猪肉价格发布给员工和销售渠道，既快捷又方便，而且成本也不高。

数据采集和门店经营是用户对移动ERP的另一个重点需求。移动数据采集就是将分布在一定区域的某一个或一组实时发生的数据收集在一起，进行后续的分析和跟踪，通常用于终端销量、终端库存、业务员报告、竞争情报分析等领域。移动门店需要实现与所有终端的信息进行快捷沟通，使总部能够及时、全面地掌握各终端的经营状况，准确响应市场需求、缩短物流配送周期。最关键的是，各终端信息要与总部的后台数据整合在一起，从而形成一个闭环的应用系统。

某电器分销商既有自己经营的门店，又与国美、苏宁这样的全国连锁品牌合作销售，如何将这些不同经营模式的销售数据采集上来，身在异地的销售人员又如何随时远程下订单。这些都可以通过移动ERP来实现。通过移动ERP，总部可以在第一时间了解各地的销售情况和消费者的消费行为，为制定后续的产品销售策略提供依据。

3. 帮助企业维系和加强客户关系

在每年的中秋、国庆双节期间，很多公司都通过手机有针对性地为客户送上节日祝福，还有公司通过手机将购物卡的账号和密码发送给客户，将其作为节日礼物，这种方法既方便快捷，又可以根据客户的年龄层次、购买习惯等因素进行有针对性的维护。

深圳发展银行拥有网上银行、基金通、网上缴费等八大业务，这八大业务共享同一个客户信息。为了提高客户服务水平，深圳发展银行开通了网上银行客户营销系统的应用。八大业务系统的信息最终都会提交到客户营销系统，客户营销系统通过短信调度支持八大业务的重复购买、交叉购买，并对客户进行新产品推广、交易提醒。

以往，企业给客户发短信都是漫无目的地群发，在采用移动ERP之后，可以先分析客户的年龄、区域、购买行为等因素，再有目的、有针对性地发送，准确性和效果都得到了较大提升。

当前移动ERP领域主要有3类厂商：一是传统的管理软件厂商，它们长期与客户打交道，了解客户的信息化需求，并具有广阔的客户群基础，因此诸如用友这类管理软件厂商在进军移动ERP领域时，具有一定的先天优势；二是专做移动ERP的厂商，它们通常是运营商的合作伙伴，如无限立通、商务通等；三是移动运营商本身，它们一直试图向企业客户转移，移动ERP将成为移动运营商实现战略转型的重要契机。

在互联网时代，PC是ERP的执行终端，ERP助推企业实现了内部流程优化、管理变革及跨地域经营；而在移动商务时代，手机将取代 PC 成为移动商务时代的重要执行终端，手机被视为企业经营管理的神经末梢。通过移动 ERP，手机有效地解决了信息化“最后一千米”的难题，延长了企业的业务流程，并让信息化摆脱了 PC 和网线的束缚。

（三）移动 SCM

移动 SCM（Supply Chain Management，供应链管理）是一种利用现代移动终端技术、移动通信技术、计算机技术等现代科技，实现在移动中也能完成通常要在办公室里才能完成的 SCM 任务。移动 SCM 系统具有传统 SCM 系统无法比拟的优越性。移动 SCM 系统使业务处理摆脱了时间和场所的局限，实现了随时随地与公司业务平台进行沟通，有效提高了 SCM 效率，推动了企业效益增长。

随着移动通信技术、计算机技术和移动终端技术的发展，移动 SCM 技术已经经历了三代。

第一代移动 SCM 技术是以短信为基础的，它存在着许多严重的问题，其中最严重的问题是实时性较差，查询请求不会立即得到回答。此外，短信息长度的限制也使一些查询无法得到完整的答案。这些令用户无法忍受的严重问题导致了一些早期使用基于短信的移动 SCM 系统的部门纷纷要求升级、改造系统。

第二代移动 SCM 系统采用基于 WAP 技术的方式，手机主要通过浏览器来访问 WAP 网页，以实现信息的查询，解决了第一代移动访问技术的部分问题。第二代的移动访问技术的缺陷主要表现在 WAP 网页访问的交互能力极差，因此极大地限制了移动 SCM 系统的灵活性和方便性。此外，由于 WAP 用于加密认证的 WTLS 协议建立的安全通道必须在 WAP 网关上终止，从而形成了安全隐患，所以 WAP 网页访问的安全问题对于安全性要求极为严格的商务系统来说也是一个严重的问题。这些问题也使第二代技术难以满足用户的要求。

新一代的移动 SCM 系统，也就是第三代移动 SCM 系统融合了较新的移动技术、智能移动终端、VPN、数据库同步、身份认证及 Web Service 等多种移动通信、信息处理和计算机网络的新技术，以专网和无线通信技术为依托，使得系统的安全性和交互能力有了极大的提高，为 SCM 人员提供了一种安全、快速的现代化移动执法机制。新一代移动 SCM 系统采用了自适应结构，可以灵活地适应用户的数据环境，具有现场零编程、高安全、部署快、使用方便、响应速度快的优点。

移动 SCM 系统可以实现对企业进、销、存各个环节的一条龙全程实时业务管理，一直到业务流程处理完毕。移动 SCM 系统适用于超市、批发商、电子产品、仪器设备、机电、汽配、油料、家电、奶业、烟酒、饮料、食品、日用百货、服装鞋帽、图书及各种消费品等在内的零售、批发业企业，以及连锁店、加盟店、专卖店、渠道商的管理，另外，同样适用于制造行业和物流行业的应用。

移动 SCM 系统除了实现对采购、库存和销售环节的实时信息浏览、审批、定制查询及统计、运输管理、车辆和货物定位、库存管理、出入库管理、商品短缺报警、分店业务管理、渠道管理、价格管理、产销数据上报、结算管理、报表管理等移动 SCM 软件功能，还支持待办事宜、待阅事宜、电子邮件、移动审批、移动信息录入、SCM 信息查询、组织机构管理、日程管理、联系人管理、公文浏览、下载和转发、系统管理等常用的移动办公功能。用户可以根据自己的需要，方便地选择任何功能模块组合。移动 SCM 系统还可以集成手机定位技术，实现对人员考勤、货物及车辆定位等功能。

移动SCM能增加预测的准确性，减少库存，提高发货供货能力；缩短工作流程周期，提高生产率，降低供应链成本；降低总体采购成本，缩短生产周期，提高市场响应速度。

随着互联网的飞速发展，越来越多的企业开始利用网络实现SCM。即利用互联网将上下游企业进行整合，以中心制造厂商为核心，将产业上游原材料和零配件供应商，产业下游经销商、物流运输商、产品服务商及往来银行结合为一体，构成一个面向最终客户的完整的电子商务供应链，目的是降低采购成本和物流成本，提高企业对市场和最终客户需求的响应速度，从而提高企业产品的市场竞争力。

SCM是当前国际企业管理的重要内容，也是我国企业管理的发展方向。SCM将企业内部经营所有的业务单元，如订单、采购、库存、计划、生产、质量、运输、市场、销售、服务，以及相应的财务活动、人事管理均纳入一条供应链进行统筹管理。早期企业重视的是物流和企业内部资源的管理，即如何更快、更好地生产产品并把其推向市场，这是一种“推式”的SCM，管理的出发点是从原材料推到产成品、市场，一直推至客户端。随着市场竞争的加剧，生产的产品必须要转化成利润，企业才能生存和发展。为了赢得客户和市场，企业管理进入了以客户及客户满意度为中心的管理，因而企业的供应链运营规则随即由“推式”转变为以客户需求为原动力的“拉式”SCM，这种SCM将企业各个业务环节的信息化孤岛连接在一起，使各种业务和信息能够实现集成与共享。

（四）移动CRM

传统CRM（Customer Relationship Management，客户关系管理）存在的最大障碍是难以突破空间的局限，从而导致当销售人员经常不在公司或者常驻外地时，常出现三个“无法管”（异地客户信息无法管、新的商机和动态无法管、销售员每天活动无法管）的尴尬局面。

移动CRM是一种利用现代移动终端技术、移动通信技术、计算机技术等现代科技实现的，在移动中也能完成通常要在办公室里才能完成的CRM任务。应用移动CRM让物理位置分散的员工通过手机及时、准确地汇报与客户的沟通情况，而管理者可以在计算机端随时查看，方便统计，降低企业对异地客户信息、新的商机和动态、销售员每天活动等信息数据的管理成本，让CRM变得轻松、快捷、简单。

使用移动CRM，企业员工可以在外地或家中登录公司的移动CRM系统、ERP系统分享文件。并且，如果企业使用的软件允许的话，管理部门可以对企业活动进行集中的管理，并对收集的信息进行实时分析。有了移动CRM，在大多数情况下，员工没有必要回到办公室进行附加操作或后续工作。

然而，移动CRM并不只是改善内部流程，它也改善客户体验。当企业员工与客户交流时，移动CRM可以帮助该员工得到这名客户的全部资料，这对企业员工很有帮助。例如，使用移动CRM可以获得订单的状态、查看商品过去的购买趋势、获得最近一次买卖的型号，或者找出仓库中某件特殊商品，这对提高销售体验的满意度和客户的忠诚度有极大的帮助。

可以说，移动CRM是CRM历史上一个巨大的飞跃。移动CRM提供了随时随地360°的“客户全景”，包括客户的基本信息、客户合同情况、客户回款、客户任务日程安排、客户销售机会与跟踪情况等，销售人员和客服人员可以通过“客户全景”了解、查询每位客户的特性，为他们“说什么话、做什么事”及时提供精准参考，决策者也能通过指尖轻松获得关键任务信息。这就是移动CRM的重大价值体现。

移动 CRM 的主要功能如下。

（1）客户管理。可以增加、删除、修改商家的客户资料，包括客户的基本信息、会员信息及个人的兴趣爱好等，还可以根据客户信息对客户进行分组，方便商家搜索客户。另外，客户管理中对客户的消费过程进行了记录，可以根据消费记录更改客户的 VIP 级别。并能通过短信及时将消费信息和 VIP 信息发送到客户的手机上。

（2）促销推广。商家通过促销推广功能可以组织一些促销活动，将促销信息发送给自己的客户，并可以查看通过这些活动带来的效益。

（3）客户关怀。在节假日及客户重要的纪念日给客户发送温馨祝福，客户关怀功能能提醒商家在节假日及重要的纪念日有哪些客户需要祝福。

（4）客户服务。商家通过客户服务功能接收客户的多种信息，包括预约、问询及投诉等。

（5）日程安排。企业员工可以通过移动 CRM 系统中的 Web 页面来管理自己的工作日程安排，并可以针对这些任务设置短信提醒，系统可以在设定时间内自动提醒企业员工。

（6）电话会议。企业员工可通过 IVR 直拨、秘书台、Web 页面等多种方式发起电话会议，当通过 Web 页面发起电话会议时，还可通过监控界面了解会议成员状况，并对会议进行控制（设置单听、追呼、增加成员等）。

【任务实施】

（1）根据自身实际情况，选择一个熟悉的行业（如移动音乐）。

（2）分析所选行业移动商务应用中涉及的主要技术。

（3）分析所选行业移动商务的运营模式，包括市场范围、价值构成、收入来源、参与者在价值链中的角色。

（4）分析所选行业移动商务目前的发展和应用状况。

（5）分析所选行业移动商务未来的发展前景。

【任务拓展】

一、我国移动阅读行业发展现状

随着我国互联网尤其是移动互联网的普及与数字化硬件的渗透率提升，我国数字化阅读接触率近年来稳步提升。自 2013 年以来，国内移动阅读市场入局者越来越多，内容行业动作频频，行业也迎来了一次加速发展的时机。2017 年，随着以阅文集团、掌阅科技等为首的一批企业上市，移动阅读更是成为风口一样的存在。表 2-4 给出了我国移动阅读的发展历程。

表 2-4　我国移动阅读的发展历程

发展阶段	主要表现
探索期（2003—2005年）	● 我国移动阅读 WAP 网站出现，移动梦网看小说 ● 手机报诞生、免费 WAP 网站蓬勃发展，引爆用户快速增长 ● 盗版侵权、内容低俗等问题严重冲击市场，部分厂商退市
市场启动期（2006—2010年）	● 市场涌入大量阅读客户端，商业模式初步形成 ● 我国电子书市场不断膨胀，用户快速增长
高速发展期（2011—2018年）	● 版权制度逐渐完善，探索成熟的商业模式，启动 IPO（Initial Public Offering，首次公开募股） ● 智能终端快速普及，压缩了电子阅读器的销量，涌现大量阅读 App，三大电信运营商完成了阅读产品布置 ● 百度、阅文集团、阿里巴巴、掌阅科技相继成立文学集团，重点发力移动阅读，打造泛娱乐产业链，探索多元化商业模式
应用成熟期（2019年以后）	● 市场格局稳定，开始探索新产品 ● 行业实现盈利，市场格局稳定，进入稳定发展成熟阶段

资料来源：前瞻产业研究院整理

1. 我国移动阅读市场竞争中，QQ 阅读独占鳌头

速途研究院发布的《2017 年 Q2 移动阅读市场报告》显示，2017 年移动阅读市场的竞争格局基本稳定，QQ 阅读市场份额稍有提升，目前以 35.01%排在首位；掌阅 iReader 以 23.34%的市场占比，位列第二。另外 40%左右的市场被塔读文学、咪咕阅读、书旗小说、多看阅读、宜搜小说、天翼阅读、爱阅读、熊猫看书、开卷小说、网易云阅读、当当读书等占有。第三名之后的众多应用，排名尽管多变，但就整体份额变化而言，反而有被 QQ 阅读逐渐侵蚀之势。

2. 2023 年我国移动阅读市场规模将突破 290 亿元

如今，国内网络文学市场两大巨头阅文集团、掌阅科技纷纷启动 IPO 计划，从双方的招股书中披露的数据来看，2016 年全年，阅文集团的营业收入为 25.56 亿元，而掌阅科技的营业收入为 11.98 亿元，不及阅文集团的一半。网络文学市场的营收，直接取决于付费用户的规模，而足够多的用户及良好的付费意愿，离不开充足的优质内容积累产生的强大吸引力。阅文集团号称我国最大的网络文学原创基地，内容质量和数量都更高一筹，优质的付费用户规模也自然胜出，营业收入冠绝群雄也是顺理成章。

2013—2017 年，移动阅读行业规模稳步增长，2016 年我国移动阅读市场规模为 118.6 亿元，同比增长了 17.43%，2017 年我国移动阅读市场规模在 140 亿元左右。

随着优质 IP 越来越稀缺，其已经成为下游影视游戏等争夺的焦点，IP 价值有望进一步提升。同时，随着消费升级和消费群体的代际演进，用户付费意愿和能力在提升。加之掌阅科技、阅文集团等行业厂商正逐步布局硬件产品和海外市场，这些都将为行业收入提供新的增量。

百度、阿里巴巴、腾讯等巨头纷纷布局泛娱乐战略，打造泛娱乐产业链。在内容储备环节，主要通过外部购买 IP 版权，内部扶持作者加大原创作品的开发。在 IP 开发环节，以阅文集团为例，通过对不同类型 IP 作品的联合互动，可以持续地让粉丝流动在 IP 的各个领域，为 IP 不断增容，形成良性发展。在多元的商业模式催化发展的情况下，我国移动阅读市场进入高速发展时期。

我国移动阅读市场有望保持 10%的复合增长率快速发展，2018 年我国移动阅读市场规模在 166 亿元左右，到 2023 年，我国移动阅读市场规模将突破 290 亿元。

二、基于位置服务的现有模式

1. 休闲娱乐模式

（1）签到（Check-In）模式：主要以 Foursquare 为主，还有一些国外同类服务，如 Gowalla、Whrrl 等，而国内则有嘀咕、玩转四方、街旁、开开、多乐趣、在哪等几十家。

签到模式的基本特点如下。

① 用户需要主动签到以记录自己所在的位置。

② 通过积分、勋章及领主等荣誉激励用户签到，满足用户的虚荣感。

③ 通过与商家合作，对获得特定积分或勋章的用户提供优惠或折扣的奖励，同时这也是对商家品牌的营销。

④ 通过绑定用户的其他社会化工具，以同步分享用户的地理位置信息。

⑤ 通过鼓励用户对地点（商店、餐厅等）进行评价以产生优质内容。

签到模式的最大挑战是要培养用户每到一个地点就会签到的习惯，而它的商业模式也是比较明显的，可以很好地为商户或品牌进行各种形式的营销与推广。国内比较活跃的街旁网现阶段则更多地与各种音乐会、展览等文艺活动合作，慢慢向年轻人群推广与渗透，积累用户。

（2）大富翁游戏模式：国外的代表是 Mytown，国内则是 16Fun，其主旨是游戏人生，是可以让用户利用手机购买现实地理位置里的虚拟房产和道具，并进行消费和互动等将现实与虚拟真正进行融合的一种模式。大富翁游戏模式的特点是更具趣味性，可玩性与互动性更强，比签到模式更具黏性，但是由于它需要对现实中的房产等地点进行虚拟化设计，所以开发成本较高，并且地域性过强导致覆盖速度不可能很快。在商业模式方面，大富翁游戏除了借鉴签到模式的联合商家营销，还可提供增值服务，以及类似第二人生（Second Life）的植入广告等。

2. 生活服务模式

（1）周边生活服务的搜索：以点评网或者生活信息类网站与地理位置服务结合的模式，以大众点评网、台湾的折扣王等为代表，其主要体验在于工具性的实用特质，问题在于信息量的积累和覆盖面需要比较广泛。

（2）与旅游的结合：旅游具有明显的移动特性和地理属性，LBS 和旅游的结合是十分切合的。分享攻略和心得体现了一定的社交性质，与旅游结合的代表是游玩网。

（3）会员卡与票务模式：实现一卡制，捆绑多种会员卡的信息，同时电子化的会员卡能记录用户的消费习惯和信息，使用户充分感受简捷的形式和大量优惠信息的聚合，代表是国内的“Mokard（M 卡）”，还有票务类型的 Eventbee。这些移动互联网化的应用正在慢慢渗透生活服务的方方面面，使我们的生活更加便利与时尚。

3. 社交模式

（1）地点交友，即时通信：不同的用户因为在同一时间处于同一地理位置而构建用户友好关系，代表是兜兜友。

（2）以地理位置为基础的小型社区：代表是区区小事。

4. 商业型

（1）LBS+团购：两者都有地域性特征，但是团购又有其差异性，如何结合？美国的GroupTabs给我们带来了新的想象：GroupTabs的用户到本地的一些签约商家，如一间酒吧，到达后使用GroupTabs的手机应用进行签到。当签到的数量达到一定数量后，所有进行过签到的用户就可以得到一定的折扣或优惠。

（2）优惠信息推送服务：Getyowza为用户提供了基于地理位置的优惠信息推送服务，Getyowza的营利模式是通过和线下商家的合作来实现利益分成的。

（3）店内模式：ShopKick将用户吸引到指定的商场，在用户完成指定的行为后便赠送其可兑换成商品或礼券的虚拟点数。

三、我国网络电视发展存在的问题

1. 政策是最大的瓶颈

作为技术带来的新事物，网络电视的发展及其相关的法律法规依然是不健全的。内容的层面涉及影视节目的制作传播，这属于国家广播电视总局的监管范围；硬件设备及播放软件的标准的统一等，这属于工业和信息化部的监管范围。网络电视健康稳定的发展需要一个良好的政策法规环境。

2. 内容缺乏

网络电视的内容无疑是最重要的部分，但现在网络电视的内容依然是比较缺乏的。一方面，虽然国家广播电视总局可以提供较多的内容，但目前具体实施起来有些困难，这依赖于政策的进一步开放，并且，我国电视业的节目内容也一直处于缺乏良好节目的“营养不良”状态。另一方面，需要一大批专业从事内容开发、制作和提供的企业，这些企业可以是传统的报纸、杂志、广播、通讯社等，也可以是业外的资本进入，甚至是中外合资的节目制作公司。节目内容成为制约网络电视发展的重要障碍。

3. 运营模式尚未成熟

作为产业链的领导者，运营商必须创造一种合理的营利模式，让包括内容开发商和提供商在内的产业链各方均可营利，以鼓励它们开发更丰富、更精彩的内容。而到目前为止，作为网络电视的各个运营商依然缺乏一个成功的从内容开发到市场推广、收费分成等全面完善的运营模式，这在很大程度上制约了网络电视健康、快速、持久的发展。

4. 版权保护急需加强

随着存储、压缩和网络P2P技术等的发展，盗版的成本更低，用户非法使用、传输影视节目的速度更快，因此数字版权管理是内容提供商面临的最为紧迫的难题，也是最为重要的任务之一。只有良好的保护内容提供商的知识产权才能够保证其不断地提供内容，从而使整个产业链健康良好的发展。

在网络电视不断受到国内市场热捧的同时，一些“中国式”的困境诸如“电视盒子”市场混乱、“三网融合”阻力重重、节目盗链现象严重、知识产权难获保障等问题也逐渐突出。网络电视发展也存在着瓶颈和制约。首先，在技术方面，网络电视并没有统一的数据编解码标准和统一的数据格式，这给网络电视的节目制作、传输及管理等带来了难度。其次，在内容方面，网络电视提供的节目内容仍然严重依赖广电系统，掣肘于人。

四、案例阅读——宝洁借移动商务上演“生死时速”

宝洁除了具备一整套工业流程和品牌经理制度等商业运作的“硬功夫”，还具备一套“软功夫”，通过应用移动商务将销售数据采集时间从 2 周缩短到了 1 天。而这 1 天如果应用在需要一对一营销或季节性较强的产品领域，将在供应链方面抛下竞争对手，成为击垮对手的“生死时速”。

早在 1998 年，宝洁就引入了 PDA 移动设备，率先在我国“摸着石头”探索移动商务，之后它又在全国 3 个有代表性的城市测试移动商务的新型产品——企业移动商务引擎，并且一旦机会成熟，很快就会在全国铺开。

1. 货车＋PDA：移动攻伐二级市场

在我国，宝洁绝对算得上是移动商务的首批“吃螃蟹者”之一。早在 1998 年，在我国尚未有移动商务这个概念之时，宝洁就率先试水。

众所周知，宝洁在北京、上海等大城市的一级市场已建立了强大的销售网络，而中小城镇及农村等二级市场则一直是宝洁的软肋。

为了攻克向来被国内众多日用消费品牌把持的二级市场，宝洁当时启动了货车销售（Van-saling）模式。宝洁通过在二级城市与一些特别大的经销商合作，购买一些依维柯、昌河等货车，销售人员开着货车大街小巷地穿行在宝洁没有固定覆盖网络的二级城市和农村，配备了 PDA 的销售人员坐在载满宝洁产品的汽车上，每到一家店，就与店主谈，当时就地送货。

为了考核销售人员的供货能力和业绩，宝洁要求销售人员把 PDA 派上用场，把去了哪个城市、哪个商店的具体路线记录下来，把进到每间商店的具体时间，与哪个店主达成了哪些交易，具体是哪些品种、哪些规格，全部记录在 PDA 中，并每天传回宝洁总部的中央处理系统。这样，宝洁就把销售信息与网络，通过 PDA 延伸到了一些更加偏远的二级城市和农村。

2. 玉兰油与 SKⅡ的电子柜台

在借移动商务掘金二级市场的同时，宝洁也没有放弃它在一级市场推广的可能性，只是应用的方式略有不同。

1998 年前后，宝洁推出玉兰油，想实行专柜销售模式。玉兰油及其相关产品都有专属宝洁的柜台，专柜销售人员由宝洁公司招聘、培训、考核和发放工资，并给柜台配备 PDA。

当时宝洁在天津、广州、深圳 3 个城市 100 家左右的玉兰油专柜测试使用 PDA。虽然宝洁当时的销售数据采集时间是 2 周左右，而它的竞争对手是 3～4 周，但宝洁一直想把时间缩短一些，并能细化到客户管理这一层次。由于专柜面积小，不可能使用计算机、POS 机这样成本高达 1 万～1.5 万元的终端设备，加上商场一般不愿为柜台拉专门的电源线、电话线等，所以选中了成本只有三四千元的，无须专门电源线、电话线的 PDA。

当时宝洁希望在专柜人员为客户服务的过程中，通过 PDA 把客户的详细资料记录下来，看看这种模式的投入、产出怎么样，效益怎么样，因为宝洁当时非常想知道客户对产品的真实反映，把固定客户相关数据（如会员资料）记录下来，并把会员购买过哪些产品，还有哪些购买潜力，以及专柜每天销售具体各规格、品种业绩的体现，统统记录在案。通过远端 PDA 完成对这些数据的远端采集，销售人员每天把数据传送给宝洁总部的中央处理系统，对这些数据进行统计和分析。一个曾参与设计该项目的咨询公司人士说，这种数据对于分析哪个年龄段喜欢购买什么产品、客户喜欢选用哪种促销品等内容非常有用。

此外，宝洁还在内地及香港 SK II 高档化妆品柜台使用了 PDA。

3. 移动商务的“陷阱”

宝洁在二级市场的货车销售（Van-saling）模式计划虽好，但很快遇到了新的问题。

通过 1998 年上半年的试点，货车销售效果很不错。例如，有些农村销售额提高了 80%，因此，到 1998 年年底和 1999 年，宝洁就把该模式在全国全面铺开。但是，1999 年下半年宝洁在全球实施的“宝洁分销商 2005 计划”，很快就打乱了其在农村的移动商务战略。“宝洁分销商 2005 计划”触动了全球各个国家和地区的销售方式、方法与计划，把我国很多正在进行的计划打乱了，客户网络、销售区域都做了调整。虽然后来部分宝洁在我国的分销商还在用 PDA，但作为整体规划，宝洁的移动商务计划也因此半途而废。

除因“宝洁分销商 2005 计划”打乱部署之外，宝洁移动商务计划淡出，显然还有更深层次的原因，用 PDA 本来是想获得真实的销售信息，但销售人员在具体执行中却做得走样，出现了虚报数字的现象。首先，报了销售数字就有好处，销售人员多报就能拿更高的工资奖金，经销商多报就能拿更多的返利返点。其次，仅有先进的工具，没有相应的监督监管机制，依然是做不到位的。就如同给某个人配备了最好的武器，但他不想去打仗，那再先进的武器也没有用。

玉兰油电子专柜碰到的是推广 PDA 成本过高的问题。宝洁在全国有几千家甚至近万家的玉兰油电子专柜，如果当时每个专柜都配备价格三四千元的 PDA，那么总成本可能就达三四千万元，并且后期还有繁重的系统维护重负，高昂的成本，使宝洁不得不停步观望。

加上后来宝洁把玉兰油价格下调到几十元，把玉兰油看作大众的化妆品，放弃了 CRM 模式，这使其利用 PDA 全面搜集客户资料已无太大必要，因此，玉兰油电子专柜后来始终停留在测试时的 100 家左右，并没有进行第二波的推广。至于 SK II，由于其作为价格在 300～500 元的高档化妆品，掌握这些高端客户资料有较大的价值，加上其销售专柜非常少，所以 PDA 在该产品专柜中使用相对广泛，但即使如此，在内地与香港加起来也就 50 家左右。对于成本偏高问题，宝洁公司在接受采访时也承认这确实是一大难题。

4. 企业移动商务引擎

宝洁没有大规模推广以 PDA 为主要应用的移动商务，并不等于它放弃了探索适合自己的移动商务方案。从 2003 年开始，宝洁在广州、武汉、中山 3 个城市的 30 多家玉兰油专柜中测试由高维信诚公司提供的企业移动商务引擎移动商务解决方案。

企业移动商务引擎主要是库存、销售数据采集系统。宝洁只需花 45 万元购买一套软件，花 1 万～2 万元购买一台服务器，然后把软件装上。这样，玉兰油专柜的销售终端人员每天通过手机短信形式，把库存、销售数据按规定的标准格式发送到高维信诚公司与移动运营商合作建设的系统平台，信息数据就会自动被分发到宝洁的中央处理系统。

玉兰油专柜可以在每天下午 5 点钟生意最不好的空隙时间，在一个小时内，全国上万家销售终端的销售和库存数据就可以发送到宝洁总部的中央处理系统，这样，就可以把销售数据的搜集工作，从原来靠手工记账方式和层层传递时期的1～2周，缩短到1天完成。

高维信诚公司认为这种采集库存、销售数据的方法，对整个供应链来说，有一个革命性的改观，但该公司同时承认，普通手机数据处理容量毕竟有限，如果想具体管理某种业务、进行详细的会员管理，那还是需要成本比较高的PDA系统或其他把手机功能与PDA功能结合起来的产品，因为企业移动商务引擎难以实现相对复杂的商务管理。

五、思考与练习

1. 思考题

（1）什么是移动商务应用？

（2）移动商务模式有哪些主要特点？

（3）移动商务合同的特点有哪些？

（4）认证的概念是什么？移动商务认证机构具有哪些特点？

（5）移动商务能提供哪些信息服务？分析自己作为消费者经常会使用哪些信息服务？

（6）移动搜索业务的模式有哪些？在未来的发展中会有什么样的变化？

（7）在物流配送行业中，常见的移动定位技术有哪些？

（8）移动游戏和传统游戏相比，有哪些特点？

（9）移动音乐服务指的是什么？都包括哪些具体的服务？

（10）移动电视的现状和前景如何？

（11）移动金融服务有哪些？

（12）移动商务在企业中有哪些应用？各类应用对企业的经营分别有哪些作用？

2. 技能训练

以移动游戏为例，分析其应用模式，具体内容可包括该应用模式涉及的核心技术、运营模式（市场范围、价值构成、收入来源、参与者在价值链中的角色）、目前发展和应用状况、未来发展前景等。

项目总结

本项目对移动商务价值链和应用模式进行了阐述，通过本项目的学习和实践，旨在完成对移动商务价值链和应用模式的分析，达到熟悉移动商务价值链的构成和各成员之间的相互关系；了解移动商务价值链各成员之间的利益分配关系、移动商务的主要应用模式的目的。

项目三

移动商务支付

项目目标

（1）知识目标：通过本项目的学习，掌握移动商务支付的基本概念，熟悉移动商务支付的运营模式，了解有关移动商务支付的安全问题及防范技术。

（2）能力目标：能够独立完成指定移动支付产品的申请、充值、查询、消费、转账等业务操作。

项目导入

随着信息技术的不断发展，移动支付已渗透到生活的各个领域，并成为转变社会消费行为的一项重大变革。随着生物识别技术在支付领域的广泛应用，未来移动支付将更加安全、智能。但创新技术带来的安全问题、监管问题也必须引起高度重视，应进一步完善法律法规体系，健全技术风险防范体系，引入监管沙盒模式，提高支付监管水平。

1. 现状与趋势

近年来，随着智能手机的推广和普及，移动支付业务快速发展。艾瑞支付数据显示，2018 年，我国第三方移动支付交易规模达到 190.5 万亿元，同比增速为 58.4%，居全球首位。移动支付产品从传统远程支付、二维码支付、NFC 近场支付发展到刷脸支付、声波支付等。支付方式也形成了店内支付、在线支付、运营商代收费、移动 POS 机支付及电子钱包支付等多元化的格局。人们在日常生活中使用移动支付的习惯已经养成，第三方移动支付渗透率达到较高水平，市场成倍增长的时代结束，正式步入稳步发展阶段。目前，移动支付企业正积极布局海外市场。移动支付未来发展趋势将呈现出如下特点。

（1）移动支付将步入生物识别时代。生物识别技术对金融支付具有快速、安全及身份认证的辅助作用，随着科技的不断进步，人脸、声纹、指纹、掌纹、虹膜等生物识别技术将在金融支付领域普及。同时基于软件的生物识别技术将兴起，软件驱动的面部、语音和行为识别将允许基于云计算的验证被动运行，未来将有更多的智能手机应用这一技术。

（2）支付产品更加安全、智能化。一是随着金融科技与移动支付的加速融合，包含生物特征、多维交叉结合的创新支付认证技术将被广泛应用，进而取代扫码支付，支付技术将更加安全。二是大数据、云计算、区块链等科技手段与移动支付加速结合，移动支付的自主性和便捷性将实现质的飞跃，个性化的移动支付产品和贴心的综合服务能力，会成为商家选择支付服务商的主要考虑因素，支付产品将更加个性化、智能化。

（3）移动支付技术将促进支付大融合。一是支付账户的融合，单卡多账户、多卡多账户给消费者带来不便，智能终端作为各类支付工具的入口，实现了支付账户的融合。二是支付工具的融合，随着移动支付场合持续增长，线上、线下界限将被打破，实现深度融合，消费体验将趋于统一。三是交易信息的融合，传统基于地理位置和产业链的信息割裂现状会被打破，信息及信息通道进一步贯通。

2. 问题与挑战

（1）法律制度体系不健全。移动支付法律法规相对落后，现行对移动支付业务的监管，多依据部门规章和一些规范性文件，行业标准不明确、法律层级较低。监管还存在一些制度空白，相关制度在执行时也有着很大的操作难度，对支付机构约束力不强，消费者权益无法得到有效保障。提高法律层级、增强法律监管效力成为促进移动支付健康发展的迫切诉求。

（2）数据和系统安全风险。一是网络安全，第三方支付服务是以开放的互联网为基础的，在系统运行方面面临着网络硬件安全、网络运行安全等问题。二是资金安全，大量存放于第三方支付平台的沉淀资金，如果缺少有效地管理，则可能存在资金风险，引发支付风险等。三是信息安全，第三方在支付组织掌握大量的客户资料，若管理不当或者被非法个人和组织利用，则容易造成客户资料信息泄露的风险。

（3）支付创新带来监管挑战。一是对货币政策传导机制产生影响，移动支付具有流动性强、交易成本低和交易便捷的特点，对传统货币有替代效应和加速转化效应，对货币政策传导机制和传导效果将产生影响。二是在业务创新发展中，容易出现突破业务边界或监管空白的情况。例如，生物识别等技术在新领域的应用缺乏统一的国家或行业标准，生物特征信息的识别精度、防伪能力等都缺少明确的监管指标。三是反洗钱和反恐融资工作难度加大，通过移动支付的洗钱与恐怖主义融资交易，分布更为广泛的服务器，增加了移动支付的复杂性，给反洗钱和反恐融资监管带来挑战。

3. 思考与建议

（1）完善法律法规体系，细化行业标准。要结合移动支付的发展特点和趋势，构建完善的法律体系，在确定监管主体和监管职责与分工的基础上，明确界定支付参与机构的准入和退出标准、方式，统一移动支付产品标准，规范支付业务行为。进一步健全风险防控，细化风险监控规则，防范操作风险，加大对金融诈骗等移动支付领域高风险事件中消费者的权利保护。

（2）健全技术风险防范体系，强化安全技术监管。银行和运营商应加强联合、提高技术水平、加强技术防范、健全内部管理、避免漏洞产生。提高移动支付 App 上线前的审核标准。鼓励企业加大对 App 软件上线前的安全风险评估力度。加强日常检查，对于不符合标准规范、存在安全隐患的产品，要依照相关法律法规及时整改，创建安全的支付环境。

（3）引入监管沙盒模式，提高移动支付监管水平。建议将监管沙盒模式引入我国移动支付领域，组织移动支付创新主体在适当范围内对产品、服务等进行测试。监管者按照测试结果，对产品、服务进行适当的调整，实现创新技术发展与风险的平衡。监管者要根据经济金融发展实际，及时动态调整货币统计口径，确保真实货币购买力与货币统计口径一致，保证货币政策传导有效，并建立移动支付反洗钱和反恐融资监管框架，加强移动支付交易监测。

项目实施

任务五 移动商务支付

【任务描述】

在实际消费需求的基础上，利用中国移动和包支付，完成申请、充值、查询、消费、转账等业务。

【知识准备】

一、移动商务支付系统

（一）移动商务支付概述

移动金融应用是移动商务应用中最重要的一种，它又包含若干应用，如移动银行、经纪人业务、移动资金转移业务和移动支付业务等。在移动金融应用中，最有前景的移动金融应用模式是移动商务支付业务。

移动商务支付是基于移动通信网络、互联网络及近距离通信技术，通过手机、PDA、掌上电脑等智能移动终端进行的交易、支付和认证等电子商务活动。移动商务支付可以真正使任何人在任何时间、任何地点得到整个商务网络的信息和服务。移动商务支付因其快捷方便、无所不在的特点，已经成为电子商务新方向发展的重要组成部分。

在移动商务支付方式下，使用一部手机就可以方便地完成整个交易，而且在很多情况下可以缩短用户不必要的等待时间，剔除很多无价值和乏味的活动，因此越来越受移动运营商、商品零售商和消费者的青睐。在移动电话普及率较高的欧洲，越来越多的行业已经或者正准备采用手机付款方式。日本早在 2001 年，NTT DoCoMo 公司就和可口可乐公司推出了新一代自动售货机，这种被称为 Cmode（C 模式）的售货机采用无线技术，通过将 Cmode 同 Imode（I 模式）手机相结合，用户不必使用现金，只需利用手机便可购买可口可乐的饮料。在我国，央行即将推出加密电子货币体系，它不仅是现有货币体系下的货币数字化，还是基于互联网新技术推出的全新加密电子货币体系，这无疑是一场我国货币体系的重大变革。

1. 移动支付的工作原理

从移动支付的工作原理来看，移动支付系统主要涉及 3 方面：消费者、商家及无线运营商。移动支付系统大致可分为 3 部分，如图 3-1 所示。

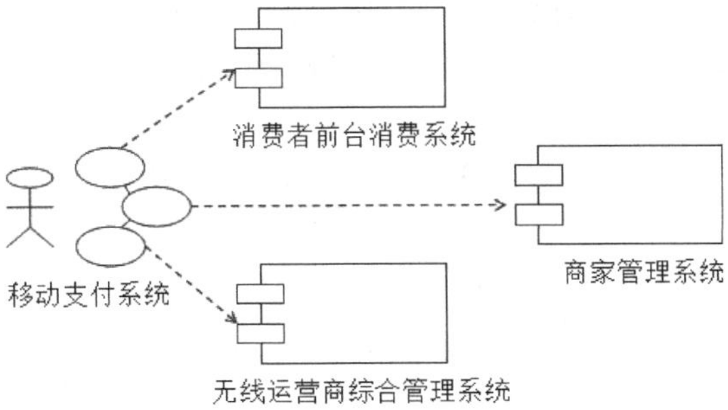

图 3-1　移动支付系统

（1）消费者前台消费系统：保证消费者顺利地购买到所需的产品和服务，并可随时浏览消费明细、余额等信息。

（2）商家管理系统：可以随时查看销售数据及利润分成情况。

（3）无线运营商综合管理系统：是移动支付系统中最复杂的部分，它又包括两个重要的子系统，即鉴权系统与计费系统。无线运营商综合管理系统既要对消费者的权限、账户进行审核，又要对商家提供的服务和产品进行监督，监督其是否符合所在国家的法律规定，此外最重要的是，它为利润分成的最终实现提供了技术保证。

2. *移动支付流程*

消费者从网上商家选择好产品或服务后，发出购买指令，并执行购买操作；商家从无线运营商处取得消费者信息，进行确认；无线运营商代收取费用并告知商家可以交付产品或服务，这就形成了完整的移动支付流程，如图 3-2 所示。

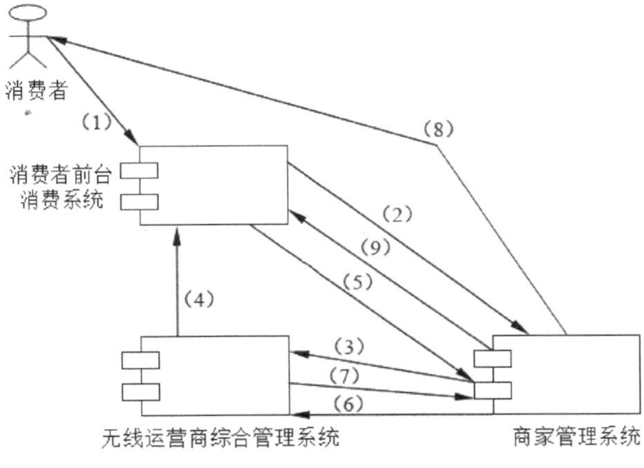

图 3-2　移动支付流程

具体的移动支付流程如下。

（1）消费者通过 Internet 进入消费者前台消费系统选择商品。

（2）消费者前台消费系统将购买指令发送到商家管理系统。

（3）商家管理系统将购买指令发送到无线运营商综合管理系统。

（4）无线运营商综合管理系统将确认购买指令发送到消费者前台消费系统或消费者移

动终端请求确认（如果没有得到确认信息，则拒绝交易，购买过程到此终止）。

（5）消费者通过消费者前台消费系统或移动终端将确认购买指令发送到商家管理系统。

（6）商家管理系统将消费者确认购买指令发送到无线运营商综合管理系统，请求交费操作。

（7）无线运营商综合管理系统交费后，告知商家管理系统可以交付产品或服务，并保留交易记录。

（8）商家管理系统交付产品或服务，并保留交易记录。

（9）商家管理系统将交易明细写入消费者前台消费系统，以便消费者查询。

（二）移动商务支付方式

相对银行信用卡支付，移动商务支付有其显著的特点，主要表现为：移动用户普及速度快、重复率低，及时性、兼容互通性好，支付体系成本和复杂度低，移动运营商机构少，容易协调和实现一体化管理，支付成本低，信用与安全问题不突出。移动商务支付立足小额支付，克服了商业信用体系难以健全和银行卡申请手续烦琐的问题。特别是在小额支付市场，移动商务支付将占据主导地位。随着移动技术的不断更新及移动商务的发展，移动商务支付将成为电子商务的重要支付方式，成为传统信用支付方式的替代或补充。

根据银行业务形式，移动商务支付方式分为以下两种。

（1）移动电子小额支付：费用通过移动终端账单收取，用户在支付其移动终端账单的同时支付这一费用，但这种代收费的方式使电信运营商有超范围经营金融业务之嫌，因此其范围仅限于下载手机铃声等有限业务。

（2）移动电子钱包：费用从用户的银行账户（借记账户）或信用卡账户扣除，在该方式中，移动终端（尤其是手机）只是一个简单的信息通道，用户的银行账户或信用卡账户与其手机号码被绑定在一起。

移动电子钱包的用户若要使用移动商务支付业务，前提须将手机号码与银行卡账户进行捆绑，此后在交易过程中所支付的金额会直接从银行卡账户中扣除，在此前提下，移动商务支付又可以分为下述两种形式。

（1）非面对面支付。通过该方式用户不需要亲临现场就可实现支付交易的需求。用户可使用手机短信、IVR、WAP、K-Java（基于 J2ME 支付平台）、USSD（Unstructured Supplementary Service Data，非结构补充数据业务）等操作方式，完成日常生活中水电煤气、物业管理、交通罚款等公共事业缴费，或者进行彩票购买、手机订票、手机投保等交易。非面对面支付方式不受时间、地点的约束，不需要排队，为用户提供了极大的便利。

（2）面对面支付。类似于人们在商场内的刷卡消费，用户的终端与商家的终端之间采用近距离无线通信方式，用户只需将终端（如手机）靠近商家的终端，再输入密码就可以完成支付。用户可使用 NFC（Near Field Communication，近距离无线传输）、RFID（Radio Frequency IDentification，无线射频识别）等操作方式，完成商场内的购物消费。

二、移动商务支付运营模式

移动商务支付价值链涉及很多方面：标准制定组织、技术平台供应商、网络运营商、金融组织、第三方运营商、终端设备提供商、商品或服务供应商及消费者。移动商务支付的运营模式由移动商务支付价值链中各方的利益分配原则及合作关系决定。成功的移动商务支付解决方案应该充分考虑移动商务支付价值链中的所有环节，进行利益共享和利益平衡。目前移动商务支付的运营模式主要有 4 种：移动运营商运营模式、银行运营模式、第三方运营模式、银行与移动运营商合作运营模式。

1. 移动运营商运营模式

移动运营商运营模式没有金融机构参加，产业链关系比较简单，移动运营商是该产业链中唯一的业务提供者。移动运营商既是移动商务支付业务数据传输网络的提供者，又是移动商务支付账户的管理者。

移动运营商采用两种方式管理移动商务支付账户：一种方式是将移动商务支付款项直接记入电信账单；另一种方式是开设单独的账户，专门结算移动商务支付款项，用户需要事先在账户中存入现金才能使用。

移动运营商的收益主要来自两部分：从商家处获得每笔交易的服务佣金；从消费者处获得的通信费。

移动运营商运营模式的优势是产业链关系简单，移动运营商具有绝对的掌控权。移动运营商运营模式的劣势有 3 项：其一，移动运营商由于缺乏管理和运作金融类业务的经验及处理金融风险的能力，所以支付额度受到极大的限制，只能开展支付额度较小的移动商务支付业务；其二，由于经营金融类业务受到严格的管制，所以移动运营商通常只能经营与移动通信业务相关的支付；其三，移动运营商的资费账单结算周期通常是一个月，这样的结算周期对商家来说过长（传统支付业务金融机构和商家的结算周期通常是一天）。

日本移动运营商 NTT DoCoMo 最初提供的移动商务支付业务就属于移动运营商运营模式。我国一些省份在没有银行的合作下推出的小额支付业务采用的也是移动运营商运营模式。欧洲一些运营商如 Orange、Vodafone、T-mobile 等提供的小额支付业务也属于移动运营商运营模式。

2. 银行运营模式

银行是移动商务支付产业价值链的另外一个核心。银行作为与用户手机号码关联的银行账户的管理者，需要为移动商务支付平台建立一套完整、灵活的安全体系，从而保证用户支付过程的安全通畅。与移动运营商相比，银行不仅拥有以现金、信用卡及支票为基础的支付系统，还拥有个人用户、商家资源。

银行也可以借助移动运营商的通信网络，独立提供移动商务支付服务。银行在个人账户管理和支付领域有足够的经验，加之庞大的支付用户群及其对银行的信任，使移动运营商不必参与运营和管理，由银行独立享有移动商务支付的用户，并对他们负责。

银行运营模式产生的费用主要有 3 部分：一是数据流量费用，由移动运营商收取；二是账户业务费用，由银行收取；三是支付业务服务费用，由银行、运营商、支付平台分成。银行运营模式的缺点是各个银行只可以为本行的用户提供手机银行服务，不同银行之间不能互通；特定的手机终端和 STK 卡换置也会造成用户成本的上升。

3. 第三方运营模式

第三方支付是具备一定实力和信誉保障的独立机构，采用与各大银行签约的方式，提供与银行支付结算系统接口的交易支持平台的网络支付模式。在第三方运营模式中，消费者在选购商品后，使用第三方平台提供的账户进行货款支付，并由第三方通知商家货款到账、要求发货；消费者在收到货物，并检验商品进行确认后，通知第三方付款给商家，第三方再将款项转至商家账户。

在第三方支付交易流程中，商家看不到消费者的信用卡信息，避免了信用卡信息在网络上多次公开传输导致的信用卡信息被窃。以 B2C 交易为例，其交易流程大致如下：①消费者在电子商务网站上选购商品，最后决定购买，买卖双方在网上达成交易意向；②消费者选择利用第三方作为交易中介，消费者用信用卡将货款划到第三方账户；③第三方将消费者已经付款的消息通知商家，并要求商家在规定时间内发货；④商家收到通知后按照订单发货；⑤消费者收到货物并验证后通知第三方；⑥第三方将其账户上的货款划入商家账户，交易完成。

可以看到，第三方支付具有如下显著特点。

第一，第三方支付平台提供一系列的应用接口程序，将多种银行卡支付方式整合到一个界面上，负责在交易结算中与银行的对接，使网上购物更加快捷、便利。消费者和商家不需要在不同的银行开设不同的账户，可以帮助消费者降低网上购物成本，帮助商家降低运营成本；同时，还可以帮助银行节省网关开发费用，并为银行带来一定的潜在利润。

第二，较之 SSL（Secure Sockets Layer，安全套接层）、SET（Secure Electronic Transaction，安全电子交易）等支付协议，利用第三方支付平台进行支付操作更加简单且易于接受。在 SSL 中，需要验证商家的身份；在 SET 中，各方的身份都需要通过 CA 进行认证，程序复杂、手续繁多、速度慢且实现成本高。有了第三方支付平台，商家和消费者之间的交涉由第三方来完成，网上交易变得更加简单。

第三，第三方支付平台依附于大型的门户网站，且将与其合作的银行信用作为信用依托，因此第三方支付平台能够较好地突破网上交易中的信用问题，有利于推动移动商务的快速发展。

在移动商务支付流程中，第三方支付提供了支付结算服务。独立的第三方支付提供商具有整合移动运营商和银行等各方面资源并协调各方面关系的能力，能为手机用户提供丰富的手机支付业务，吸引用户为应用支付各种费用。这种建立在产业链利益均衡基础上的第三方支付提供商，市场反应更为灵敏。此外，为使用户放心使用虚拟支付，第三方支付提供商会不断改善支付平台的技术和管理，把欺诈或篡改的概率降到最低。

第三方移动支付在实现支付结算服务的整个交易过程中的地位，主要体现在以下几方面：①具有交易过程的中介服务作用；②具有资金转移安排的信用担保地位；③具有资金和货物安全的风险防范保证机制；④具有提供方便、快捷通道服务的性质。

4. 银行与移动运营商合作运营模式

在银行与移动运营商合作运营模式中，银行和移动运营商发挥各自的优势，在移动支付技术安全和信用管理领域强强联手，该运营模式在现实中较为普遍。

银行与移动运营商合作运营模式的特点是：移动运营商与银行关注各自的核心产品，形成一种战略联盟关系，共同控制整条产业链；双方在信息安全、产品开发和资源共享方面的合作更加紧密；移动运营商需要与各银行合作，或与银行合作组织建立联盟关系。

三、移动商务支付安全与防范

移动商务支付在实际运作过程中面临着非常复杂的环境，它不仅同普通的电子商务安全体系一样存在被外部恶意攻击的可能，还由于移动商务支付的参与者存在着种种利益方面的冲突，一些不诚实的参与者也有向系统发起攻击的可能，同时，加上网络带宽不足、终端计算能力相对较弱等因素为安全的移动商务支付系统的设计和实施带来了相当大的困难。移动商务支付系统的主要安全问题包括以下几方面。

（1）移动商务支付信息的机密性。商家向移动商务支付平台传递的产品信息、消费者付费的账户信息，以及在移动商务支付平台上传输的机密信息，都有可能在网络上传送或存储的过程中被他人窃取、泄露或披露给未经授权的人或组织，造成消费者的损失。不安全的移动终端也有可能使个人账号、密码等敏感信息受到病毒、木马程序的攻击，威胁消费者银行账户的安全。

（2）移动商务支付信息的完整性。敏感机密信息及买卖双方与移动商务支付平台之间的数据可能被未授权者修改、嵌入、删除、重复传送，或其他原因使原始数据被更改。如果没有一种让持卡人认可的措施来确保支付过程的安全，那么将在很大程度上影响用户选用移动商务支付的信心和积极性。

（3）移动商务支付中多方身份的认证性。移动商务支付是在各方互不见面的情况下，使用移动终端通过移动通信网进行的交易。用户与服务提供商之间不存在固定的物理连接，很难确认彼此的合法身份、建立信任关系、保证支付全过程的安全。

（4）移动商务支付的不可否认性。与传统商务活动相比，移动商务支付是无纸化支付，支付行为难以留下凭证，不便于对支付过程进行记录、分析、管理和追踪。对于信息发布、支付谈判、支付合同签署等关键交易步骤，一旦有一方予以否认，那么另一方将没有已签名的记录作为仲裁的依据。并且即使进入法律程序，由于缺乏配套的法律法规的支持，诉讼请求得不到合理的支持。

（5）移动商务支付服务的不可拒绝性。由于移动商务支付网络中存在拥塞、单点失效、效率和服务质量不高的问题，所以无法保证授权用户在正常访问信息和资源时不被拒绝，也就无法保证为用户提供稳定的服务。

在整个移动商务支付过程中涉及的参与者包括消费用户、商户用户、移动运营商、第三方服务提供商、银行。消费用户和商户用户是系统的服务对象，移动运营商提供网络支持，第三方服务提供商提供支付平台服务，银行提供银行相关服务，通过各方的结合实现移动商务支付业务。移动商务支付需要考虑以下安全问题：①移动终端接入支付平台的安全，包括用户在注册时签约信息的安全传递，以及用户在通过移动终端登录系统时，其间传递的数据（如签约用户名、签约密码等）的安全性；②支付平台内部数据传输的安全性，即支付平台内部各模块之间数据传输的安全性；③支付平台数据存储的安全性，涉及签约用户机密性的银行卡账户、密码、签约用户名、签约密码等的安全性。

（一）安全技术与标准

移动商务支付系统按照交易金额的大小分为宏支付和微支付。在微支付系统中，交易费是从用户的话单中扣除的，不涉及银行；而在宏支付系统中，用户在购物时，银行是直接参与者之一，交易费是从与用户手持终端绑定的银行账户中扣除的。由于数额较大，所以宏支付对安全性的要求较高。

1. 安全技术

移动商务支付涉及的安全技术有以下内容。

1）防火墙技术

防火墙就是在网络边界上建立相应的网络通信监控系统，是用来保障计算机网络的安全的。防火墙是一种控制技术，既可以是一种软件产品，又可以被制作或嵌入某种硬件产品。所有来自 Internet 的传输信息或发出的信息都必须经过防火墙。因此，防火墙就起到了保护诸如电子邮件、文件传输、远程登录、在特定的系统间进行信息交换等安全的作用。防火墙虽然能对外部网络的攻击实施有效防护，但对网络内部信息传输的安全却无能为力。实现防火墙技术的主要途径有分组过滤和代理服务两种。

（1）分组过滤是一种基于路由器的防火墙，它是在网间的路由器中按网络安全策略设置一张访问表（或黑名单），即借助数据分组中的 IP 地址确定什么类型的信息允许通过防火墙，什么类型的信息不允许通过防火墙。防火墙的职责就是根据访问表（或黑名单）对进出路由器的分组进行检查和过滤。这种防火墙简单易行，但不能完全有效地防范非法攻击。目前，80%的防火墙采用的是这种技术。

（2）代理服务是一种基于代理服务的防火墙，它的安全性高，增加了身份认证与审计跟踪功能，但速度较慢。审计跟踪是对网络系统资源的使用情况提供一个完备的记录，以便对网络进行完全监督和控制。通过不断收集与积累有关出入网络的完全事件记录，并有选择地对其中一些记录进行审计跟踪，来发现可能的非法行为并提供有力的证据，然后以秘密的方式向网上的防火墙发出有关信息（如黑名单等）。

2）数据加密技术

在电子商务中，数据加密技术是其他安全技术的基础，也是最主要的安全措施，贸易方可根据需要在信息交换的阶段使用。目前，数据加密技术分为两类，即对称加密和非对称加密。

（1）对称加密又称为私钥加密。发送方用密钥加密明文，然后传送给接收方，接收方用同一密钥解密，其特点是加密和解密使用的是同一把密钥。使用对称加密方法将简化加密的处理过程，每个贸易方都不必彼此研究和交换专用的加密算法，而是采用相同的加密算法，并只交换共享的专用密钥。比较著名的对称加密算法是美国国家标准学会提出的 DES（Data Encryption Standard，数据加密标准）。对称加密存在的一个问题是无法鉴别信息发送方或信息接收方。因为双方共享同一把专用密钥，双方的任何信息都是通过这把密钥加密后传送给对方的。

（2）非对称加密又称为公钥加密。非对称加密是在对数据进行加解密时，使用不同的密钥，通信双方各有两把密钥，即一把公钥和一把私钥。公钥对外界公开，私钥自己保管，用公钥加密的数据，只能用对应的私钥解密，同样，用私钥加密的数据只能用对应的公钥解密。RSA 密码体制是非对称加密领域内最为著名的算法，该密码体制实现机密信息交换的基本过程是：甲方生成一对密钥，并将其中的一把作为公钥向其他人公开，得到该公钥的乙方使用其对机密信息进行加密后再发送给甲方；甲方用自己保存的私钥对加密后的信息进行解密。甲方只能用其私钥解密由其公钥加密后的信息。

为了充分发挥对称加密体制和非对称加密体制各自的优点，在实际应用中通常将这两种加密体制结合在一起使用。例如，利用 DES 来加密信息，而采用 RSA 密码体制来传递对称加密体制中的密钥。

3）数字签名技术

仅有加密技术还不足以保证支付信息传递的安全，在确保信息完整性方面，数字签名技术占据着不可替代的位置。目前数字签名的应用主要有数字摘要、数字签名和数字时间戳技术。

（1）数字摘要是对一条原始信息进行单向哈希（Hash）函数变换运算得到的一个长度

一定的摘要信息。该摘要信息与原始信息一一对应，即不同的原始信息必然得到一个不同的摘要信息。若信息的完整性遭到破坏，那么信息就无法通过摘要信息的验证，从而成为无效信息，信息接收方便可以选择不再信任该信息。

（2）数字签名实际上是运用非对称加密体制使信息具有不可否认性，其具体过程为：文件的发送方从文件中生成一个数字摘要，用自己的私钥对这个数字摘要进行加密，从而形成数字签名；这个被加密的数字签名文件作为附件和原始文件一起发送给接收方；接收方收到信息后就用发送方的公钥对数字摘要进行解密，如果解出了正确的数字摘要，即该数字摘要可以确认原始文件没有被更改，则说明这个信息确实是发送方发出的。因此，数字签名实现了对原始文件的鉴别和不可否认性。

（3）数字时间戳（Digital Time Stamp，DTS）技术是对数字文件或交易信息进行日期签署的一项第三方服务。数字时间戳技术本质上与数字签名技术如出一辙。加盖数字时间戳后的信息不能进行伪造、篡改和否认，为信息提供了可靠的时间信息以备查用。

概括来说，移动商务支付的安全需要依靠三方面的支持：一是信息技术方面的措施，如防火墙、网络防毒、信息加密、身份认证、授权等；二是信息安全管理制度的保障；三是社会的法律政策的保障。只有三管齐下，才能最终保证移动商务支付的安全。

2. 安全标准

当前，移动设备的大量普及为移动商务支付的实现提供了必要的条件，但仍存在许多问题制约着移动商务支付的实施，如移动终端的计算环境和通信环境非常有限，这就需要对相应的安全认证做一些特殊要求。

WPKI（Wireless PKI，无线公司基础设施）是有线 PKI 的一种扩展，它将互联网电子商务中 PKI 的安全机制引入移动商务。WPKI 采用公钥基础设施、证书管理策略、软件和硬件等技术，有效地建立了安全和值得信赖的无线网络通信环境。WPKI 以 WAP 的安全机制为基础，通过管理实体间关系、密钥和证书来增强电子商务的安全。WAP 安全机制包括 WIM（WAP Identity Module，无线应用协议识别模块）、WML Script 协议、WTLS（Wireless Transport Layer Security，无线传输安全层协议）和 WPKI 共 4 部分。这 4 部分对实现无线网络应用的安全分别起着不同的作用。WPKI 作为安全基础设施平台，一切基于身份验证的应用都需要 WPKI 技术的支持，它可与 WTLS、TCP/IP 相结合，实现身份认证、私钥签名等功能。WPKI 的主要组件包括终端实体应用程序（End-Entity Application，EE）、PKI 门户（PKI Portal）、认证机构（Certification Authority，CA）、目录服务（PKI Directory）、WAP 网关，在应用模型中还涉及数据提供服务器等设备。

在 WPKI 中，代替 RA（Registration Authority，注册机构）的功能组件是 PKI 门户，它是一个网络服务器，负责把 WAP 客户的需求转发给 PKI 中的 RA 和 CA。CA 主要负责生成证书、颁发证书和刷新证书等。WAP 网关负责处理客户与源服务器之间的协议转换工作。WTLS 是经传统网络的 TLS 改进和优化而得来的，保证了传输层的安全。WPKI 是对 IETF PKIX 标准的优化，更适合无线环境。

与 WAP 安全标准相比，WPKI 采用的 ECC（Elliptic Curve Cryptosystem，椭圆曲线密码体制）更适合在无线设备中使用。同样强度的密钥，ECC 的密钥长度（163bit）约是其他方案密钥长度（1024bit）的 1/6，但 163bit 的密钥长度对穷举密钥攻击几乎是绝对安全的，因为穷举 163bit 的密钥个数有 1.156×10^{49} 个，按每秒钟测试 1 亿个密钥来计算，穷举密钥攻击也要 3.6×10^{32} 年。

与 RSA 密码体制相比，ECC 具有以下优点：①安全性能更高，如 160bit ECC 与 1024bit RSA 密码体制及 DSA 有相同的安全强度；②计算量小，处理速度快：在私钥的处理速度上（解密和签名），ECC 远比 RSA 密码体制与 DSA 快得多；③存储空间占用小，ECC 的密钥尺寸和系统参数与 RSA 密码体制、DSA 相比要小得多，因此占用的存储空间小得多；④带宽要求低。ECC 的这些特点使它必将取代 RSA 密码体制，成为通用的非对称加密算法。SET 协议的制定者已把它作为下一代 SET 协议中默认的非对称加密算法。

（二）移动商务支付的风险防范

移动商务支付潜在的风险包括三方面，即技术风险、法律风险和信誉风险，其中最大的风险是技术风险。客户在交易过程中，银行会采用多种方式有效地保障客户的资金安全：一是手机银行的信息传输、处理采用高强度的加密传输方式，实现移动通信公司与银行之间的数据安全传输和处理，防止数据被窃取或破坏；二是手机银行对客户对外转账的金额有严格限制；三是将客户指定的手机号码与银行账户绑定，并设置专用支付密码。

为了防范移动商务支付的潜在风险，必须建立完善的技术安全机制。

（1）移动终端的安全。

针对移动终端有可能受到的安全威胁，开发商开发的移动终端应用程序首先要提交给运营商指定的代理商进行数字签名，然后提交给应用下载服务器，使用户在此下载的软件包是经过数字签名的，保证软件包在存储和传输过程中不会被更改。开发商可以指定软件包中二进制执行文件等关键数据文件不可更改，否则将无法启动软件，从而防止了文件被外部改动而带来的风险。软件被下载到手机后，会生成一个与卡号相关的签名文件，在每次启动程序时，首先要检查当前卡号与签名文件授权的卡号是否一致，只有一致才能正常启动程序。

（2）用户与 SP（Service Provider，服务提供商）平台之间的安全通信。

用户登录 SP 平台，处理余额查询、转账、支付等业务。在这个过程当中需要用户输入用户的卡号和密码等关键信息，要保证这些信息不被窃听和篡改，可以让 SP 平台配置 CFCA（中国金融认证中心）签发的服务器证书，移动终端程序中包括 CFCA 的根证书。用户和 SP 平台之间采用 HTTPS 协议，手机端通过证书对服务器端进行身份认证。在传输过程中使用 HTTPS 协议进行加密传输，保证数据不会被窃听和篡改。

（3）用户与银行系统之间的安全通信。

用户与银行系统之间并不建立直接的数据连接，但是在用户与银行系统之间要保证用户密码是端到端安全的。中间的 SP 平台不能得到用户的密码明文信息。

【任务实施】

（1）申请开通中国移动和包支付。

（2）在中国移动和包支付充值。

（3）在支持中国移动和包支付的网站上购物。

（4）使用中国移动和包支付完成货款支付。

【任务拓展】

一、典型的移动商务支付系统

1. NTT DoCoMo 的移动商务支付业务

日本移动通信企业 NTT DoCoMo 是移动商务支付业务开展得较好的运营商之一，采用的技术是日本索尼公司研发的 FeliCa IC 智能芯片，属于 NFC 技术的一种应用。NTT DoCoMo 之所以能够大获成功，原因主要有以下几点。

首先，选择了在日本已有广泛基础的 FeliCa IC 技术作为移动商务支付技术，保证了适用范围足够广泛。

其次，三井住友银行和 NTT DoCoMo 联合推出的 ID 借记卡业务使得 NTT DoCoMo 的移动商务支付业务突破了小额支付的界限。DCMX 信用卡业务使 NTT DoCoMo 的移动商务支付业务渗透到消费信贷领域。此外，日本公交系统和自动零售机系统也能兼容 NTT DoCoMo 的移动商务支付业务的手机钱包功能。真正实现了将不同业务有机地结合在一起。

最后，出于安全性上的考虑，NTT DoCoMo 还规定，消费额超过预存款和 DCMX 信用卡业务每笔消费超过 1 万日元都需要输入 4 位验证密码。用户可以通过已注册电话或者公用电话告知 NTT DoCoMo 锁定移动商务支付业务；针对 DCMX 信用卡业务推出的定制手机中有指纹和面部识别功能，使安全性更高一层。

由此可见，日本的移动商务支付很好地满足了安全、便捷、多功能、适用范围广的要求，因此其能够如此蓬勃地发展。

2. Moneta 移动商务支付业务

早在 2001 年，韩国运营商 SK 就推出了名为 Moneta 的移动商务支付业务品牌。起初，Moneta 只是一种有“理财帮手”之称的多功能卡，后来通过与 VISA 等信用卡机构合作，实现了凡持有 Moneta 多功能卡的用户均可轻松使用信用卡、公交卡等支付功能。智能手机普及后，SK 将 Moneta 业务移植到了手机上。发展至今，韩国的移动支付业务也已经非常成功了。

申请了 Moneta 业务的移动用户可以获得具有信用卡功能的手机智能卡。移动用户只要将具有信用卡功能的手机智能卡安装到手机上，就可以在商场用手机进行结算，在内置红外线端口的 ATM 上提取现金、在自动售货机上买饮料，还可以用手机支付地铁等交通费用，在韩国有几万家餐馆和商店拥有能从手机通过红外线读取信用卡信息的终端，使顾客能够通过手机进行消费，适用性足够广，同时支持多种不同的支付手段。

韩国每个月有超过 30 万人在购买新手机时，都会选择具备特殊记忆卡的插槽，用以储存银行交易资料，并进行交易时的信息加密，能够满足移动支付的安全性需求。

3. Google Wallet（谷歌钱包）

Google Wallet 是一种软硬件结合的移动支付技术，依托 Google Wallet 软件和手机上安装的 NFC 硬件，与其他技术方案相比，它有不少优越之处。

Google 与大量商户合作，Google Wallet 服务已经涵盖了 30 万个万事达卡的购物点，Google 还宣布得到了 Visa payWave 的全球授权，全球发行 Visa 卡的银行都将支持账户持有者将自己的信用卡、借记卡和预付费账户整合到 Google Wallet 移动支付服务中。这些举措使得 Google Wallet 的适用范围增大。NFC 技术在美国本身使用也非常广泛，有利于用户平滑迁移。此外，Google Wallet 开放 API 使第三方开发者能够在其之上定制自己的支付程序：超市可以向用户提供基于 Google Wallet 的储值卡，公司可以向员工发放基于 Google Wallet 的门禁身份识别卡，餐厅可以向顾客提供基于 Google Wallet 的优惠券等。但遗憾的是，目前支持 Google Wallet 的设备在市场上仅有一款，因此可以使用此服务的用户非常有限，相信将来这个现象会有所改善。

在安全性与便捷性方面，Google 也找到了一个平衡点。对于储值卡、优惠卡或会员卡，用户只需从程序中将其选中，并在屏幕开启的情况下接触读卡器即可完成支付或验证；而对于用户的银行卡等限额较大的支付操作，则需要输入 4 位数的安全码。此外，程序和设备本身也可以通过采取各种安全措施阻止非法使用，基于 NFC 技术的硬件安全保护和独立的硬件数据存储芯片更是较其他软件方案有更多的优势。在监管方面，Google Wallet 也有很好的突破，由于基于 Android 的设备通常具有网络功能，所以用户可远程锁定设备，清除设备上的所有数据，当然也可以选择直接拨打银行电话取消信用卡。

为了能让用户在使用支付业务时有更多的选择，并尽可能多的替代现有的支付方案，Google 现在已经支持花旗银行的信用卡和 Google 预付费卡，开放的 API 还将为用户带来更多的业务，Google 更是在自己的官方主页上宣称“未来你唯一需要携带的塑料片就是你的手机”。

4. PayPal

PayPal 不仅宣布在未来将支持像 Google 一样的 NFC 支付方式，还推出了一种软件的解决方案，用户只需在手机上点击就可以向另一个账户付款，也可以向其他账户收款，并支持分摊付费、集资等交易方式。但目前 PayPal 的支付方式的缺点十分明显，它无法向支付方提供付费人的身份识别信息，一切都要手动输入，人工确认。因此无法使用 PayPal 付公交车费，也无法用它在超市买单，因为没人愿意在这些地方输入自己的 PayPal 账号，更没有商家愿意主动索取。此外，出于安全性要求，支付数据也存放在远端服务器内，所以它还需要联网。中国银联推出的手机支付软件与之类似。

2012 年 3 月，PayPal 推出了 PayPal Here 服务，这是一款全球移动解决方案，帮助小型企业通过使用免费的移动应用程序和一个全加密的微型读卡器接受多种形式的付款。PayPal Here 服务可以帮助任何 iPhone 或 Android 智能手机用户接受信用卡、借记卡和 PayPal 付款，且将款项实时转入其 PayPal 账户。

商户不需要履行烦琐耗时的手续开设企业账户，他们只需注册一个 PayPal 账户，在智能手机上下载 PayPal Here 商户应用程序，对 PayPal Here 读卡器发出接受付款指令即可。商户可以接受多种方式的付款，包括读卡器刷卡、手机摄像头扫描卡片、手动输入卡片信息及 PayPal 付款。商户还能够直接从应用程序发送发票并设定支付条件。读卡器在刷卡时会对卡内信息加密。

5. Bump

Bump 是由 Bump 科技公司为苹果 iOS 和谷歌 Android 操作系统研发的应用程序。Bump 可以让用户手机间发送联系信息、照片和其他信息。在碰撞手机之前每位用户选择他们希望互相发送给对方的信息。在使用该应用时，两位用户将他们的手机相互碰撞，然后等待 5～10s，在双方手机屏幕上会显示他们允许相互希望传递的信息。当两位用户碰撞他们的手机时，数据会自动经网络服务器传送到各自手机上，这样可以帮助检测任何使用该项应用的两个手机之间的相互碰撞。Bump 的服务器会根据设备间撞击的时间、地理位置、IP 地址等数据来识别身份，通过撞击的时间来判断哪两台设备需要连接。

Bump 在意识到了自己得天独厚的优势（实现近距离通信而无须增加设备）后，公开了 API，从而成立了一个新的生态圈。2011 年 5 月，ING Direct 上线，这是一个由美国最大的网上银行——ING Direct 银行开发的 App。因为利用了 Bump 的技术，所以 ING Direct 除了能查看用户的账户信息，还能实现设备间的快速转账，即近距离支付。

Bump 的优势是显而易见的，它不需要增加任何设备，不过它对网络连接和手机传感器准确性的依赖较大，且在安全性上还有待考证。

6. Square

2011 年 5 月，美国移动支付科技公司 Square 发布了自己的新支付软件，利用 iOS5 的“Geo-fence”技术，用户在支持 Square 支付的零售店挑选想要的东西后，只需向商家提供姓名即可实现付款。Square 的工作原理如下：根据地理位置信息，向附近的零售店提供访问用户账户信息的权限，在用户说出姓名买单时，店员就能够通过姓名检索到用户的账户，并向其收费，用户随后会收到确认请求，点击“完成”按钮即可完成付费。显然该方案对网络的依赖较大，且便捷性不如 Google Wallet 的 NFC 技术方案。

此外，Square 还有另一种增加硬件的支付方案，这种方案需要为设备增加一个可以使用手机耳机插孔连接的专用读卡器，这个读卡器把信用卡磁条的信息转换成音频，然后 iPhone、Android 的 Square 应用会把音频再转换成数字信息，并把这些付款信息用加密的方式传输到服务器端，服务器端随后返回刷卡是否成功的信息。这种读卡器主要是提供给不愿意增加 POS 机的小型商户，以增加支付途径，但本质上并不能让用户的支付行为更便捷。

7. 支付宝

支付宝手机用户端是一个安装在手机操作系统上的软件，用户可通过它用手机登录支付宝就可以使用，不需要用户增加任何硬件设备。和 PayPal 类似的是，支付宝也支持点到点的交易服务，此外还增加了非常有中国特色的彩票购买，手机充值，缴纳水费、电费、燃气费、固话/宽带费，购买游戏点卡等功能。作为解决即时交易的一种尝试，支付宝还支持扫描用户手机上的条形码或二维码发起收银或支付。支付宝也是依赖网络的，所有数据都放在远程服务器中。

二、案例阅读——刷脸支付：人工智能落地金融领域

移动支付在过去几年发展快速，支付方式也多种多样，如 NFC 支付、二维码支付、指纹支付等。人脸识别技术的成熟和人们对支付便捷安全性需求的提升，使得刷脸支付出现在大众视野。刷脸支付，即基于人脸识别技术的新型支付方式，其将用户面部信息与支付系统相关联，通过拍照把获取的图像信息与数据库中事先采集的存储信息进行比对来完成认证。国外刷脸支付相对国内出现较早。

2013 年 7 月，芬兰公司 Uniqul 推出了全球首个基于面部识别技术的刷脸支付系统。消费者通过系统注册，将自己的面部信息与支付系统相关联，然后借助该系统进行结账。消费者需要在结账时面对收银台 POS 机屏幕上的摄像头，由系统自动拍照，扫描消费者面部，

再把图像与数据库中的存储信息进行对比。等身份信息显示出来后，消费者点击显示屏上的“OK”按钮确认即可完成支付。

国内大众对刷脸支付最早的广泛认知始于马云在 2015 年向德国总理默克尔展示刷脸支付。目前，我国刷脸支付还没有大规模落地，但刷脸登录和刷脸取款已经开始应用。

很多人对刷脸支付持有不同的意见，有的人比较期待刷脸支付的到来，而有的人则担心刷脸支付是否足够安全。亿欧智库研究认为，刷脸支付确实可以使支付更便捷、安全，但是其落地仍然面临着许多挑战。刷脸支付作为一种新兴的支付方式，涉及诸多法律问题，从支付安全到个人信息安全，这一切都需要制定一整套严谨的规则来保障用户的信息安全和资金安全。同时，支付隶属金融领域，刷脸支付的应用还需要得到金融监管部门的认证，同时需要各金融机构合作整合资源推出市场可接受的产品和业务模式。

按照目前的移动支付流程来看，刷脸支付的流程可分为刷脸确认、账户确认、输入密码和完成支付 4 步，其中输入密码可能会像支付宝目前的应用一样，消费者可以选择在一定的额度内免密支付，如果担心安全问题仍然可以选择输入密码支付。刷脸其实替代了刷卡和扫描二维码的过程。

刷脸支付之所以成为可能，主要是人脸识别技术提供了技术支撑。人脸识别技术是作为生物特征识别领域中一种基于生理特征的识别，是通过计算机提取人脸特征，并根据这些特征进行身份验证的一种技术。

人脸识别技术发展历史悠久，1964 年就已经出现，经历了机器识别、半自动化、非接触式和智能识别 4 个阶段。智能识别出现之前，人脸识别技术的识别率低于 74%，并未得到大规模应用。而目前人脸识别系统最高的识别率可以达到 99%以上，人脸识别系统的检测精度已经超过了人眼。

目前智能识别阶段的人脸识别主要包括人脸检测、人脸特征提取和人脸匹配 3 部分。人脸检测，主要是确定检测到的是人，进而确定人脸的大小、位置等信息；人脸特征提取，是指通过精确定位面部关键区域的位置，进行特征点抓取；人脸匹配，即判定人脸是不是数据库中存在的，然后在数据库中找到匹配度最高的人脸。

三、思考与练习

1. 思考题

（1）什么是移动商务支付？移动商务支付方式有哪些？

（2）什么是移动商务支付系统？移动商务支付系统分类有哪些？

（3）移动商务支付安全性有哪些特点？移动商务支付安全技术与标准有哪些？

（4）移动商务支付的安全机制有哪些？如何做好移动商务支付的风险防范？

2. 技能训练

根据自己的实际情况，选定银行和移动运营商，开通手机银行，并利用手机银行完成消费支付业务。

项目总结

本项目介绍了移动商务支付的概念和典型的移动商务支付系统，阐述了移动商务支付的运营模式，包括移动运营商运营模式、银行运营模式、第三方运营模式、银行与移动运营商合作运营模式，探讨了移动商务支付安全与风险防范，涉及安全技术标准、安全认证及移动商务支付的风险防范。通过本项目的学习和实践，旨在掌握移动商务支付的基本概念，熟悉移动商务支付的运营模式，了解有关移动商务支付的安全问题及防范技术；完成移动支付产品的申请、充值、查询、消费、转账等业务操作。

项目四

移动商务整合

项目目标

（1）知识目标：通过本项目的学习，能对移动商务整合有比较全面的了解。

（2）能力目标：能够对移动商务与基于 PC 的系统、资源整合的方案进行初步设计。

项目导入

对于企业信息化建设来说，系统整合是一个十分重要的课题。在中间件技术及全球移动商务快速发展的推动下，ERP（企业资源计划）系统也已经开始脱离传统的桌面束缚，正式向移动商务平台进军。这两个系统应用整合在一起，可带来随时随地审批 ERP 系统中的单据、查询物料库存、以图形化界面呈现 ERP 系统、实时警报 4 大益处。

1. 随时随地审批 ERP 系统中的单据

在传统 ERP 系统应用中，经常会出现由于人不在计算机前、入库单没有及时审核而导致物料发不出去的情况，这是传统 ERP 系统存在的一个弊端。

随着移动商务技术的发展，通过移动商务平台，能够很好地解决这个问题。如果用户可以通过手机等移动平台来审核 ERP 系统中的单据，无疑可以摆脱计算机与网线的束缚，让用户随时随地都可以进行单据的审批。

其实，从技术上讲，这两者结合的难度并不是很大。例如，单据的创建者要将某个单据送交审批，可以发出一个审批请求。此时如果与移动商务平台结合，系统就可以发送一条消息给审批者。审批者觉得没有问题，就可以回复一条信息，如回复 1 表示同意或者回复 2 表示不同意，等等。系统在收到信息之后，就会采取相应的操作，如审核或者拒绝操作。

2. 查询物料库存

移动商务与 ERP 系统进行有机整合之后，就可以在移动商务平台上，通过输入物料代码及命令参数，从 ERP 系统中查询相关的结果。这些查询功能，对于出差在外的用户非常有效。例如，企业的一些销售人员，在客户那边拜访，如果客户提出需要采购某个物料，并询问交货时间，销售人员就可以现场查询物料库存，如果有库存，并且这个库存没有被其他客户占用，就可以现场表态，可以马上交货。这对于提高客户的满意度是很有帮助的。

3. 以图形化界面呈现 ERP 系统

如果要用到一些比较复杂的功能，则只能通过导航菜单，进行多次交互才能得到正确的结果。用户可以在手机平台上，通过网络，以图形化的界面来访问 ERP 系统。在实际中，图形化界面往往比较复杂，会产生较大的数据流量，从而带来通信费用上的负担。

在实际项目中，一般都会给移动商务平台专门设置一个客户端。在这个客户端的设计中，会尽量将一些图片简化。然后会将相关的图片保存在手机等移动平台的客户端，使用户不必每次访问系统，都从网络上下载图片。这不仅可以减少流量，还可以提高访问的速度。同时，采用专业的客户端之后，安全性也会有很大的提高。

4. 实时警报

在实际工作中，警报对于用户来说，是很重要的。例如，无法按时向客户交货、客户延迟付款、新订单的录入等，都需要有及时的提醒。但由于终端的限制，用户可能无法及时收到相关的信息。如果能够将移动商务平台与 ERP 系统整合，那么用户无论在什么地方，都可以准时收到相关的信息。

项目实施

任务六 移动商务资源整合

【任务描述】

根据自身实际情况，选定某企业的 ERP 系统，设计 ERP 系统与移动商务进行整合的方案。

【知识准备】

一、基础整合

（一）固网资源和移动资源的整合

随着移动通信业务的快速扩张，固网业务的萎缩态势十分明显，在我国的电话用户中，移动用户已经远远超过了固定电话用户，中国移动不仅拥有了世界级别的网络规模，还拥有令所有通信业同行羡慕不已的庞大客户群体。在移动通信的替代效应下，固网业务无论是用户数量还是业务收入和利润都在不断下降。

在设备制造商眼中，固网终端利润微薄、市场暗淡；在运营商眼中，固网业务价值提升缓慢，增量不增收；在用户眼中，固定电话远没有手机智能、便利。三大运营商公布的 2018 年业绩公告显示如下。

2018 年中国移动营运收入为 7368 亿元，增长 1.8%。其中，通信服务收入为 6709 亿元，增长 3.7%；EBITDA（Earnings Before Interest, Taxes, Depreciation and Amortization，税息折旧及摊销前利润）为 2755 亿元，增长 1.9%；股东应占利润为 1178 亿元，增长 3.1%。移动电话客户总数为 9.25 亿户，净增 3787 万户；有线宽带客户总数为 1.57 亿户，净增 4400 万户。

2018 年中国电信营运收入为 3771.2 亿元；净利润 212.1 亿元，同比增长 13.9%。其中，服务收入达到了 3504 亿元，同比增长 5.9%；新兴业务收入占服务收入的比例为 51.9%，收入结构持续优化。中国电信移动服务收入达到了 1677 亿元，同比增长 9.1%。固网服务收入达到了 1827 亿元，同比增长 3.1%。

2018 年中国联通营运收入为 2908.77 亿元，同比增长 5.84%；其中，服务收入为 2636.8 亿元，同比增长 5.9%。公司权益持有者应占盈利达到了 101.97 亿元，同比增长 457.82%。

由于移动业务对固定业务的替代作用，世界范围内的固网电信企业都面临着固话业务收入增长缓慢甚至不断萎缩的难题，固网和移动网的融合成为电信领域全球性的趋势。专家指出，固网有其自身的优势，移动网也有弱点，二者在一定程度上可以互相补充。固网覆盖比较密集、成熟度高、传输质量比较好、保密性强、技术基础扎实，在发展中需要在业务面上拉长应用服务的链条，可以借鉴移动通信，利用技术平台，集合众多的内容和应用服务提供商及终端厂商，形成价值增值链。

概括地说，移动资源就是无线移动网络中各节点访问的信息，这些信息在一定的权限内可以被自由访问和传输，它们存储在各个移动终端、接入点服务器及 Internet 上。移动资源的存储方式根据移动终端体系结构的不同而多种多样，但主流的存储方式有两种，一种是基于移动数据库存储的移动资源，另一种是基于文件形式存储的移动资源。移动数据库是移动计算环境中的分布式数据库，由于移动数据库的应用大都嵌入在诸如 PDA、车载设备等移动终端中，所以移动数据库成了移动资源的一种重要形式。文件的存储方式主要基于标准化文件，因此，这些文件存储的方式需要移动终端具有统一的编码和解码程序，从而将各种移动资源进行标准化的资源交换。

固网资源与移动资源的整合是目前世界通信业发展的战略目标。早在 2005 年，英国电信历经两年试验后推出了全球首个固定移动融合（Fixed-Mobile Convergence，FMC）服务——“BT Fusion”。“BT Fusion”服务通过特制的“蓝色电话”终端实现，这是一种在固网和移动网中都能使用的新型终端，支持 25m 范围内的固网和移动网之间的无缝切换，让用户在家、办公室等场所通过蓝牙和 WLAN 技术支持宽带接入点，将通话无缝转接到固网。“蓝色电话”虽然实现了固网和移动网融合的历史性突破，但是真正进入商用还需进一步改进和提高，还有许多尚待解决的问题，这需要运营商、设备制造商和政府监管部门不断去研究和完善。政府监管部门应对当前的管制政策进行一些调整，以改善目前的管制环境，规范市场竞争，力争彻底解决网间互联互通和资费结算等问题，同时，有必要指导固网和移动运营商分别对网络进行技术改造，为固网和移动网融合技术的改造和创新创造一个良好的环境。

显然，固网与移动网的整合给固网运营商带来了一次巨大的发展机遇。FMC 业务可以实现固网和移动网的优势互补，增强企业竞争力，同时向用户提供各种形式的 FMC 业务和一站式服务，减少客户流失。FMC 已然成为全球电信业发展的大趋势，目前各国运营商都在加紧拓展相关领域，可以说没有融合的优势，在未来的全球电信竞争中将会缺失最重要的竞争筹码。从用户的角度来看，FMC 的目的是使用户通过接入不同的网络，享受相同的服务、获得相同的业务。FMC 的主要特征是用户订阅的业务与接入点和终端无关，即允许用户从固定终端或移动终端通过任何合适的接入点使用同一业务。FMC 可以使用户在一个终端、一个账单的前提下，在办公室或家里使用固网进行通信，而在户外，则通过无线/移动网进行通信。FMC 同时也包含了这样一个概念，就是终端能够在固网和移动网之间无缝漫游。

（二）移动商务和网络电子商务的整合

网络电子商务是为了实现企业与相关利益者（包括媒体和消费者）的共同利益，借助网络营销工具，充分利用网络媒体的特性，将消费者有序地纳入企业营销的价值工程中。也就是说，以有限的营销预算可靠地实现营销目的，使参与各方都得到超值的满意度，并借此积累企业品牌资产。网络电子商务的基本形式包括网上调查、网上采购、网上营销、网上支付和网上资金结算等。在此基础上，企业可以根据商务开展的具体需求，策划衍生很多新的商务运营模式和网络营销模式。而移动商务是利用手机、掌上电脑等移动通信设备与 Internet 有机结合进行的电子商务活动，包括移动支付、无线 CRM、移动股市、移动银行与移动办公等。移动商务能提供个人信息管理（Personal Information Management，PIM）、银行业务、交易、购物、基于位置的服务、娱乐等服务。移动商务的主要特点是灵活、简单、方便，它能完全根据消费者的个性化需求和喜好定制。设备的选择，以及提供服务与信息的方式完全由用户自己控制。通过移动商务，用户可随时随地获取所需的服务、应用、信息和娱乐。

移动商务与网络电子商务的整合首先是网络信息的共享。网络经济产生了一种独特的资源——网络信息，并使其迅速成为当今经济发展的重要战略性资源之一。网络信息因其时效性强、准确性高和便于存储等优点受到人们的青睐。信息资源不是物质资源，不能直接物化，但信息与其他商品一样，具有劳动价值和使用价值。信息的搜集、筛选和评价都要付出劳动，因此信息是具有劳动价值的；信息能够传递给用户，为用户所接受、理解和应用，因此信息又是具有使用价值的。对于现代企业来说，如果把人才比作企业的支柱，信息则可看作企业的生命，信息资源是网络经济中的主要资源。移动商务应用的通信技术丰富了获取信息的途径，不再局限于网络线路的限制，使应用终端更加多样化、便捷化，但是与网络电子商务相比，其信息量受到局限，不能满足发展的需求。因此，网络信息的共享是移动商务与网络电子商务整合的前提条件。

其次是网络技术与通信技术的融合带动了商业模式的创新。毋庸置疑，以移动技术的发展带动的移动商务，改变了商务活动的沟通和互动形式，将网络电子商务的网络营销、网上采购、网站管理、电子支付等有关网络信息资源的应用功能进行了扩展和延伸，并且与网络电子商务整合，探索新的营销手段、互动模式和支付模式等。在营销模式方面，企业不仅仅限于网络营销、移动营销的简单使用，多种手段和方法融合的整合营销、精确营销被越来越广泛地应用，为企业带来了更多的商务融合解决方案。在互动模式方面，移动商务的交互优势也与网络电子商务互动互补，这势必将企业商务推到更高的发展平台。

移动商务的发展，导致移动商务信息需求的扩大，而移动商务信息量远远不能满足这样的发展需求，网络电子商务信息的利用和共享可以有效地解决这样的瓶颈。显然，将移动商务的技术平台优势和网络电子商务信息量的优势有机地融合，将现代商务提升到新的平台，实现移动商务和网络电子商务的融合与互补，创造新的业务模式和商业模式是研究的主要课题，也是企业商务发展的必然趋势。

（三）移动商务和中间件的整合

1. 中间件

中间件是一类连接软件组件和应用的计算机软件，连接两个独立应用程序或独立系统，是一种独立的系统软件或服务程序，分布式应用软件借助这种软件在不同的技术之间共享资源。中间件位于客户端/服务器的操作系统之上，管理计算机资源和网络通信。中间件包括一组服务，主要目的是便于运行在一台或多台机器上的多个软件通过网络进行交互，即使相互连接的系统具有不同的接口，但通过中间件它们之间仍能交换信息。

从整体架构来看，中间件建立在操作系统、网络的上层，应用软件和数据库的下层，管理计算机资源和网络通信，为应用软件提供运行与开发的环境，帮助用户灵活、高效地开发和集成复杂的应用软件。中间件不仅要实现应用的互联，还要实现应用之间的互操作。中间件主要应用于企业级用户，如金融、电信、政府、制造业等，用来集成用户的关键业务系统和应用系统软件。

在全球范围内，中间件正在成为软件行业新的技术与经济增长点，Internet 的蓬勃发展和网络计算的需求剧增，使位于操作系统、硬件与应用程序之间的中间件产品崭露头角。不论在何种平台上，使用中间件都可以在企业范围内定位、访问、操纵和移动数据，而无须深入地了解企业信息系统和网络的复杂性。中间件能够解决网络分布计算环境中多种异构数据资源的互联共享问题，实现多种应用软件的协同工作。此外，利用中间件还可以大幅提高应用软件系统的开发效率，增强系统的稳定性，使系统的维护管理工作更为简易，使系统的可伸缩性和可扩展性更为理想，以便充分保护用户投资。

中间件具有的特点如下。

（1）集成性。中间件能无缝连入应用开发环境中，应用程序可以很容易地定位和共享中间件提供的应用逻辑与数据。

（2）移植性。中间件与平台有关的细节对应用程序透明，因此，可以在不改变应用程序代码的情况下改换计算机底层硬件、操作系统或通信协议。

（3）改进性。中间件实现的功能对应用程序透明，因此，可以对局部进行改进而不影响系统的其他部分。

（4）高可靠性。中间件是可靠的，它提供接管和恢复功能，保证事务及关键性业务不丢失。

（5）使用性。中间件能和同构或异构环境下的多种数据源通信，同时能管理数据间的公共逻辑约束。

中间件抽象了典型的应用模式，并基于标准的形式进行开发，从而使应用软件制造者可以更多的将思路放在业务逻辑中。中间件本质上是对分布式应用的抽象，因而抛开了与应用相关的业务逻辑的细节，保留了典型的分布交互模式的关键特征。经过抽象，将复杂的分布式系统经过必要的隔离后，以统一的层面形式呈现给应用。应用在中间件提供的环境中可以更好的集中于业务逻辑上，并最终在异构环境中实现良好的协同工作。中间件是基于分布式处理的软件。中间件最突出的特点是它的网络通信功能。

2. 移动商务的中间件架构

作为移动商务应用集成的关键之一，中间件不管移动商务应用分布在什么硬件平台上，使用了什么数据库系统，通过了什么复杂的网络，电子商务应用的互联和互操作是电子商务中间件首先要解决的问题。在通信方面，移动商务中间件要支持各种通信协议和通信服务模式，传输各种数据内容、数据格式翻译、流量控制、数据加密、数据压缩等。移动商务中间件要解决名字服务、安全控制、并发控制、可靠性和效率保证等。在移动商务应用开发方面，移动商务中间件要能提供基于不同平台的丰富的开发接口，支持流行的开发工具和异构互联接口标准等。在管理方面，移动商务中间件需要解决电子商务中间件本身的配置、监控、调谐，为移动商务应用的易用、易管理提供保证。针对不同的Web应用环境，对移动商务中间件有各种不同的要求。对于工作流应用，移动商务中间件需要根据条件及条件满足状态，将信息、响应状态从一个应用传递到另一个应用；对于联机事务处理，移动商务中间件需要保证分布式的数据一致性、不停机作业、大量并发的高效率；对于一个数据采集系统，移动商务中间件需要保证其可靠传输等。

如图4-1所示，移动商务中间件的架构包含以下层次。

（1）移动商务安全平台：是建立在一系列相关国际标准之上的、以非对称加密算法为核心的一个开放式安全应用开发平台。基于移动商务安全平台可以开发、构造各种安全产品或安全应用系统，如用于文件加密和解密的安全工具、认证系统、虚拟专用网（VPN）、安全网关及其他需加强安全机制的应用系统。

（2）移动商务应用平台：提供移动商务不同应用类型的生成工具软件，如移动电子支付等。

（3）移动商务交换平台：对内集成企业内部的各种与移动商务相关的业务系统，对外连接商业合作伙伴，如银行、供应商、客户、配送机构，完成各种不同业务系统之间的数据转换和整合。

（4）移动商务基础平台：用来支持大量移动终端客户的并发访问，使应用开发商快速开发出灵活多变的电子商务应用，尽快把信息系统和商务活动放到Internet中。在移动商务交换平台和移动商务基础平台中都不能没有中间件的存在。可以说，没有中间件就不能支撑今天的网络应用。

图4-1 移动商务中间件架构图

移动商务应用体系是各种现有应用的扩充和新应用形式的增加，对跨越不同硬件平台、不同网络环境、不同数据库系统之间互操作的需求，依靠传统的系统软件或工具软件已经不能满足此需求，中间件技术至关重要。

二、内部整合

（一）移动商务与 ERP 的整合

ERP（Enterprise Resource Planning，企业资源计划）是一种科学管理思想的计算机实现，它将企业内部的所有资源整合在一起，对采购、生产、成本、库存、分销、运输、财务、人力资源进行规划，从而达到最佳的资源组合，取得最佳效益。ERP 是在 MRPⅡ的基础上，通过反馈的物流、信息流、资金流，把客户需求和企业内部的生产经营活动及供应商的资源整合在一起，体现完全按用户需要进行经营管理的一种全新的管理方法。

现代企业处在日新月异的市场机遇、价格和服务水平等的挑战环境中，必须不断改善企业经营模式，以提高企业竞争力。以往企业仅仅关注其内部的流程改善、产品开发和制造水平的提高已经不足以面对现实的市场环境。事实说明，处在现代竞争环境中的企业要保持生存和持续发展必须与商业合作伙伴充分协调，建立一个具有竞争优势的价值链。运用合理的 ERP 软件可以帮助企业内部业务操作合理化，运用功能丰富的协作/合作技术，可以帮助企业在跨合作企业群体和贸易伙伴之间提高管理水平，扩展企业竞争空间和提高综合能力。

移动商务带来的丰富的企业竞争手段和工具，能够帮助企业更好地运用 ERP 将广阔的网络商机和传统信息系统中的企业资源信息有效地结合起来，使企业、客户、供应商、交易商和企业员工以前所未有的方式通过网络结合在一起。

1. ERP 的功能及特点

（1）ERP 是面向供应链管理的管理信息集成系统。

ERP 除了传统的制造、供销、财务功能，还增加了支持物料流通的运输管理、仓库管理；支持在线分析处理、售后服务及质量反馈，实时准确地把握市场需求；支持生产保障体系的质量管理、设备维修和备品备件管理；支持多种生产类型或混合型制造企业，汇合了离散型生产、流水作业生产和流程型生产的特点；支持远程通信、Web/Intranet/Internet/Extranet、电子商务、电子数据交换；支持工作流（业务流程）动态模型变化与信息处理程序命令的集成等功能。此外，还支持企业资本运作和投资管理、各种法规和标准管理等。

（2）系统功能模块化。

运用程序模块对供应链上的所有环节实施有效的管理，将物流、财务、人力资源模块集成起来，相互协作，共同处理企业的经营管理任务。

（3）实现信息的高度共享。

ERP 系统除了已经普遍采用的诸如图形用户界面技术、SQL 结构化查询语言、关系数据库管理系统、面向对象技术、第四代语言/计算机辅助软件工程、客户端/服务器和分布式数据处理系统等技术，还要实现更为开放的不同平台之间的相互操作，采用适用于网络技术的编程软件，加强用户自定义的灵活性和可配置性功能，以适应不同行业用户的需要。通信技术和网络技术的广泛应用，使 ERP 系统可以实现供应链管理的信息高度集成和共享。

（4）ERP 系统与企业业务流程重组是密切相关的。

信息技术的发展加快了信息传递的速度和实时性，扩大了业务的覆盖面和信息的交换量，为企业进行信息的实时处理、做出相应的决策提供了有利的条件。

2. 移动商务与 ERP 的关系

移动商务的实质是通过通信技术手段，使企业经营管理各个环节信息化的过程得到延伸和深化。移动商务与 ERP 都属于企业的信息系统，但从职能范围来看，两者还是有很大的区别的。ERP 系统是由 MRP、MRP II 等企业管理思想发展来的，管理范围侧重于企业内部。相比之下，移动商务主要是解决企业与外部世界的通信、连接和交易，是利用 Internet 及相关的网络技术来解决商业交易问题，降低产、供、销成本，开拓新的市场，创造新的商机，从而增加企业利润的商业活动。因此，移动商务与 ERP 之间存在着密切的关系，具体表现为两者的兼容性和互补性。但是当前在电子商务和 ERP 的建设中存在诸多问题，移动商务的整合在这些问题中起了关键作用。

（1）电子商务与 ERP 被分裂开来，没有统一规划和统一设计。企业引入移动商务，为传统的企业管理和电子商务提供了一种重要的沟通与互动形式，推动了电子商务和 ERP 的共存与互补。

（2）电子商务与 ERP 两个系统下的采购数据、销售数据和财务数据没有进行合并，使数据失去了一致性和完整性。移动商务实现了数据信息传递的便捷，深化了企业电子商务的应用，促进了两个系统的融合，深化了两个系统数据的合并和整合，提供了电子商务和 ERP 系统的桥梁与纽带。

（3）软件资源、硬件资源和数据资源没有充分共享，造成建设成本过高和存储空间浪费。企业电子商务的开展一般都是由企业自主开发的，建立网络营销模式，应用网络资源进行企业商务智能规划和设计。而 ERP 则直接采用市场上的商品软件，不能有效地实现两者的会话与融合。移动商务信息势必带动移动资源信息、网络资源信息和企业内部信息的有效整合，并且使信息得到充分利用和共享，有利于企业成本的有效利用。企业电子商务和 ERP 的整合也将创新出新的模式与管理方法，这是移动商务和 ERP 整合的发展趋势。

如果企业前端的电子商务和后台的 ERP 系统脱节，则会导致很多关键信息和数据被封闭在相互独立的系统中，部门间重复着冗杂的工作，不能对客户做出迅速、及时、有效的响应，使企业工作效率下降、运营成本上升，从而给企业自身带来极大的损害。ERP 必须能够适应互联网的应用，可以支持跨平台的多组织的应用，并和移动商务之间的应用具有广泛的数据、业务逻辑接口，在建设好后台 ERP 的同时，做好与前端电子商务系统的高度融合。从电子商务网站载体为主的传统电子商务发展到以移动终端为主要沟通和互动载体的移动商务，已不再仅仅局限于一个“电子贸易”市场的概念，企业不只是在上面发布信息，进行交易，而是真正实现了企业管理的网络化、智能化。这就使企业在使用 ERP 和电子商务过程中的各种瓶颈问题得到了有效的解决。

最为关键的是，企业在电子商务运用上能够向更高层次发展。移动商务和 ERP 的整合系统也将被引入企业，通过移动技术的过渡和衔接，将采购、生产计划、市场营销、销售、库存、财务等模块功能进行扩展，与企业电子商务的网站管理、网上营销和电子支付等模块功能融合、延伸，进一步扩充和提升 ERP 的应用功能。

3. 移动商务与 ERP 整合的途径

企业要实现 ERP 与移动商务的整合，就必须根据发展战略和业务流程进行重组配合。同时，也要求应用软件各模块的合理划分和有机集成。新的整合系统可以分为 5 个层次，即物理层、网络层、操作系统层、数据库层和应用层。其中，应用层各模块的重新组合与集成在系统设计时尤为重要，需要充分考虑以下几个问题：①网络营销模式和移动营销模式都必须为市场需求分析与市场供给分析提供数字依据；②网络营销模式和移动营销模式都可以共享相关数据，并且保证数据的完整性、一致性、准确性；③资金的收入和支出，包括应收与应付，都必须反映到财务分析中。在实现 ERP 与移动商务整合时，ERP 方面应优先考虑采购、生产计划、市场营销等与物流、资金流密切相关的模块，移动商务方面应考虑通信终端技术、短信服务、网站管理、移动营销、移动支付等模块，把这些模块集成在一起，构成一个新的整合系统，并且要为今后模块的扩充留有接口。

移动商务与 ERP 的整合途径有以下 3 种。

（1）基于供应链的兼容性实现整合。

一般来说，企业中存在 3 种流：物流、资金流和信息流。其中，信息流不是孤立存在的，它与物流和资金流密切相关，反映物资和资金在流动前、流动中及流动后的状况。对应这 3 种流分别存在 3 条供应链，即物资供应链、资金供应链和信息供应链。虽然 ERP 使用了供应链管理思想，但供应链并不依赖于 ERP 而存在。供应链是企业的一种客观存在，任何企业应用系统都可以使用供应链管理的思想与方法。这样，通过组织结构和业务流程的重组，移动商务就可以被纳入供应链中。

（2）基于业务流程的辅助性实现整合。

ERP 系统作用于企业的整个业务流程，它的应用层次有 3 个：决策层的数据查询与综合分析，中间层的管理与控制，作业层的业务实现。而移动商务则可以为各个层次提供辅助性支持。

（3）基于应用的互补性实现整合。

根据企业目前的内外部条件，企业在引进移动商务时，不会完全摒弃传统的采购与销售模式，而是两种模式、两个系统共同存在和互为补充。

总而言之，移动商务与 ERP 的整合，既是一种技术上的创新，又是一种经营管理上的创新，可以为企业提供强大有效的移动业务辅助支持。

（二）移动商务与人力资源的整合

人力资源包括组织内部成员与其所能运用的外在人力。狭义而言，人本身就是资源、能源，人力资源可引申为人所具有的知识、技能、态度、理想、创造力等特质，以及应用上述特质可获得的所有价值。从人力资源的定义可以看出，企业人力资源管理的根本目的在于结合企业战略发展的需要，获得企业所需要的能力水平或员工，并且创造条件使员工能完全投入工作，充分发挥他们的潜能。

目前，对企业来说，人力资源的价值已经超过了物质资源及货币资源的价值，成为企业最为重要的生产要素。为了使企业更好地利用自身的人力资源，作为企业在全球化竞争中赢得先机的人力资源管理部门，必须配合企业主管拟订完善的策略，以协助企业在重整过程中的新流程和组织设计能够顺利执行，并通过人力资源的电子化为企业内部员工提供高品质、高效益的服务。为达到这一目的，在经历了 HRIS（Human Resource Information System，人力资源信息系统）和 HRMS（Human Resource Management System，人力资源管理系统）发展阶段后，人力资源管理进入了 E-HR（e-Human Resource，电子化的人力资源管理）时代。但是随着互联网、通信技术、移动商务的发展，E-HR 已经被赋予了崭新的意义，企业在运用信息科技执行人力资源管理工作的同时，将人力资源工作网络化，从而提升了人力资源管理绩效，E-HR 的主要优势有以下几方面。

（1）突破了时间与空间的限制，为随时随地执行人力资源管理工作提供服务。

（2）突破了人数限制，允许多人同时操作，支持多人同时接受系统服务。

（3）缩短了作业时间，降低了作业成本，节省了人力资源管理的直接成本和间接成本。

（4）网络化提供了更便捷、更准确的服务，提升了作业品质。

（5）使人力资源管理者从单调、重复、繁重的行政事务中解放出来，致力于人力资源战略层面的工作，为企业提供更大的人力资源竞争优势。

（6）缩短了管理周期，消除了不必要的人为干扰因素，使员工自主选择人力资源管理信息和服务。

（7）随时随地向管理层提供决策支持，建立支持人力资源管理部门积累知识和管理经验的体系。

移动商务是一种全新的商业运作模式，无论从深度上还是从广度上，都强烈地冲击着传统的管理模式，给传统的管理理论和方法带来了严峻的挑战，也产生了许多新的管理问题。在移动商务环境下，企业内外部的运作模式将会有很大变化。首先，无线通信技术与 Internet 的融合，大大缩短了时间和空间的距离，企业内部部门和员工之间的沟通模式将有很大变化。在内部工作和业务流程的控制方面，企业将会主动地大量采用移动交互模式进行交流。其次，随着移动商务的广泛应用，企业对外的接口界面大大扩展。传统的系统一般只能给系统使用者提供计算机终端，而移动商务时代的终端可以是多种多样的。除了固定的或可以移动的计算机，还有更广泛的各类数字终端，这就要求企业的信息系统能很好地利用这些资源。最后，企业管理的内涵也在进一步延伸，除了传统的企业财务、库存、销售、采购、生产等管理，涉及整个企业价值链的许多环节也被要求纳入管理范畴，其中也包括人力资源管理。

E-HR 中的“E”包含了两层含义：不仅是 Electronic，即电子化的人力资源管理，同时更重要的是 Efficiency，即高效的人力资源管理。E-HR 是包含了电子商务、互联网、人力资源业务流程优化、以客户为导向、全面人力资源管理等核心思想在内的新型人力资源管理模式。E-HR 系统是以一些核心的人力资源管理业务功能为基础的，如招聘、薪酬管理、培训、绩效管理等。

从人力资源管理电子商务的角度来讲，E-HR 既包括 B2E（Business to Employee），即在企业人力资源管理与开发活动中，通过企业与员工的网上互动完成相关事务的处理，员工从网上获得人力资源部门提供的服务；又包括 B2B，指企业人力资源业务从外部服务商，如咨询公司、招聘网站、E-learning 服务商等在线“采购”各类人力资源管理服务；甚至还包括 B2G，即人力资源管理活动中的有关与政府劳动人事部门发生业务往来的事务处理。移动商务给企业的人力资源管理带来的变化是人力资源管理在业务流程优化、全面管理等思想的指导下更快捷、更准确的崭新模式，使人力资源配置得到了进一步优化，市场配置人力资源的作用得到了进一步强化。

（三）移动商务与运营资金的整合

移动商务作为一个新型商务模式，它的特点决定了其发展必须得到金融市场的大力支持，移动商务发展壮大的过程就是不断融资的过程。为移动商务提供金融安排的主体包括风险资本与商业银行、投资公司、共同基金等机构的资金供给，政府金融手段的供给，股票市场资金出口的供给等。从纯粹金融供给的角度来考察，金融供给主要包括股权性质的资本和债券性质的资本两种。

归纳起来，移动商务的股权融资渠道主要包括核心资本、风险资金及创业板市场等。

股权包括多种形式，主要有所有者股权、普通股和认股权证。许多像Microsoft公司这样成功的电子商务企业都是由一个人或几个人提供启动资金从事较小业务，然后将企业获得的利润用于再投资。这些企业所有者带来的资金就是所有者股权，它为企业业务的增长及最终的成功奠定了基础。对公开上市的企业而言，筹集股本的传统方法是以一个市场愿意接受的价格来发行普通股。新上市企业的发行价格一般由发行机构（如投资银行）估算确定，对已上市企业的发行价格则以当前市场的价格为基础。已成立的企业并不经常使用普通股来为它们的新项目和经营活动筹资，但普通股仍是使用最广泛的筹资手段。普通股是一种简单的证券，而且相对容易理解和估价。

目前，一些企业开始将目光投向普通股以外的股权融资手段，如认股权证、风险资本。认股权证是由企业发行的一种证券，是赋予持有人在有效期内以固定的价格购买企业股票的权利。风险资本通常由一个或几个投资者为私人企业提供股本资本，作为回报，他们取得企业的部分所有权。

债券性质的资本主要包括银行和非银行金融机构资本的金融供给、公司发行的债券，其中，银行和非银行金融机构资本大多通过信贷资本的供给方式提供资金。债务的主要种类有银行借款和债券。一般借款的最初来源是商业银行，它们根据借款人可觉察的风险程度设定放款计息。对于公开上市的大企业而言，银行借款以外的债务融资手段可以是发行各种债券。发行债券可以使融资风险被众多的金融市场投资者分摊。

三、外部整合

（一）移动商务与CRM的整合

网络的出现和迅速普及是一项划时代的变革，网络经济的诞生带来了新型的商务模式——电子商务，使得社会生产模式由大批量生产转变为大批量定制，也使得企业的经营模式由以产品为中心转变为以客户为中心。基于电子商务的CRM的研究和应用顺应了网络经济时代的要求，为企业“商务e化”的发展提出了明确的方向和依据。电子商务充分利用信息技术特别是Internet来提高企业所有业务运作和管理的效率与效益，而CRM则是专注于同客户密切相关的业务领域，主要涉及呼叫中心、营销自动化、销售自动化、服务自动化等方面，通过在这些领域内提高运作效率来提高客户的满意度和忠诚度，从而提高企业的核心竞争力。移动商务是电子商务的延伸，尤其是移动商务改变了人们的沟通和联系方式，也使企业的经营模式由以客户为中心延伸到以客户关系为中心，强化了CRM系统的功能实现。以E-CRM为代表的基于电子商务的CRM思想也相应地进行了功能的扩展和服务的延伸。

CRM是通过围绕客户细分来鼓励企业满足客户需求的行为，并通过加强客户与供应商之间的联系等手段来提高盈利和客户满意度的商业策略。E-CRM本身是一种管理方法，它借助信息技术，迅速发展成为软件。E-CRM综合运用数据库、网络、图形图像、多媒体、人工智能等技术，是整合先进的管理思想、业务流程、人及信息技术于一体的构筑现实信息平台的一种管理系统，是用来完善客户体验、提高客户忠诚度的。

移动商务通过移动资源和固网资源有机地将合作企业组织起来，共同为客户提供全面的解决方案。移动商务通过网络实现包括从购买原材料、产品订购，到成品的储运及电子支付等一系列贸易活动。显然，一个企业的发展仅靠 CRM 是不够的，还要实现与移动商务的完美整合。

移动商务为 CRM 提供了技术支持。网络技术和信息技术的发展使电子商务的功能更加强大，在移动通信技术的支持下，CRM 可以在网络中实现同步操作，利用大型数据库来管理客户的基本信息，如联系方式、地址、对产品的需求、对产品的态度等。利用数据挖掘和数据仓库技术对海量的客户数据与一些商业数据进行智能化分析，对客户的购买习惯进行分类整理，根据不同客户的不同消费模型建立相应的沟通方式和促销内容，以非常低的成本实现一对一的服务。针对不同客户进行需求分析，量身定做满足其要求。提供个性化的服务，这样就能极大地提高客户的满意度和忠诚度。

企业电子商务平台还可以全天候为全球的客户提供服务，让客户运用移动通信技术手段，采用手机短信、语音、视频等形式来获取企业的便利的在线服务。企业可以利用声音、图像、动画等多媒体手段介绍自己的企业和产品，不断向客户提供各种他们所期望的信息，以便提供更加个性化和专业化的服务，进而影响客户行为，留住老客户，发展新顾客，实现企业将合适的产品在合适的时间通过合适的渠道与客户进行交易。

实施 CRM 可以更有效地促进移动商务活动。企业和客户在网络中交互的需求日益增大，企业所获得的市场和利润往往与交互能力的好坏密切相关。实施 CRM 可以使移动商务活动更有针对性、更有效率，并且可以使企业获得尽量高的利润。E-CRM 就是整合在电子商务平台中的 CRM。在前端，E-CRM 能够提供统一的呼叫中心的功能，它结合了网页、电话、手机、电子邮件、传真等与客户互动的能力；在后端，提供客户消费行为追踪，以及专用于客户服务与客户营销的资料分析等功能，让企业能进行一对一的营销服务，真正满足每一位客户的实际需求。

（二）移动商务与 SCM 的整合

企业电子商务的应用与实现在逐步拓宽，这是一个循序渐进、从基础到高级的发展过程。但是在企业电子商务发展过程中，会出现各系统软件在功能上交错与互补的情况，企业资源内部分散、相对独立，形成一个个信息孤岛等问题。怎样利用现代企业管理技术，在资源集成、信息集成、功能集成、过程集成的基础上，通过集成化管理支持企业全面、合理、系统地管理生产和经营过程，最大限度地发挥企业内外部资源和技术的作用，大幅度提高企业经济效益和市场竞争力，已成为各企业当前的主要任务和目标。

SCM 整合上下游厂商间的物流、资金流及信息流，保持上下游厂商间供给与需求的平衡。通过 SCM 系统，从客户下订单一直到货物送到客户手中，这中间的各项信息，企业、材料供应商、物流业等上下游厂商都能共同使用，使备料、生产、运输、配送等流程都能同步进行与协调，让产品能在最短的时间内，以最低的成本送到客户手中。SCM 着眼于企业、供应商和客户之间供给与需求的平衡，在以最低成本满足客户需求的标准下，对从供应商到客户之间的整个渠道进行全面的管理。但是在企业经营中，一个普遍的事实是：无论是厂商、经销商还是供应商，在其推进企业信息化的过程中，宁愿投入资金、技术建立自己的供销组织和营销网络，也不愿选择公众网络平台运行相关业务。而且，企业商务的协同必须建立在企业内部 ERP 基础之上，并且变原有的封闭式管理平台为价值链层面的有限开放环境，其开放性保证了供应链各环节的信息流、物流的共享和协同，有限性保证了系统的安全和有效。事实上，SCM 缺乏来自企业后台的动态信息，无法实现实时信息处理，使业务层和数据层之间出现断层，客户交易信息很难实时响应。

移动商务的出现打破了原有的平行结构，把供、销、存统一集中在一条垂直的价值链上。这种相互关联的体系要求价值链上的各环节必须做到信息共享，因为这是SCM实施的前提。企业应该更新营销理念，进行基于Internet以客户为中心的信息化建设，整合企业内外部资源，使前后端紧密连接。在电子商务环境下，整合ERP、CRM和SCM，实现企业各方面资源的充分调配和均衡，将资源与业务、管理相结合，减少在ERP、CRM和SCM单独运行时产生的信息孤岛问题，实现信息处理由事后走向实时，提高物流、信息流动作的效率，消除中间冗余环节，从而全面提高企业的经济效率和企业的竞争力。

对于移动商务，企业必须充分认识社会环境下的价值链，移动商务利用通信技术和信息技术使信息流、物流和资金流协调、高效、优化地运行，推动了整个企业价值链的运行，使价值链趋于规范、有序、高效、优化，最终使整个价值链的各个环节的主体都能获得最大的利益。

电子商务的开展直接导致了企业核心业务流程的改革与重组，使企业在SCM、电子采购、CRM等环节都实现了转变，并将这些部分连接起来融合为一体，在企业内部实施整合，这就是移动商务系统，也是企业经营追求的目标。

在移动商务环境下，企业实现ERP、CRM与SCM的整合，需要有业务流程重组相配合。同时，要求应用软件各模块的合理划分和有机集成。ERP应优先考虑采购计划、生产计划、销售计划、人力资源、财务管理等模块；CRM主要考虑市场营销、售后服务、产品促销、远程服务等模块；SCM主要考虑订单管理、物流管理、库存管理、物料管理、网上采购等模块。整合后的企业系统实现了客户信息部分、业务流程部分、决策支持部分及一般信息交流部分的完全整合，从而方便了企业在新经济时代高效管理各业务流程和客户关系，赢得企业长久的竞争优势。

随着移动商务的开展、管理思想和营销理念的变革，现代企业电子商务建设的内容也发生了变化，企业不仅要专注企业内部信息化建设的整合，还必须进行内外整体的信息化建设，以达到内外资源畅通无阻、最佳利用的效果。

【任务实施】

（1）对选定的企业ERP系统进行功能分析。

（2）对ERP系统与移动商务之间在功能方面的移植、兼容、互补等进行分析。

（3）根据需求，分析移动商务与ERP的整合途径。

（4）对整合方案进行初步设计。如果采用指令方式，则对常用的交互指令进行设计；如果采用移动客户端方式，则对客户端的流程、功能、界面等进行设计。

【任务拓展】

一、基于移动商务的CRM

随着移动通信技术和移动商务的兴起与迅速发展，CRM的功能和价值都提到了一个新的水平。基于移动商务的CRM全面支持电子商务的发展战略，具备整套电子化解决方案，将在呼叫中心、整合营销、自助式销售和自助式服务等方面得到延伸和加强。

1. 呼叫中心

呼叫中心是 CRM 的核心功能组件。随着通信技术、计算机技术、视频技术的飞速发展，基于 Internet 的呼叫中心的功能进一步扩充，真正实现了手机、固话、PDA、电子邮件、传真、WAP、Web、Face to Face 等与客户互动的多种渠道的融合，实现了呼入和呼出功能的进一步集成。CRM 系统通过呼叫中心可以全面收集客户的个性化资料，了解客户需求和市场动向；实现客户可以按自己的交流渠道偏好与企业沟通，企业也可以按客户的交流渠道偏好与客户互动；可以在统一全面的客户资料数据库的基础上，实现以客户为中心的企业市场、销售和服务等部门的协同工作，为多渠道的客户沟通提供一致的信息和个性化的优质服务，敏捷快速地响应客户请求，从而有效提高客户的满意度和忠诚度。

2. 整合营销

整合营销是移动商务的一项应用和功能，是移动营销和网络营销整合的营销模式。企业开展电子商务活动，通过整合营销的综合应用，丰富和巩固 B2B 或 B2C 的营销模式，提高 CRM 的营销自动化程度，从而有利于企业降低成本、增加销售额、提高市场占有率。整合营销在广域性、实时性、互动性、个性化和低成本等方面的优势明显。整合营销可以将网络营销延伸和扩展至全球范围，无论是在线状态还是离线状态，全天无限即时传播、送达和反馈，从而实现与国际市场的接轨，吸引更多客户、增强企业柔性、把握更多的市场机遇。基于移动商务的 CRM 可以充分利用整合营销的互动性，让客户参与到产品设计和生产活动中，最大限度地满足客户的需求，从根本上提高客户的参与性和积极性，提高客户的满意度和忠诚度，改善和巩固企业与客户的关系。通过与每位客户进行互动沟通，利用数据库技术准确分析和存储客户的信息、需求、偏好等，相应地采取不同的营销策略，为客户提供个性化服务，与客户逐一建立持久、长远的双赢关系，提高每位客户的忠诚度。另外，整合营销还大大降低了企业的采购成本、促销成本、运输成本，从而达到了降低总成本的目的，使 CRM 的一对一营销的核心理念得以深化。

3. 自助式销售

自助式销售可为销售人员提供客户信息、产品信息，可对销售方法、销售预测、销售佣金、销售区域进行管理，可与营销系统、商业智能系统、ERP 系统进行集成，从而帮助销售人员高质量地完成销售工作。

4. 自助式服务

基于移动商务的 CRM 的客户自助服务系统可使客户方便地提交服务请求，查询知识管理系统、已购买产品的资料、订单处理的进度和历史记录等。通过手机短信、电子邮件等回馈，送达、回应客户请求，还可以通过与呼叫中心连接和 BBS（Bulletin Board System，电子公告板）等手段，营造一种闭环的客户支持环境，实现实时一对一服务的功能。一方面，降低了运营成本，将客户服务系统从成本中心转变为利润中心，通过向上销售、交叉销售和后继销售的方式将额外的产品与服务推荐给客户，提高企业获利能力、缩短客户响应时间、提高服务质量；另一方面，通过客户与企业进行实时的互动沟通，获得“量体裁衣”式的服务，在最大程度上满足客户的个性化需求。总之，CRM 与移动商务的紧密结合，使企业和客户之间实现了实时的、互动的、便捷的、个性化的服务，建立了新颖的客户关系，增加了服务的价值，降低了服务的成本，加快了服务的速度，提高了客户的满意度和 CRM 水平，这必然能给企业带来新的商机。

二、案例阅读——整合短信营销、移动商务促进汽车销售与服务业信息化

对于4S店来说，公司定位的优质客户在哪里？如何保持与客户的及时沟通？如何发掘现有客户的潜在需求？建立一套高效、通畅的信息化系统势在必行。行内人士逐渐认识到，对客户的把握与拓展能力成为汽车销售行业的核心竞争力，其成败得失的关键在于公司对客户需求的响应态度与速度，经销商服务价值在于它是厂家销售前端和消费者服务后盾。想要在激烈的市场竞争中占据领先地位，就不能忽视与销售系统相匹配的信息化设施。

1. 移动商务解决方案浮出水面

罗列种种信息化解决方案，ERP、移动CRM系统等无疑都是企业的救命良方，但建设一个完整的信息系统，动辄几百万的投入让汽车销售公司望而却步。那么最有效、最经济的解决方案是什么呢？是建立在短信基础上的移动商务应用平台。

短信以其强大、及时、廉价、方便的沟通功能，成为无线网络时代不可缺少的资讯交流工具。目前，移动商务短信平台的应用已经涉及很多行业，这个平台为汽车销售行业带来的营利空间和市场空间更是不可估量的。移动商务短信平台所具备的客户管理、客户服务、客户沟通、信息发布、企业内部信息管理等功能，是真正能够实现支持多通信平台链接的延伸性移动通信平台。

2. 方案应用

移动商务解决方案具有多种系统功能，分别体现为移动信息查询系统、移动信息发布系统及移动信息采集系统。用户可以通过移动商务短信平台向经销商发送查询短信。例如，用户对车辆销售、维修保养的价格查询；用户车辆保养档案的查询；车辆故障原因的咨询等。通过移动商务短信平台的上下行功能，汽车销售企业在接收这些短信后，对于相对应的问题，通过平台的操作系统向查询用户发送答复短信，从而达到与用户互动的目的。

移动商务短信平台不仅在客户沟通方面具有其他沟通方式不能比拟的优势，在企业内部管理沟通方面也有着积极的作用。通过这个平台可以很方便地建立公司内部的沟通桥梁，使公司信息的发布在第一时间发送到每位员工的手机上。

企业还可以利用这个平台发送如最新的报价、供求信息、竞争对手状况、库存信息等给一线的销售人员，让他们做到知己知彼。并且通过平台的互动功能，可以实时解答一线销售人员的问题，既降低了成本，又提高了沟通效率。

3. 解决之道应用无疆界

移动商务短信平台在数据搜集、筛选方面也有不俗的表现。例如，某企业分公司每天的销售数据（如整车销售价格、零部件销售价格、销售数量、所耗费的成本等），可以通过短信的方式发送到公司预设好的接收号码，总公司可以利用平台对短信的数据加以分析、整理，形成一份简单明了的销售数据报表。这种数据统计的时效性，在汽车销售这个价格波动迅速的行业应用非常有效。总公司可以根据这些销售数据及时调整公司的销售战略，制定下一步的工作方向，这充分体现了市场经济形式下市场的主导地位。

无论是与客户的信息沟通，还是公司的数据信息采集，都是可以基于强大的移动商务

短信平台来实现的。移动商务短信平台不仅仅是一个系统，它还给企业管理、营销体系带来了巨大的变革。移动商务短信平台在诸多行业被成功应用，尤其是分销型企业和零售企业，它带来的投入与产出的比例正为越来越多的人所认识。

三、思考与练习

1. 思考题

（1）移动商务整合的内容包括哪些方面？

（2）如何看待移动资源的快速发展？

（3）如何看待移动商务和网络电子商务的整合。

（4）简述为什么要进行移动商务的整合。

（5）简述中间件都包含哪些方面。

（6）如何实现移动商务的外部整合？

2. 技能训练

以某单位 OA 系统和实际需求为背景，设计 OA 系统与移动商务进行整合的方案。

项目总结

本项目介绍了移动商务的整合，包括基础整合、内部整合和外部整合。通过本项目的学习和实践，对整合移动商务有比较全面的了解；能对具体的系统与移动商务的整合方案进行初步设计。

项目五

移动商务营销

项目目标

（1）知识目标：通过本项目的学习，掌握移动商务营销的基本概念，熟悉移动商务营销的方法和策略，对移动商务营销相关知识有一个比较深入的了解。

（2）能力目标：能够根据实际需要，针对特定的产品、消费者、市场环境和既定的营销目标等，进行移动商务营销方案策划，并书写方案书。

项目导入

移动互联网被视为传统互联网之后的又一座金矿，而移动商务营销是移动互联网中的热门项目，因此移动营销被很多人看好。

在广告界有一句名言："我知道广告费有一半被浪费了，但我不知道被浪费的是哪一半。"这句话道出了大众广告时代的硬伤。每个营销人员都知道，广告的核心就是将合适的信息传递给合适的人，但在大众广告时代难以做到这一点。

广告与消费者的相关程度往往与产生转换的可能性成正比。正是因为这个原因，用户的个人信息，包括行为信息、位置信息、时间信息等对营销人员有非常大的吸引力。而移动定位服务恰恰能够为营销人员提供这些信息。

1. 定位即时需求

在传统营销环境中，营销人员无法清晰地了解对象的即时需求，他们有一套固定的模式。首先分析不同媒体的受众人群。然后根据自己的需求选择媒体来投放广告。例如，在晚间电视剧剧场投放生活类商业广告，在体育类电台投放体育用品的广告；在报纸的财经版投放房地产、汽车的广告。最后等待陌生的读者或观众来获取这些可能有用的商业信息。

移动商务营销可以借助信息数据库和定位技术，通过对时间、地点、人物三要素的结合，推断用户的即时状态，并进一步明确其当前的消费需求和可能的潜在需求。例如，通过 GPS 定位技术，可以知道中午 12 点有一个用户在商城附近，然后根据数据库和时间、地点来分析用户状态，得出用户有可能去吃饭或者去购物的行为，此时就可以向用户推送商城附近餐厅的优惠券和购物的优惠券。通过时间、地点和信息数据库分析用户现有的状态来推送信息，这样能使广告投放更加精准。而且这些信息很可能是用户需要的，这样更容易让用户接受。

2. *定位群体需求*

通过定位用户的移动轨迹，可以知道用户曾经去过哪些地方、经常去哪些地方。通过这些轨迹就可以描绘出一张非常具有价值的消费地图。

例如，一间酒吧准备搞一场活动，那么消费地图可以把不同的目标群体清晰地呈现出来。第一种群体：经常光顾本酒吧的人，这些人是最有希望参加这场活动的。第二种群体：经常去酒吧，而且曾经光顾过本酒吧，但来的次数不多的人，这些人也很有可能参加这场活动。第三种群体：经常去酒吧，但从来没光顾过本酒吧的人，这些人也有可能参加这场活动，但概率不大。

商家可以根据消费地图所呈现的群体制定不同的宣传内容，如果是第一种群体，那么商家应该注重活动的内容，以及和目标用户的互动，可以不附带酒吧的地点。但如果是第三种群体，则商家应该注重活动的内容和给用户带来的优惠，而且一定要附上酒吧的地点，必要时还需附上地图。

消费地图让商家不仅可以清晰地知道哪些是目标人群，还可以根据不同的人群制定不同的宣传内容。这样的广告投放不仅目标精准，还非常个性化，符合不同的群体。

3. *存在的问题*

移动商务营销相对于传统营销来说更加精准、实时且具有互动性，但移动商务营销也有它自己的问题。

（1）如何把握量的问题。如果人们每到达一个地方都会收到一条或数条广告信息，那么没有人能承受这么频繁的信息。人们承受信息并接受的能力是有限的，那么如何把握好量便成了移动商务营销的问题。

（2）隐私问题。隐私问题是移动商务营销不得不面对的问题，相信绝大多数人都不愿意被定位或追踪。但移动商务营销的核心就是用户的信息，在收集信息的过程中可能已经有意或无意地冒犯了用户的私人空间。

虽然移动商务营销存在着很多这样或那样的问题，但相信在未来会有好的方法来解决这些问题。历次技术革新提示我们，对一种具有普适性的新技术而言，在其扩散的过程中，它的商业价值也会同步凸显。

项目实施

任务七　移动商务营销方案策划

【任务描述】

根据自身实际情况，选择熟悉的情境，针对特定的产品、消费者、市场环境和既定的营销目标等，进行移动商务营销方案策划，并书写方案书。

【知识准备】

一、移动商务营销概述

（一）移动商务营销的特点

在市场营销中，最重要也最本质的是在组织和个人之间进行信息的广泛传播与有效交换，如果没有信息交换，任何交易都会变成无本之源。移动技术与互联网技术的发展和成熟，以及其方便性和低廉的成本，使得任何企业和个人都可以很容易地进行信息沟通与交换。移动商务营销相对于传统市场营销和基于 Internet 的电子商务营销，在许多方面都具有其明显的优势，移动商务营销呈现出以下特点。

（1）随时随地的即时通信。移动商务使交易超越时间和空间的限制，企业有更多的时间和更大的空间进行营销。

（2）交互式。在移动商务环境下，企业可以更方便地通过短信、移动网络对消费者进行即时信息搜集，消费者也可以对产品从设计到定价和服务等一系列问题发表意见。这种双向互动的沟通方式提高了消费者的参与性和积极性，更重要的是它能使企业的营销决策有的放矢，从根本上提高了消费者的满意度。

（3）有效性。借助移动终端进行促销具有一对一、理性化、消费者主导的特点。由于手机号码具有唯一性，手机 SIM 卡上存储的用户信息可以确定一个用户的身份。用户的身份是可识别和可记录的，并且一般而言，用户均会对其手机的信息进行阅读。因此，移动商务信息发布的有效性较高。另外，用户信用认证也有了基础。

（4）成长性。全球移动用户数量飞速增长，且新增用户大部分是年轻的、具有较高收入和较高教育水准的。由于这部分群体的购买力强，而且具有很强的市场整合力，所以移动商务是一个极具发展潜力的商务模式，具有很强的市场开发潜力。

（5）整合性。移动商务可以完成从商品信息的发布，到交易操作的完成和售后服务的全过程，这是一种全程的营销渠道。另外，企业可以借助移动网络将不同的传播营销活动进行统一的设计规划和协调实施，通过统一的传播咨询向消费者传达信息，从而可以避免不同传播渠道的不一致性产生的消极影响。随着网络通信技术的不断发展，移动网络信息传送和承载能力更加强大，移动网络将会完成有线互联网所有的功能，移动商务营销的整合性功能加强。

（6）超前性。移动网络是一种强大的营销工具，同时兼有渠道、促销、电子交易、互动客户服务，以及市场信息分析与提供等多种功能。并且移动网络具备一对一营销的能力，这迎合了定制营销及直复营销的未来趋势。

（7）技术性。移动商务营销是建立在移动技术基础之上的，企业在实施移动商务营销时必须有一定的技术投入和技术支持，必须改变企业传统的组织形式，提升信息管理部门的功能，引进营销和移动技术的复合型人才，才能增强本企业在移动商务市场中的竞争优势。

（二）移动商务营销的内容

基于移动通信网的移动商务营销，其基本的营销目的和营销工具与传统的营销大体上是一致的，但在实施和操作过程中与传统营销有较大的区别，具体来讲，移动商务营销包括以下主要内容。

（1）移动商务市场调查。移动商务市场调查是指企业利用移动终端的交互式信息沟通渠道来实施的市场调查活动，采取的方法包括向用户发布问卷进行调查，也可以通过电话调查方式实现。移动商务市场调查的特点是速度快、效率高，但调查时间不宜过长。

（2）移动商务消费者行为分析。移动商务消费者群体具有与传统市场消费者群体不同的特性，因此，要开展有效的移动商务营销活动必须深入了解移动商务消费者群体的需求特征、购买动机和购买行为模式。

（3）移动商务营销策略。企业在采取移动商务营销实现其营销目标时，必须制定相适应的营销策略。这些营销策略包括产品和服务策略、价格营销策略、渠道策略、促销与广告策略等，企业在制定营销策略时，应充分考虑移动商务的特点。

（4）移动商务营销管理与控制。依托移动网络开展营销活动，必将面临传统营销活动没有碰到的许多新问题，如产品质量的不确定性问题、消费者隐私的保护问题、信息的安全问题等，这些都是在开展移动商务营销过程中必须重视并进行有效控制的问题。

二、移动商务的市场开发

（一）移动商务市场的特征

从市场运作机制看，移动商务市场具有以下网络市场的一般特征。

（1）无店铺的经营方式。运作于网络市场上的是虚拟商店，不需要店面、装饰、摆放的货品和服务人员等，使用的媒体为互联网网络。

（2）无存货的经营方式。虚拟商店可以在接到顾客订单后再向制造厂家订货，不需要将商品陈列出来供顾客选择，只需在网页中展示货物菜单供顾客选择。这样一来，店家不会因为有存货而增加其成本，其售价比传统商店要低，这有利于提高网络商家和“电子空间市场”的魅力和竞争力。

（3）无时间限制的全天候经营。虚拟商店不需要雇用经营服务人员，可摆脱因员工疲倦或缺乏训练而引起顾客反感所带来的麻烦，并且可以全天全年持续营业，这对于平时工作繁忙、无暇购物的人来说，有很大的吸引力。

（4）无国界、无区域界线的经营范围。互联网创造了一个即时的全球社区，它消除了同其他国家顾客做生意的时间和地域障碍。面对提供了无限商机的互联网，国内企业可以通过网络，开展全球性营销活动。

（5）精简化的营销环节。顾客不必等待企业的帮助，可以自行查询所需产品的信息。顾客所需信息可及时更新，企业和顾客可快速交换信息。

除了具备上述网络市场的一般特征，移动商务市场还具有以下特征。

（1）具有随时随地的特点。与传统的电子商务相比，移动商务的最大特点是随时随地和个性化。传统电子商务已经使人们感受到了网络带来的便利和乐趣，但它的局限在于台式计算机携带不便，而移动商务则可以弥补传统电子商务的这种缺陷，可以让人们随时随地购买彩票、炒股或者购物，感受独特的商务体验。

（2）用户规模大。截至2019年6月底，全国网民数量达到8.54亿人，中国移动、中国电信、中国联通三家基础电信企业的移动电话用户总数达到15.9亿户（其中，4G用户规模为 12.3 亿户，占移动电话用户总数的 77.4%），手机网民规模也达到了 8.47 亿人。显然，从计算机和移动电话的普及程度来看，移动电话远远超过了计算机。从用户群体来看，移动电话用户中基本包含了消费市场的中高端用户，而传统的上网用户中缺乏支付能力的、30 岁以下的年轻人占一半以上。由此我们不难看出，在某种程度上，以移动电话为载体的移动商务不论在用户规模上，还是在用户消费能力上，都优于传统的电子商务。

（3）有较好的身份认证基础。对传统的电子商务而言，用户的消费信用问题是影响其发展的一大瓶颈，而移动商务在这方面显然拥有一定的优势。这是因为手机号码具有唯一性，手机 SIM 卡上存储的用户信息可以确定一个用户的身份。对于移动商务而言，这就有了信用认证的基础。此外，与西方国家相比，目前我国银行卡的使用率不高、使用网点少、商业信用体系尚不健全、个人信用体系缺位等现实问题的存在，都给移动商务发展提供了机遇。一些专家认为，在我国，以移动终端为载体的移动小额支付，有可能代替信用卡，弥补整个社会消费信用制度的缺位，成为人们较为容易接受的新型电子支付方式。

（4）更加开放。移动商务平台不仅具有丰富的特性和极高的运行性能，而且具有绝对的开放性。对消费者而言，移动商务能完全根据消费者的个性化需求和喜好定制，设备的选择及提供服务与信息的方式完全由用户自己决定。通过移动商务，用户可随时随地获取所需的服务、应用、信息和娱乐，满足不同的需求；对企业而言，移动商务能够帮助企业以最短的时间、最少的费用随时随地获取和传递关键信息，扩展企业电子商务应用，进一步提高企业的生产效率，使其在市场中更具竞争力，得到更好的投资回报率；对应用开发商而言，利用移动商务技术进一步扩展传统解决方案的功能，将获得更大的利润空间。此外，移动商务能让用户随时随地获取关键数据。

（二）移动商务市场消费者

1. 移动商务市场消费者特征

移动商务的出现，使消费者的消费观念、消费方式和地位发生了重要的变化，主要体现在以下几方面。

（1）注重个性消费。工业化和标准化的生产方式使消费者的个性被淹没于大量的低成本、单一产品的洪流中。然而没有两个消费者的需求是完全一样的，每一个消费者都是一个细分市场。心理上的认同感已经成为消费者做出购买品牌和产品决策的先决条件，个性化消费也必将再度成为消费的主流。

（2）消费需求差异大。消费者的个性化消费，以及在收入水平、年龄、文化程度上的不同，使得移动商务的需求呈现出较大的差异性。

（3）消费的主动性加强。由于用户通常将移动终端随身携带，对移动终端有较强的依赖性，随着移动商务服务种类的增加和服务的便利性，越来越多的消费者开始主动寻找他们所需要的服务，消费的主动性大大加强。

（4）消费者的年龄趋于年轻化。数据表明，目前移动用户中，30 岁以下的用户占主要部分。

（5）消费需求的超前性和可诱导性。利用移动网络购物的消费者的经济收入较高，这部分消费者比较喜欢超前和新奇的商品，也比较注意和容易被新的消费动向与商品介绍吸引。

2. *移动商务市场消费者类型*

移动商务的在线消费者可以分为两类：个人消费者和机构买家。个人消费者引起了更多媒体的关注，而机构买家占网上购物的绝大部分市场份额。机构买家包括政府、私人公司、转售商和公共组织。

移动商务的在线消费者也可以分为以下几类：①冲动型消费者，购买时行动迅速；②耐心型消费者，在进行一些比较后才购买；③分析型消费者，在经过大量的研究后才做出购买决定。另外，还有一些“橱窗消费者”，他们以浏览为乐。

（三）移动商务的目标市场与市场定位

目标市场是企业准备进入和服务的市场，企业进行市场细分的目的就是选择目标市场。从移动商务的行业应用来看，其目标市场可以分为贸易、银行、购物、购票、基于位置的服务、娱乐业（主要是游戏和博彩业）六方面。但移动商务企业选择什么样的目标市场，与企业自身所具备的资源和能力有关，当然，还与它提供的产品或服务的特点、竞争对手的市场策略等因素有关。

市场定位是指营销企业为产品或服务确定某些方面的特征和优点，使本企业产品在目标市场客户中形成某种区别于竞争对手的印象与评价，更好地适应消费需求，巩固客户关系。市场定位的实质是使本企业与其他企业严格区分开来，使客户明显感觉和认识到这种差别，从而在客户心目中占据特殊位置。市场定位与产品差异化有密切的关系。在营销过程中，市场定位是通过为自己的产品创造鲜明的个性，从而塑造独特的市场形象来实现的。企业从事移动商务，也应该根据自身所提供产品或服务的特色进行市场定位，以建立独特的市场形象，赢得客户的认可。

市场细分一般可以采用以下标准。

（1）地域因素细分。一般而言，处于不同地域的消费者基于当地的自然条件、经济发展水平、文化或生活方式及消费观念，在消费和购买行为上存在较大的差别。按地域细分市场，对于研究不同地区消费者的需求特点、消费总量及其发展变化的趋势具有一定意义，有利于开拓不同区域市场，扩大市场份额。

（2）人口因素细分。人口因素主要包括年龄、性别、职业、收入、教育、宗教信仰等多个方面。人口因素与消费者的欲望、偏好和购买力有十分明显的因果关系。由于人口因素细分的具体标准有很多，总体市场可以分为几十个甚至上百个细分市场。例如，不同收入阶层的人对移动商务的需求不同。

（3）心理因素细分。在利用地域因素和人口因素进行市场细分后，同一细分市场的消费者对于同类产品的需求并不相同，这主要是心理因素作用的结果。消费者的生活方式、购买动机、消费观念都可以作为细分的标准。“白领”和“蓝领”阶层的购买动机有明显的差异。在营销实践中，心理因素对营销效果影响比较大。

（4）行为因素细分。用于市场细分的行为因素主要有消费者进入市场的程度、消费的数量、品牌忠诚度、代购阶段等。

（5）服务类别细分。除了以上分类方式，移动商务还可以按服务类别划分其市场。移动商务市场将主要集中在以下几个领域：①自动支付系统，包括自动售货机、停车场计时器、自动售票机等；②半自动支付系统，包括商店的收银柜机、出租车计费器等；③移动互联网接入支付系统，包括网络银行等；④移动支付代替信用卡类支付及私人之间账务结算。

（四）移动商务的市场调查

市场调查的目的是找出描述消费者、产品、营销手段和商家之间关系的信息，从而发现市场机会，制订营销计划，更好地理解购买过程和评估营销成果。一般的市场调查过程包括以下 4 个阶段：①定义要调查的问题和调查目标；②确定调查方法和数据收集计划；③收集数据；④数据分析和综合，给出调查结果。

移动商务的市场调查有在线市场调查和离线市场调查两类，其中在线市场调查基于移动网络，可以更快、更可靠地收集和处理市场信息，甚至多媒体信息。

在线市场调查可以采用移动电话访问、电子邮件和短信互通、在聊天室里聚集消费者进行群互动、引导消费者到网站进行调查等方式。在线市场调查允许与消费者进行个别交流，这使调查机构可以更好地了解消费者、市场和竞争情况。例如，调查机构可以及早发现产品和消费者转变的趋势，使商家找到市场机会，并开发出消费者真正需要的产品。在与消费者交流的过程中，调查机构可以在网站上使用游戏、奖品、小测验或奖金等形式作为报酬，消费者只有回答了调查问卷上的问题，才能玩游戏、赢得奖品或免费下载软件。

移动商务市场调查包含的内容有：①移动商务市场环境调查，包括政策环境、经济环境、社会文化环境；②移动商务市场基本状况的调查，包括市场规范、总体需求量、市场的动向、同行业的市场分布占有率等；③销售可能性调查，包括现有用户和潜在用户的人数及需求量、市场需求变化趋势、本企业竞争对手的产品在市场上的占有率、扩大销售的可能性和具体途径等；④移动商务消费者及其消费需求、企业产品、产品价格、影响销售的社会因素和自然因素、销售渠道等方面的调查。

三、移动商务营销的策略

从网络的广义上讲，移动商务是传统电子商务的延续。因此，应该在考虑传统网络营销策略的基础上，通过分析传统网络营销的策略和方法，围绕以服务客户为中心的宗旨，结合目前移动商务发展的现状和特点，以及未来发展的趋势，制定移动商务营销策略。

（一）移动商务的营销理念

本着“移动通信+Internet+电子商务=移动商务”的思路，在进行移动商务营销过程中应遵循方便、个性化、创新的理念。移动商务区别于其他商务形式最大的方面就是其方便性，消费者可以随时随地进行网上消费。无线网络的兴起使“端口+网线+节点”的固定建网模式成为过去，取而代之的是无线基站建网模式。基站实际上就是一定区域内的无线网络信号的发射源，凡是在基站无线网络信号可以覆盖的区域，电子商务交易者都可以利用各种设备与商务平台互联，实现实时交易，从而打破了固定网络硬件框架的限制。

无线网络技术使得电子商务交易的便利性不断向消费者倾斜。根据电子商务交易参与者的身份，可将电子商务分为 B2C、B2B 和 C2C 3 类，在这 3 类电子商务活动中，主要的参与主体有两类——企业和消费者。就企业而言，无论是经营电子商务网站的商务平台企业、提供交易商品的生产型企业，还是提供网络交易渠道的中间商企业，由于其办公地点相对固定、商务平台运行设备专用、要求在线时间相对较长、处理数据量较大等因素的限制，除远程控制等特殊情形外，在一般情况下仍会使用光纤宽带入网模式，所以无线网络技术的便利性优势并不突出。但消费者与企业相比，具有更大的流动性和交易的随机性，这对开展电子商务的时空条件提出了更宽泛的要求。而无线网络技术正好满足了消费者的这一商务需求，为消费者参与电子商务提供了更大的便利性。也正是由于电子商务交易的便利性向消费者倾斜，使无线网络时代的 B2C、C2C 电子商务获得了更大的发展契机。

（二）移动商务营销的 4I 模型

移动商务营销的 4I 模型是指 Individual Identification（个体的识别）、Instant Message（即时信息）、Interactive Communication（互动沟通）、Individuation（个性化）。相对传统电子商务及市场营销而言，移动商务独具的个人化、地域性、网络化的优势，决定了移动商务营销应首先在识别用户身份的基础上实现市场细分，差别化营销。在识别目标用户后提供个性化的服务和针对性的产品推广，是移动商务营销的直接目的。个性化的实现必须基于即时性的用户位置定位及互动沟通。

在营销模式从 4P 到 4C 的理论不断成熟和发展的过程中，营销的理念中心已逐步由企业转向消费者。而在此基础上，4I 模型的建立则在移动设备和移动网络新技术优势的基础上，以用户为中心，进行差别化的营销投入，实现企业营销推广的最终目的。

（1）Individual Identification（个体的识别）。

个体的识别，即识别沟通的分众对象并与其建立一对一的关系。分众的精细化就是目标个体，也就是说，目标消费者已经不是抽象的某一个群体了，而是差别化的个体。移动商务营销就是利用移动终端与差别化的个体进行一对一的沟通。同时，这种目标个体是可识别的，即分众的量化。这种识别包括不同消费者之间的个性需求识别，以及同一消费者在不同地点、不同时间段的特定需求。个体的可识别，就是可对目标消费的个体进行量化管理。在现实中，每个消费者都是独一无二的。传统营销理论回避了哪个消费者是谁的问题，消费者的关系建立是模糊的、不可识别的。传统营销理论知道消费者有需求，但是却不能回答“谁”的需求、“他”到底在哪里这些问题。消费者是“见利忘义”的，这种“见利忘义”体现在大量的促销活动可以轻易地使消费者转移品牌，消费者的品牌忠诚度更难把握和琢磨，因此，移动商务营销需要做到分众识别、个体锁定、定向发布广告。

（2）Instant Message（即时信息）。

移动终端的便利性使得移动商务营销可以及时与目标消费者进行沟通。移动商务营销的即时性可快速提高市场反应速度。在相互影响的市场中，对企业来说，最现实的问题不在于如何控制、制订和实施计划，而在于如何站在消费者的角度及时地倾听消费者的希望、渴望和需求，并及时答复和迅速做出反应，满足消费者的需求。移动商务营销的动态反馈和互动跟踪为这种营销策略提供了一种可能。需要强调的是，移动商务营销的即时性，对于企业来说，意味着广告发布是可以定时的，这是因为当企业对消费者的消费习惯有所觉察时，可以在消费者最有可能产生购买行为的时间发布产品信息。这需要对消费者的消费行为有量化的跟踪和调查，同时在技术上需要做到随时发布信息。另外，也要求在识别用户地理位置后即时触发营销行为，主动推送营销信息。

（3）Interactive Communication（互动沟通）。

互动就是参与。消费者的忠诚度是变化的，他们会随时转移品牌。要保持消费者的忠诚度，赢得长期而稳定的市场，需要依赖一对一的无线互动营销，它可以与消费者形成一种互动、互求、互需的关系。在移动商务营销活动中，一对一的互动关系必须对不同消费者的关系营销的深度、层次加以甄别，对不同的需求识别出不同的个体，才能使企业的营销资源有的放矢，互动成了相互了解的有效方式。

（4）Individuation（个性化）。

手机、便携式计算机、PDA 等移动终端的特性为个性化、私人化、功能复合化及时尚化的实现提供了得天独厚的优势，这也是评价一部移动终端能否满足用户需求的默认标准。

利用移动终端进行的移动商务营销活动具有强烈的个性化色彩，“让我做主”“我有我主张”“我的地盘我做主”“我运动，我快乐”“我有，我可以”“我能”等在消费生活中人们高喊的口号，无一不传达出越来越明显的市场个性化特征。这种消费诉求要求市场的营销活动要具有个性化，传递的信息也要具有个性化。人们对于个性化的需求将比以往任何时候都更加强烈。移动商务营销模式就是可识别的、即时的、互动的、个性化的。

四、移动广告

（一）移动广告的定义

移动广告是随着移动数据业务的发展而兴起的，它是一种移动增值业务，开始是作为移动位置服务（LBS）与广告服务融合的一种延伸。美国移动营销协会（Mobile Marketing Association，MMA）将移动营销定义为：介于品牌和终端用户间的作为通信与娱乐渠道的移动媒体的使用。移动营销是随时随地都能够带来即时、直接、交互沟通的一种亲身渠道，也就是通过移动渠道来规划和实施想法，对产品或服务进行定价、促销、流通的过程。但移动广告与移动营销不完全相同。MMA 对广告的定义是：特定的广告主通常以付费的方式通过各种传播媒介，对商品、服务或观念等信息进行的非人员介绍和推广。IMAP 将移动广告定义为：使用移动媒体来传送广告信息，鼓动人们购买产品和服务的商业活动。IMAP 对移动广告的定义虽然强调了购买，但是没能充分表达广告的含义。结合以上有关定义和移动媒体的特点，可以将移动广告定义为：通过移动媒体传播的付费信息，旨在通过这些商业信息影响接受者的态度、意图和行为。移动广告实际上是一种互动式的网络广告，它由移动通信网络承载，具有网络媒体的一切特征，同时比互联网更具优势，因为移动性使用户能够随时随地接收信息。

移动广告被认为是未来商业广告中以用户数据库为基础进行精准营销，广告主有目的地筛选适当的人群进行针对性的商业信息传播的最佳舞台。移动广告的最大亮点在于它把移动终端和广告结合起来，形成了客户、商家和运营商三方受益的局面。

（二）移动广告的特点

移动广告作为一种全新的广告形式，与其他媒体广告相比，具有以下主要特点。

（1）精准性。相对于传统广告媒体，移动广告在精准性方面有着先天的优势。移动广告突破了传统的报纸广告、电视广告和网络广告等单纯依靠庞大的覆盖范围来达到营销效果的局限性，而且在受众人数上也有了很大的超越。移动广告可以根据用户的实际情况和实时情境将广告直接发送到用户的移动终端，真正实现了“精准传播”。例如，广告主可以针对用户的不同地区、类型、背景资料、兴趣爱好向适合产品的用户投放广告，这样既节省广告的投放费用，又会有较高的转化率。

（2）即时性。移动广告的即时性来自移动终端的可移动性。例如，手机是个人随身物品，它的随身携带性比其他任何传统媒体都强，绝大多数用户几乎每天都会把手机带在身边，有的用户甚至一天 24h 不关机，手机媒介对用户的影响力是全天候的，广告信息到达也是最及时有效的。因此，移动广告突破了时间和地域的限制，用户可以在任何时间、任何地点迅速接收广告信息，这样的传播速度是此前任何媒体都无法匹敌的。

（3）互动性。移动广告的互动性为广告主与用户搭建了一个互动交流的平台，让广告主能更及时地了解用户的需求，使用户的主动性增强，提高了自主地位。作为互联网技术和移动通信技术完美结合的手机媒体，可以充分发挥互动功能的优势，将互动元素融入手机媒体广告的创意中，使用户随时随地进行广告接收后的反馈互动。

（4）扩散性。移动广告的扩散性，也可以说是再传播性，是指用户可以将自认为有用的广告转发给亲戚朋友，向身边的人扩散信息或传播广告。这就弥补了传统广告只能通过用户口口相传的缺陷，同时也避免了传播过程中的信息失真问题。

（5）整合性。移动广告的整合性优势得益于网络技术的迅速发展，移动广告可以通过文字、声音、图像、动画等不同的形式展现出来，手机将不仅仅是一个实时语音或者文本通信设备，还是一款功能丰富的娱乐工具（影音功能、游戏终端、移动电视等）；同时又是一种实时的金融终端（手机电子钱包、证券接收工具等）。一部手机可整合多种媒体和软件资源，将传统的电视媒体、报纸报刊和金融服务融为一体，这使得手机广告的形式和内容更加丰富，更具有融合性。移动广告的这种整合性优势给企业营销带来了巨大的机遇，原先支离破碎的媒体手段重新被网络技术整合在一起，向同一传播目标传递同一个声音、同一种形象，从而实现了广告传播效果最大化。

（6）可测性。对于广告主来说，移动广告相对于其他媒体广告的突出特点还在于它的可测性，这使受众数量可以被精确统计。广告主可同移动通信运营商积极展开合作，定时定向追踪和监测广告效果。借助于精确统计的数据评价广告效果，进一步审定移动广告的投放策略，并利用移动媒体的互动和实时的特点，按照用户需要，及时变更移动广告的形式和内容，增强广告的宣传效果。

（7）低成本。所有广告主都愿意支出最低成本，将产品投入更加细分化的市场，引起消费者对产品的关注与热情。手机作为广告媒体，恰恰具有强烈的分众性和个人化特点，可以实现市场细分，对潜在的目标受众提供与之对应的广告和信息。因此，与传统媒体广告相比，移动广告具有突出的成本优势，并且还将 CPA（按效果计费）的收费方式变为现实。CPA，是指在移动广告形成闭环销售的情况下，从用户接收广告信息开始直到交易最终完成，运营商和广告服务提供商对于用户提交的每一个申请均有记录，并以此判断所投放的广告是否真正对产品的销售产生了直接影响。对于确实产生实际销售的移动广告，运营商将根据协议向广告主收取销售额固定比例的广告费用。作为交换，对于没有产生实际销售的移动广告，广告主只需按数量、流量或者时间等向运营商支付基本的通信费用。

（三）移动广告的类型

按照不同的标准，可以对移动广告进行不同的分类。按内容形式，可以将移动广告分为文本广告、图片广告、视频广告、音频广告及混合形式广告等；按推送方式，可以将移动广告分为推式（Push）广告和拉式（Pull）广告，其中推式广告具有很高的覆盖率，但容易形成垃圾信息，拉式广告是基于用户定制发送的广告信息；按发布形式，可以将移动广告分为信息类广告、终端嵌入类广告、语音类广告、视频类广告、页面类广告、移动搜索类广告、无线定位类广告等。

下面以发布形式为分类标准，对移动广告进行详细的说明。

1. 信息类广告

信息类广告是移动广告最早的表现形式，尤其是以短信为主的强制性手机广告，依然是目前最主要的移动广告形式。信息类广告多为用户被动接收，其发布的形式主要是短信、彩信和小区广播信息。

目前，短信具有费用低廉且潜在广告对象群体巨大、覆盖面广等特点，因此短信传播仍然具有不可替代性。

彩信广告以其图文并茂、色彩鲜艳等特点受到用户青睐，这也正是彩信广告最大的特点。彩信广告支持文字、图像、声音、数据等多媒体功能，使广告信息更具表现力，广告效果大大增强。彩信其实就是短信的延伸，它除了支持多媒体功能，本质上与短信没有区别。

小区广播信息广告业务借助了手机的定位技术，当用户进入某一特定区域时，系统将自动向该用户发送短信或彩信。如果这些短信、彩信上承载的是广告信息，那么就形成了小区短信广告、小区彩信广告。例如，当用户到达新的省市、商场、酒店、机场时，即可接收到与此地点相关的广告信息。

2. 终端嵌入类广告

终端嵌入类广告包括终端嵌入式广告和业务嵌入式广告两种形式。

终端嵌入式广告是指广告主与移动终端厂商合作，在出厂之前将广告直接植入移动终端，通过图片、屏保、壁纸、开关机画面、铃声、视频和游戏等形式呈现。终端嵌入式广告的优势是强制用户浏览，并且长期存在移动终端里，可以被多次观看；其劣势是制作要求和广告成本较高，更新率低。

业务嵌入式广告是指将广告以文字、图片、声音、视频等形式嵌入用户的增值业务中。例如，游戏嵌入式广告是将广告穿插在手机游戏中，利用消费者对游戏的爱好和游戏本身的互动性及娱乐性，把游戏作为载体进行广告宣传；也可以将品牌信息和产品形象内置在游戏当中，设计成新颖的道具或者场景，让用户在娱乐中体会产品的特点和性能，进而培养用户对产品品牌的认同感。例如，对于赛车类游戏，可以和汽车厂商合作，在游戏中将赛车的信息变成该汽车厂商各系列的车，让用户在游戏中了解该汽车厂商汽车的车型、性能等，并对该车的品牌有一定的印象。

3. 语音类广告

语音类广告是指将广告内容以语音片段的形式加入运营商为手机用户提供的语音增值业务服务中。语音类广告包括语音服务电话的广告收听和彩铃广告。语音服务电话的广告收听是指用户主动拨打某个特定的号码收听广告；彩铃广告是指用户通过下载广告彩铃的方式向其自身的交际圈传播广告。

4. 视频类广告

视频类广告包括视频点播广告和手机电视广告两种形式。伴随着移动终端的研制和移动通信技术的发展，更大、更清晰的屏幕，更长久的电池能量供应，更快速的数据传输能力使各种业务的实现成为可能，同时也将极大提高移动广告的表现能力。常见的视频类广告如手机流媒体视频广告，除了具有传统电视广告信息承载量大、视觉感官体验好的特点，还具有精确性、可随身性和便携性的优势。视频类广告有很大的发展空间，但是流量资费的问题还有待进一步解决。

5. 页面类广告

页面类广告是指将文字、图片或视频广告嵌入用户所浏览的网站页面，类似于互联网用户在访问网页时所看到的广告。不同的是手机网站可以掌握用户的个人信息（如手机号码等），通过分析用户具体身份信息、浏览信息等，细分用户类型，以用户数据库为基础定向营销，达到精准投放广告的目的。同时，在无线互联网上，企业还可以通过互动平台与用户展开形式丰富的互动活动，充分体现移动广告的互动优势，从而达到广告的目的。

6. 移动搜索类广告

移动搜索类广告是指用户使用移动终端，通过 SMS、网页等多种方式进行信息、资讯、生活、娱乐等内容的搜索应用。移动搜索是搜索技术基于移动通信网络在移动平台上的延伸，因此，移动搜索是互联网与移动通信产业融合的产物。从硬件支持来看，与有线互联网搜索相比，移动搜索最大的不同在于使用户享受搜索服务的便利性。但由于终端不统一的特性，移动搜索引擎不仅要完成信息的获取，还要对获取的信息进行相关处理，即把不同内容提供者、不同类别的信息进行整合，并建立相关性，再将所有信息进行相关处理，转换成适合终端使用的信息。移动搜索类广告与互联网的搜索广告类似，有移动搜索服务提供商运营的关键词广告和竞价排名广告。

7. 无线定位类广告

无线定位广告又被称为位置广告，是利用无线网络的定位功能，及时根据定位用户的地理位置，并为其主动提供服务的一种广告模式。位置服务功能可为用户提供包括位置信息、城市导航、行车指南、位置广告等服务。其中，位置广告更加具有贴近性、更加人性化，是移动广告的发展方向及制胜的关键。

【任务实施】

（1）确定移动营销目标主题。明确营销目标，确定一定的时空范围、具体产品、所针对的消费者群体等。

（2）收集资料。围绕既定的移动营销目标，在既定范围内有针对性地开展调查，通过多种方法收集与产品、消费者、市场等有关信息资料。

（3）整理资料。对综合市场调查过程中收集的一手资料和现成的二手资料进行分类、筛选，整理出对目标主题有用的资料。

（4）提出具体营销创意。根据调查所得的资料和企业的实际情况，提出移动营销策划的具体创意。

（5）选择可行的移动营销方案。将符合目标主体的创意，变成具体的可执行方案。

（6）制定实施细则。根据选定的方案对各功能部门进行任务的详细分配，分头实施，并按进度表与预算表进行监控。

（7）制定检查办法。对移动营销策划方案提出详细、可行的检查办法和评估标准。

（8）撰写移动营销策划书。在前面已制定可行的移动营销方案、实施细则、检查办法的基础上，撰写移动营销策划书。

【任务拓展】

一、4R 营销理论

4R 营销理论以关系营销为核心，注重企业和客户关系的长期互动，重在建立顾客忠诚度。4R营销理论既从厂商的利益出发又兼顾消费者的需求，是一个更为实际、有效的营销制胜术。4R营销理论的提出者目前尚存争议，有的观点认为是艾略特•艾登伯格（Elliott Ettenberg）于2001年在其《4R营销》一书中提出了4R营销理论；有的观点认为是唐•舒尔茨（Don E. Schultz）在4C营销理论的基础上提出了4R营销理论。

1. 4R营销理论的内容

4R营销理论的营销四要素如下。

（1）关联（Relevance）。企业与顾客是一个命运共同体，建立并发展与顾客之间的长期关系是企业经营的核心理念和最重要内容。

（2）反应（Reaction）。在相互影响的市场中，对企业来说，最现实的问题不在于如何控制、制订和实施计划，而在于如何站在顾客的角度及时倾听顾客的希望、渴望和需求，并及时答复和迅速做出反应，满足顾客的需求。

（3）关系（Relationship）。在企业与顾客的关系发生了本质性变化的市场环境中，抢占市场的关键已转变为与顾客建立长期而稳固的关系。相应产生了五个转向：从一次性交易转向强调建立长期友好合作关系；从着眼于短期利益转向重视长期利益；从顾客被动适应企业单一销售转向顾客主动参与生产过程；从相互的利益冲突转向共同的和谐发展；从管理营销组合转向管理企业与顾客的互动关系。

（4）报酬（Reward）。任何交易与合作关系的巩固和发展，都是经济利益问题。因此，一定的合理回报既是正确处理营销活动中各种矛盾的出发点，也是营销的落脚点。营销目标必须注重产出，注重企业在营销活动中的回报。一切营销活动都必须以为顾客及股东创造价值为目的。

2. 4R营销理论的特点

（1）4R营销理论以竞争为导向，在新的层次上提出了营销新思路。根据市场日渐激烈的竞争形势，4R营销理论着眼于企业与顾客建立互动与双赢的关系，不仅积极地满足顾客的需求，而且主动地创造需求，通过关联、反应、关系、报酬的形式建立与4R营销理论独特的关系，把企业与顾客联系在一起，形成了独特的竞争优势。

（2）4R营销理论真正体现并落实了关系营销的思想。4R营销理论提出了如何建立关系、长期拥有顾客、保证长期利益的具体操作方式，这是关系营销史上一个很大的进步。

（3）4R营销理论是实现互动与双赢的保证。4R营销理论的反应机制为建立企业与顾客关联、互动与双赢的关系提供了基础和保证，同时也延伸和升华了营销便利性。

（4）4R营销理论的回报使企业兼顾成本和双赢两方面内容。为了追求利润，企业必然实施低成本战略，充分考虑顾客愿意支付的成本，实现成本的最小化，并在此基础上获得更多的市场份额，形成规模效益。这样一来，企业为顾客提供的产品与企业追求的回报就会相互促进，从而达到双赢的目的。

3. 4R营销理论的缺陷

当然，4R营销理论同任何理论一样，也有其不足和缺陷。例如，4R营销理论所要求的同顾客建立关联关系，就需要企业有实力基础或某些特殊条件，这并不是所有企业都可以轻易做到的。但不管怎样，4R营销理论提供了很好的思路，是经营者和营销人员应该了解和掌握的。

4R营销理论外还有0.5R。几乎所有的市场营销理论都是在强调如何抢占市场和争取客户，将夺取利润作为最大目标。但市场行为本身就是一种风险博弈，也可以说在市场上什么都是可变的，只有利润和风险是永恒的。所以建议大家在学习4R营销理论的同时也对0.5R进行学习，即risky control。相信能够把握好风险控制的经营者将拥有更长久的发展动力和空间。

4. 4R营销理论的操作要点

（1）紧密联系顾客。企业必须通过某些有效的方式在业务、需求等方面与顾客建立关联，形成一种互助、互求、互需的关系，把顾客与企业联系在一起，减少顾客的流失，以此来提高顾客的忠诚度，赢得长期而稳定的市场。

（2）提高对市场的反应速度。多数公司倾向于向顾客诉说，却往往忽略了倾听的重要性。在相互渗透、相互影响的市场中，企业应及时倾听顾客的希望、渴望和需求，并及时做出反应来满足顾客的需求。

（3）重视与顾客的互动关系。4R营销理论认为，如今抢占市场的关键已转变为与顾客建立长期而稳固的关系，把交易转变成一种责任，建立和顾客的互动关系。沟通是建立这种互动关系的重要手段。

（4）回报是营销的源泉。由于营销目标必须注重产出，而达成回报是动力的源泉，所以企业要满足客户需求，为客户提供价值，不能做无用的事情。一方面，回报是维持市场关系的必要条件；另一方面，追求回报是营销发展的动力，营销的最终价值在于其是否有给企业带来短期或长期收入的能力。

二、案例阅读——产品活动运营推广策划方案

活动是快速拉新、活跃用户的一个很重要的方式，如拉新活动、付费活动、活跃活动、引流活动等。如果一场活动做得好，那么它带来的效果将是不可估量的。一份完整的产品活动运营推广策划主要包括以下几方面。

1. 竞品分析

（1）做好定位，选择竞品。

一般来说，竞品分析选择两个产品最好，最多三个。获取竞品的方式有：①在应用宝、应用市场中，用关键词搜索查看排名靠前的产品；②在百度中搜索关键词，查看排名靠前的产品。

（2）分析竞品，得出结论。

通常来说，比较全面的竞品分析要从用户、市场趋势、功能设计、运营及推广策略等方面来展开，这里把它细化成以下几个维度：①产品功能结构；②市场分析；③用户分析；④需求调研；⑤功能分析；⑥运营分析；⑦总结重点关注市场分析及运营推广策略。以一款移动生活App为例，运营数据可从下载量、用户数、留存率、转化率、活跃用户数、活跃时长等方面来进行竞品分析。运营及推广策略可从竞品的渠道管理来分析，如应用市场投放、移动论坛、市场活动、软文投放、社交化媒体表现等。

（3）得出结论，制订计划。

通过上述竞品分析，可以大致得出一个比较有市场商业价值的结论，然后根据结论制订一个合理的运营推广方案。

2. 产品与目标用户群

清晰的产品定位、目标用户群定位是运营及推广的基石，目标用户群分析得越透彻、越清晰，对后期产品推广的关键性助推作用就越大。

（1）产品定位。

用一句话清晰描述你的产品满足的用户或者用户市场。例如，陌陌，一个基于地理位置的移动社交工具；QQ空间，一个异步信息分享和交流的平台，是QQ即时通信工具的补充；青瓜传媒，分享互联网产品，App推广运营干货。

（2）产品核心目标。

产品核心目标往往表现为解决目标用户市场的需求问题，这个问题分析得越透彻，产品核心目标就越准确。例如，360安全卫士解决用户使用电脑的安全问题，微信为用户提供流畅语音沟通的移动应用。

（3）目标用户群定位。

一般按照年龄段、收入、学历、地区等维度来定位目标用户群。

（4）目标用户群特征。

① 常用用户特征：年龄、性别、出生日期、收入、职业、居住地、兴趣爱好、性格特征等。

② 用户技能：如熟练电脑办公、外语能力强等。

③ 与产品相关的特征：电子商务类，如购物习惯、消费预算等；交友类，如是否单身、择偶标准等；游戏类，如是否喜欢3D游戏、有无同类型游戏经验等。

（5）用户角色卡片。

根据目标用户群，围绕目标用户群特征建立用户角色卡片。

（6）用户使用场景。

用户使用场景是指将目标用户群投放到实际的使用场景中。还是以App为例，小李看到一款商品为870元，心动想入手，他用比价App进行二维码扫描发现该商品在京东售价为680元、在淘宝售价为620元，App主动提示建议他在淘宝购买。

3. 推广方案

移动互联网行业创业公司市场适合多面出击，对能够想到的各种方式都进行尝试，用最小的投入把品牌效果最大化。测试所有想到的方式，从中选择一种最有效的方式，把手里的资源集中在一个可能爆发的点上，不断放大，不断分析，等待爆发。最终吸引更多用户注册，提高自己的市场份额。

（1）渠道推广。

产品运营都离不开推广，要学会从运营中找出问题，总结良好经验，做优质渠道，如线上推广、线下推广、积分墙推广等。

（2）新媒体推广。

以App推广方式中的新媒体推广为例，新媒体推广具体包括以下几方面。

① 内容策划。在进行内容策划前需做好受众定位，分析出核心用户特征。坚持原创内容的产出，在内容更新上保持一天三条左右的有趣内容。抓住当周或当天的热点并跟进。让产品讲故事，使产品拟人化。

② 品牌基础推广。百科类推广：在百度百科、360百科建立品牌词条。问答类推广：在百度知道、搜搜问答、新浪爱问、知乎等网站建立问答。

③ 微博推广。内容：将产品拟人化，让产品讲故事，定位微博特性，坚持原创内容的产出；在微博上抓住当周或当天的热点并跟进，保持一定的持续创新力，这里可以参考同行业运营比较成功的微博，借鉴他们的经验。互动：关注业内相关微博账号，保持互动，提高品牌曝光率。活动：必要时可以策划活动，如微博转发等。

④ 微信推广。微信公众号的运营推广需要一定时间的沉淀，可以参考如下内容：内容定位，结合产品做内容聚合推荐，内容不一定多，但一定要精，并且要符合微信公众号的定位；种子用户积累，初期可以给定一个 KPI 指标，如 500 个粉丝一个门槛，种子用户可以通过同事好友、合作伙伴推荐、微博引流、官网引流等来达到；小号积累，开通微信小号，每天导入目标用户群；微信互推，当粉丝量达到一定预期后，可以加入一些微信互推群。

⑤ 事件营销。事件营销不仅是体力活还是脑力活，需要整个团队在保持敏锐的市场嗅觉的同时，需要有强大的执行力，配合一定的媒体资源，事件才能以最快的速度被推出去。事件营销的前提是需要团队成员每天接触大量新鲜的资讯，并把这些信息整合，也需要团队成员养成随时记录闪现的灵感创意并和其他成员及时分享的习惯。对于贴近产品的创意点和结合点，要马上进行头脑风暴，对事件的始终进行推理，若确定方案可行，那么应马上做出与之匹配的传播计划，开始做项目预算并准备好渠道资源。

⑥ 数据分析。每周花一些时间去认真分析每一个渠道背后的数据，你一定会发现传播度高的内容背后的契合点和关联性，这样非常有利于自己官方微博、微信内容质量的提升。

（3）线下推广。

利用宣传经费印制纸质宣传单和各种海报。对于海报，在人流量多且可免费宣传的地方张贴海报。对于宣传单，与合作商家商议，将宣传单曝光于商家与用户接触的地方。除此之外还有地推卡传单，即制作精美传单，可在办公区域相对集中的地方、商场发放该传单。

4. 推广预算

根据之前做的推广方案对各渠道做预算配比，这一步就是与老板敲定第一期投放预算。

（1）线上推广费用，包括各大应用市场发布费用、运营商渠道推广费用、手机厂商商店费用、积分墙推广费用、刷榜推广费用、社交平台合作推广费用、广告平台推广费用、网盟买量推广费用。

（2）线下推广费用，包括手机厂商预装、新媒体推广、品牌基础推广、剥壳等费用，百科类推广、论坛推广、贴吧推广、微博推广、微信推广、软文推广、事件营销、线下活动推广、宣传单、海报等费用。

5. 制定目标

对于一款 App，其关注指标由以下两方面决定。

（1）产品运营阶段。

① 种子期：主要目的在于收集用户行为数据，并与产品设计时的用户模型做对比，进行有目的性的调优。主要关注数据有页面路径转化、按钮点击、启动次数、启动时间段、停留时长等。种子期数据量不求多，但求真实。对于用户来源，可以先做免费渠道，如果有一些首发资源会更好。

② 推广期：主要目的在于扩大影响，吸引用户。主要关注数据有新增、活跃、留存及

渠道数据。在推广期如果能够配合各种资源多管齐下，用户量有爆发是最好的。

③ 营收期：主要目的在于通过各种活动运营、增值服务创造营收。主要关注数据有付费用户数、付费金额、付费路径转化、ARPU（Average Revenue Per User，每用户平均收入）等。

（2）产品类型。

工具类产品，启动次数很重要；社区类产品，活跃用户和 UGC（User Generated Content，用户生成内容）很重要；游戏类产品，在线人数和 ARPU 很重要。移动电商主要关注成交转化率，包括订单转化率和金额转化率。

6. 关于数据指标的分析

App 的数据指标体系主要分为五个维度，包括用户规模与质量分析、参与度分析、渠道分析、功能分析和用户属性分析。用户规模与质量分析是 App 数据指标体系最重要的维度，相对其他维度来讲，其指标也是最多的，产品负责人要重点关注这个维度的指标。

1）留存用户和留存率

留存用户和留存率通常反映了不同时期获得的用户流失的情况，分析该值往往是为了找到用户流失的具体原因。

在一般情况下，App 刚开始用户会比较多，随着时间的推移会不断有用户流失，留存率随时间推移逐步下降，一般在 3～5 个月后达到稳定。其中，阅读资讯、社交沟通、系统工具是留存率最高的三类应用，4 个月以后的留存率稳定在 10%左右。只有留存率提高了，才会有更多的用户留下来，真正使用 App 的用户才会越来越多。

次日留存：因为都是新用户，所以结合产品的新手引导设计和新用户转化路径来分析用户流失的原因。通过不断地修改和调整新手引导设计和新用户转化路径来减少用户流失，提高次日留存率。在一般情况下，这个数字如果达到了 40%，就表示产品已经非常优秀了。

周留存：在这个时间段里，用户通常会经历一个完整的使用和体验周期，如果用户在这个时间段内能够留下来，那么就有可能成为忠诚度较高的用户。

月留存：通常 App 的迭代周期为 2～4 周，因此，月留存能够反映 App 某一版本的用户留存情况，由于 App 版本的更新，总是会或多或少的影响用户的体验，所以通过比较月留存率能够判断每个版本的更新是否对用户有影响。

渠道留存：因为用户来源渠道不一，用户质量会有差别，所以有必要针对渠道用户进行留存率分析。而且在排除用户差别的因素以后，再比较次日留存、周留存，可以更准确地判断产品的问题。

2）活跃用户

每天既会有新增的用户，也会有流失的用户，如果单独只看每日的活跃用户数，是很难发现问题的本质的。因此，通常会结合活跃率和整个 App 的生命周期来看活跃用户。活跃率是指活跃用户与总用户的比值，通过这个比值可以了解用户的整体活跃度。

但随着时间周期的加长，用户活跃率总是在逐渐下降的。如果某一 App 经过一个长生命周期（3 个月或半年）的沉淀，用户活跃率还能稳定保持在 5%～10%，则是一个非常好的用户活跃的表现。当然也不能完全套用这个规律，需要视产品特点来看。

7. 团队架构

总体概括来说，移动互联网运营推广市场运营部门架构大概是：一个指导管理的部门，一个做渠道和流量的部门，一个管理社交媒体的部门，一个写文案的部门，还需要一些做辅助工作的部门。

三、思考与练习

1. 思考题

（1）简述移动商务营销的特点及内容。

（2）简述移动商务市场的特征。

（3）简述移动商务的 4I 模型。

（4）简述移动广告的特点和类型。

（5）简述移动商务营销的策略。

2. 技能训练

根据自身实际情况，明确合适的移动营销目标，确定一定的时空范围、具体产品、消费者群体等，进行移动商务营销方案策划，并书写方案书。

项目总结

本项目主要介绍了移动商务营销的相关知识，包括移动商务营销概述、移动商务的市场开发、移动商务营销的策略及移动广告等知识。通过本项目的学习和实践，应对移动商务营销的相关知识有深入了解；能针对特定的产品、消费者、市场环境和既定的营销目标等，进行移动商务营销方案策划，并能够书写方案书。

项目六

移动商务保障

项目目标

（1）知识目标：通过本项目的学习，熟悉移动商务安全的主要技术、移动商务涉及的主要法律问题；了解移动商务的安全需求和安全问题、各国移动商务立法情况。

（2）能力目标：能够对实际的移动商务项目安全技术体系进行初步分析，并为项目制定初步安全方案；能对具体的移动商务活动所涉及的法律问题进行分析，并拟定具体活动中所要注意的法律问题。

项目导入

近年来，国内移动商务的竞争迅速升级，继传统互联网之后，移动互联网成为电子商务的第二个主战场。不过，困扰着电子商务的安全问题依旧是移动商务发展道路上的主要障碍，也是现阶段亟待解决的问题。

1. 安全问题突出

随着手机购物、手机支付逐渐普及，移动商务的信息安全和支付安全问题日益凸显，这影响了移动商务的健康、安全发展。

移动商务的健康运行离不开安全放心的环境，移动商务对安全的要求大致包括有效性、机密性、完整性、真实性和不可否认性等方面的要求。这些安全性要求无疑对运营商提出了巨大的挑战，在这些运营商中有很多并非专业的电子商务经营商，也不是身份认证机构或信息安全服务提供商，如何构建安全的电子商务环境成为摆在这些运营商面前的一道难题。

2. 认证机制可行

目前，在电子商务领域，安全认证是较为通行的一种做法。安全认证是以数字证书应用为核心的密码技术，它以 PKI（公钥基础设施）技术为基础，对网络上传输的信息进行数字签名和签名验证、加密和解密。

从整个电子商务平台及其用户来看，安全认证采用数字证书认证来鉴别登录系统用户身份的唯一性、合法性，实现了可靠的身份认证。在数据传输过程中，安全认证采用基于 SSL 协议安全性最高的双向身份认证的密钥协商，密码算法使用各种标准的加密算法，保证了重要数据的安全性。

3. 法律体系亟待完善

除了从技术层面确保电子商务的安全性，法律层面的保障也不可或缺。据了解，早在2005年国家制定《2006—2020年国家信息化发展战略》时，就将制定和完善电子商务等法律法规明确写入。《国务院办公厅关于加快电子商务发展的若干意见》《中华人民共和国电子签名法》《关于网上交易的指导意见（暂行）》《电子商务模式规范》《网络交易服务规范》《关于加快流通领域电子商务发展的意见》《网络商品交易及有关服务行为管理暂行办法》《中华人民共和国电子商务法》等一批法律法规的相继推出和实施，填补了我国电子商务法律的空白，但从整个电子商务发展的需求来看，目前电子商务法律体系仍有待进一步完善。

项目实施

任务八 移动商务安全保障

【任务描述】

根据自身实际情况，选择具体的移动商务项目，对其所采用的安全技术体系进行分析，并为该项目制定进一步的安全保障优化方案。

【知识准备】

一、移动商务的安全需求

在移动商务中，应确保交易各方的合法权益不受非法入侵者的侵害，应满足数据的公平性需求、认证性需求、可追究性需求、不可否认性需求、保密性需求、完整性需求。

（1）公平性需求。

公平性就是合法的参与方能按照协议规范产生消息，并根据特定的规则处理消息。公平性是建立在可追究性的基础上的。如果协议不满足可追究性，也就意味着不满足公平性。在验证公平性时，协议每进行一步都需记录消息的收发方，在收发消息前后对重要消息知晓的状态下，如果过程中断，则对比此时双方记录的内容是否相等。

（2）认证性需求。

认证是对分布式网络系统中的主体进行身份识别的过程。在入侵者修改消息、重发消息、故意发送错误消息、消息不全或在网络数据丢失的情况下，不能导致任意一方支付或产品的损失。认证是重要的安全性质之一，其他安全性质的实现都依赖于认证性。消息的发送方与接收方共享一个秘密，通过对此秘密的拥有性的证明，主体可建立对其的信任。

（3）可追究性需求。

可追究性是指当移动商务交易发生纠纷时，可通过历史信息获取交易时的情况，获得解决交易纠纷的能力。可追究性的两个基本目标是仲裁者验证接收方和发送方提供的证据，即发送方非否认证据和接收方非否认证据。如果仲裁者能够判断正确的消息来源，则协议符合可追究性。

（4）不可否认性需求。

不可否认性是电子支付商务协议的一个重要性质。其目的在于通过通信主体提供对方参与协议交换的证据来保证其合法利益不受侵害，即协议主体必须对自己的行为负责，不能也无法事后否认。不可否认协议主体的目的在于收集证据，以便事后当一方否认时能够向仲裁方证明对方的确发送或接收了消息。证据一般是以签名消息（或多重共享密钥加密）的形式出现的，从而将消息与消息的发送方和接收方进行绑定。

（5）保密性需求。

私有交易重要信息不可被其他人截获及读取，也不可通过拦截会话数据获得账户信息，同时还需满足订单和支付信息的保密性。

（6）完整性需求。

完整性可以发现信息未授权的变化，防止信息被替换。攻击方式是入侵者截获发送方发出的消息，篡改部分信息（如账户、订单信息等）或重新生成消息，将结果发送给接收方。

二、移动商务的安全问题

移动设备的轻便性和易携带性，给移动商务提供了一个不受时间与空间限制的环境，但也给人们带来了更多移动商务安全方面的挑战。

（一）移动商务面临的安全威胁

1. *移动终端设备的安全问题*

移动商务所用的终端设备主要包括PDA、智能手机、便携式计算机、GPS导航设备等。由于这些终端设备的计算能力、存储能力、屏幕显示能力、存储空间、电池续航能力有限，所以限制了复杂加密程序的使用，使加密和认证等安全措施难以有效执行，从而带来了安全隐患。尽管现在的移动终端设备的计算能力已经有了较大的提高，但是移动终端设备在进行大量数学函数运算时的能力较弱，与计算机还有一定的差距。而许多安全性相对较好的加密和认证措施都需要客户端有比较强大的运算能力与存储能力来支撑。为了降低加密所需的计算强度，同时又保证较高的安全性，移动终端设备目前主要利用的加密技术是椭圆曲线密码体制（Elliptic Curve Cryptography，ECC）。

另外，由于移动终端设备体积小，这增大了损坏、失窃的风险。移动终端设备存储了大量公司机密信息，但还有不少公司没有将移动终端设备的安全问题纳入公司IT安全考虑的范围，相关的安全制度和安全技术应用也不多。如何保证移动终端设备上信息的安全是人们面临的重要挑战。

2. *无线基础设施的安全问题*

无线基础设施主要包括接入点、路由器、调制解调器、交换机和基站等。由于大多无线基础设施都部署在室外公共场所，如咖啡店、机场和公园社区等，且价格昂贵，所以容易成为窃贼的目标，存在维护和保护方面的问题。

另外，一些非法的访问者可以很容易地访问这些设备，通过禁止诸如可扩展认证协议（EAP）或有线等效保密（WEP）等安全机制，来获悉有关配置的信息，进一步危害网络安全。

3. *无线网络的安全问题*

（1）网络本身的威胁。

无线信道是一个开放性的信道，它在给无线用户带来通信自由和灵活性的同时，也带来了诸多不安全因素。例如，通信内容容易被窃听，通信双方的身份容易被假冒，以及通信内容容易被篡改等。在无线通信过程中，所有通信内容（如通话信息、身份信息、数据信息等）都是通过无线信道开放传送的。任何拥有一定频率接收设备的人均可获取无线信道上传输的信息。无线局域网和个人网用户的通信内容更容易被窃听，因为这些网络通信工作在全球统一开放的工业、科学和医疗频带（2.5GHz 和 5GHz 频带），任何团体和个人都不需要申请就可以免费使用该频带进行通信。无线窃听可以导致通信信息和数据的泄露，而移动用户身份和位置信息的泄露可以导致移动用户被无线追踪。这对无线用户的信息安全、个人安全和个人隐私都构成了潜在的威胁。

（2）网络漫游的威胁。

无线网络中，在终端用户不知情的情况下，信息可能被窃取和篡改，服务可能被经意或不经意地拒绝，交易可能被中途打断而没有重新认证的机制。由刷新引起连接的重新建立会给系统引入风险，没有再认证机制的交易和连接的重新建立是危险的。实际上，连接一旦建立，使用 SSL 和 WTIS 的多数站点就不需要进行重新认证和重新检查证书，攻击者可以利用该漏洞来获利。

（3）无线 Ad hoc（点对点）应用的威胁。

人们经常提及的移动通信网络一般都是有中心的，要基于预设的网络设施才能运行。例如，蜂窝移动通信系统要有基站的支持；无线局域网一般也工作在有 AP 和有线骨干网的模式下。但对于某些特殊场合来说，有中心的移动网络并不能胜任。例如，战场上部队的快速展开和推进，地震或水灾后的营救等。这些场合的通信不能依赖任何预设的网络设施，而需要一种能够临时快速自动组网的移动网络，Ad hoc 网络可以满足这样的要求。

Ad hoc 网络和传统的移动网络有许多不同，其中一个主要的区别就是 Ad hoc 网络不依赖于任何固定的网络设施，而是通过移动节点间的相互协作来进行网络互联。Ad hoc 网络也正在逐步应用于商业环境，如传感器网络、虚拟会议和家庭网络。Ad hoc 网络的结构特点使其安全问题尤为突出。Ad hoc 网络的一个重要特点是其网络决策是分散的，网络协议依赖于所有参与者之间的协作。入侵者基于该种假设的信任关系入侵协作的节点。例如，入侵者只要入侵一个节点，就可以给网络散布错误的路由信息，甚至使所有的路由信息都流向被入侵的节点。同样，移动用户会漫游到许多不同的小区和安全域。当通信由一个小区切换到另一个小区时，恶意的或被侵害的域可以通过恶意下载、恶意消息和拒绝服务来侵害无线装置。

（二）手机病毒

手机病毒是和计算机病毒一样具有传染性、破坏性的程序。手机病毒可以利用发送短信、彩信、电子邮件，以及浏览网站、蓝牙传输等方式进行传播。手机病毒可能会导致手机死机、关机、资料丢失、向外发送垃圾邮件、拨打电话等，甚至还会损毁SIM卡、芯片等硬件。

手机病毒是依靠软件系统的漏洞来入侵手机的。手机病毒传播和运行的必要条件是移动服务商要提供数据传输功能，而且手机需要支持Java等高级程序写入功能。现在许多具备上网及下载等功能的手机都可能会被手机病毒入侵。手机病毒的传播方式包括以下几种。

（1）利用短信或电话攻击手机本身：主要以“病毒短信”的方式攻击手机的系统，影响其正常使用。如果用户在网站上注册了带有病毒程序的短信服务，就会收到由乱码组成的病毒短信，并使用户无法对乱码组成的病毒短信进行继续操作，任何操作都会导致关机等异常情况发生。

（2）利用蓝牙方式传播：卡比尔病毒通过手机的蓝牙设备传播，并且染毒的手机会通过无线方式搜索并传染其他手机。当病毒发作时，手机屏幕上会显示“Caribe-VZ/29a”字样，中毒手机的电池能量将很快被耗尽，丧失蓝牙功能。

（3）感染计算机上的手机可执行文件：韦拉斯科病毒感染计算机后，会搜索计算机硬盘上的SIS可执行文件并进行感染。

（4）利用MMS多媒体信息服务方式传播：Mobile.SMSDOS病毒利用短信或彩信进行传播，并造成手机内部程序出错，从而导致手机无法正常工作。

（5）利用手机的BUG攻击：这类病毒一般是在便携式信息设备的EPOC上运行的，主要表现是持续发出警告声音、将用户信息变更为“Some fool own this”、在手机屏幕上显示格式化内置硬盘的画面、背景灯持续闪烁，甚至使手机键盘操作功能丧失。

（6）利用攻击和控制“网关”进行传播：攻击和控制“网关”，向手机发送垃圾信息，致使网络运行瘫痪。

（三）无线攻击

无线网络最重要的安全威胁来自底层的通信媒介——电磁波，因为无线传输中的信号没有明确的边界，所以对于入侵者来说，它是开放的，从而为入侵者嗅探信号带来了方便。无线网络典型的安全威胁包括泄密、破坏数据的完整性和拒绝服务攻击等。非授权的用户若获得了对系统的访问权限，可能会破坏系统数据、消耗网络带宽、降低网络的性能，发起阻止授权用户访问网络的攻击，或利用代理去攻击别的网络。

1. 窃听

无线网络是利用电磁波进行信息传播的，当前的无线网络技术几乎没有提供控制覆盖区域的手段和方法，尤其是在手机网络这样的大区域蜂窝网络内，根本无法对无线介质进行控制。因此，无线技术一个最普遍的问题是其无线信号很容易受到拦截并被解码，在网络上进行窃听的设备往往和网络接入设备一样简单。利用无线网卡可以在无线局域网附近接收数据，而使用天线和放大器可以让攻击者在几十千米外接收802.11网络的信号，从而窃听无线信号。许多普遍使用的网络协议以明文的方式传送用户名和密码等敏感信息，窃听者可能会使用这些捕获的数据取得无线网络的访问权。即使通信是以加密形式进行的，窃听者仍然可能获得密文形式的通信内容，将其保存下来并进行破译。

2. 通信干扰

通信干扰是指通信链路在正常发送和接收数据时因受到了其他因素干扰而无法使用，干扰方式主要有以下3种。

① 客户端干扰。干扰者利用干扰设备对客户端进行干扰，中断客户端与正常网络接入

点的连接，从而为自己冒充客户端提供机会。更高级的攻击可能会将客户端重新连接到欺诈站点。

② 基站干扰。干扰者利用干扰设备对基站进行干扰，从而为自己冒充合法基站提供机会。

③ 拒绝服务干扰。干扰者利用大功率的干扰设备使整个区域（包括客户端和基站）都被干扰信号淹没，以至于没有基站可以相互通信。拒绝服务干扰关闭了特定区域的所有通信，从而使通信服务无法实现。

3. 插入和修改数据

攻击者在劫持了正常的通信连接后，在原来的数据上进行修改或者恶意插入一些数据和命令进行攻击的方式称为插入攻击。插入攻击同样可以造成拒绝服务，攻击者可以利用虚假的连接信息使接入点或基站误以为已达到连接上限，从而拒绝合法用户的正常访问请求。

和插入攻击类似的攻击方式是中间人攻击（Man-in-the-Middle Attack，MITM）。MITM通常会伪装成网络资源，当客户端发起连接时，攻击者将拦截这个连接，然后冒充客户端与真正的网络资源完成这个连接并代理通信。此时，攻击者能够在客户端和网络资源中间任意插入数据、修改通信内容或者窃听会话。

4. 欺诈客户

攻击者可能会通过模仿或者克隆客户身份来获得对网络的访问和业务的应用，同时也可能通过模仿网络接入点来假冒网络资源，从而导致客户毫不知情地连接伪装接入点并泄露一些敏感信息，造成对客户的欺诈。由于目前很多无线局域网都是开放的，攻击者可以匿名访问不安全的接入点，从而获得免费匿名接入网络的机会。而接入网络后攻击者又可以对其他网络进行恶意攻击，如果网络管理员不采取应对措施，将不得不为通过他们的网络对其他网络进行的攻击所造成的损失负责。

三、移动商务的主要安全技术

随着手机网民数量的增加，手机已成为电子商务应用较广泛的终端之一，而安全问题正成为移动商务发展的最大瓶颈。同时，由于移动商务在传输技术和终端的处理能力上与传统电子商务存在巨大差距，所以传统电子商务中的安全技术不能直接照搬到移动商务中。因此，研究适用于移动环境的电子商务安全技术，对于移动商务的推广与普及非常关键。

（一）安全技术概述

1. 信息安全原则

企业移动商务环境涉及移动终端、企业认证服务器、应用服务器、无线网络、互联网及可信任第三方服务器。移动商务的安全威胁可能来自移动终端、无线基础设施、无线网络、黑客等。为保证企业移动商务的安全运作，企业移动商务系统必须遵循如下信息安全原则。

（1）接入控制：通过授权等安全机制来保证有合适权限的用户才能访问相应的数据、应用和系统，使用相应的功能。

（2）数据完整性：利用信息分类和校验等手段保证数据在整个商务活动过程中没有被修改，所接收的数据正是对方发送的数据。

（3）不可否认性：通过数字签名等手段来保证商务活动各参与方对整个商务活动过程中的指令和行为不能抵赖。

（4）数据保密性：通过一些加密手段来保证数据在整个商务活动过程中不被未经授权的人员读取。

（5）身份认证：系统应该能够通过密码、标识或数字签名认证等对用户的身份标识进行认证，确保这一身份标识的确代表合法用户。

（6）身份标识：对于每一个用户，应该都授予一个唯一的用户 ID、识别名称等对其身份进行标识的要素，以保证用户身份的可识别性。

2. *移动网络安全*

移动通信技术在从基于模拟蜂窝系统的第一代移动通信技术发展到目前的第五代移动通信技术（5G）的过程中，移动网络的安全机制也在不断地完善。

第一代移动通信系统几乎没有采取安全措施，移动台把其电子序列号码（ESN）和网络分配的移动标志号码（MIN）以明文方式传送至网络，若二者相符，即可实现用户的接入。用户面临的最大威胁就是自己的手机卡有可能被复制。

第二代数字蜂窝移动通信系统采用基于私钥密码体制的安全机制，在身份认证及加密算法等方面存在着许多安全隐患。以 GSM（全球移动通信系统）为例，在用户 SIM 卡和鉴权中心（Authentication Center，AUC）中共享的安全密钥可在很短的时间内被破译，从而导致攻击者对可物理接触的 SIM 卡进行复制。此外，GSM 没有提供端到端的加密，只对空中接口部分，即 MS（Mobile Station，移动台）和 BTS（Base Transceiver Station，基站收发台）之间进行加密，在固定网中采用明文传输，这给攻击者提供了机会。同时，GSM 网络没有考虑数据完整性保护的问题，难以发现数据在传输的过程被篡改。

第三代移动通信系统提供了双向认证机制，而且在改进算法的同时把密钥长度增加到128bit，还把 3GPP（The 3rd Generation Partnership Project，第三代合作伙伴计划）接入链路数据加密延伸至无线网络控制器（Radio Network Controller，RNC），既提供了接入链路信令数据的完整性保护，还向用户提供了可随时查看自己所用的安全模式及安全级别的安全可视性操作。

第四代移动通信系统（4G）通过多种措施来保障其安全接入，主要包括：①保障用户信息安全，由于在大多数情况下移动终端放置在用户附近，所以极易产生根据定位移动终端而发现用户位置的情况，因此在 4G 通信中，需要对用户位置进行加密，使非法跟踪者不能根据用户的信息发生地点而实现追踪，从而保障用户的安全；②双方认证，双方认证中主要包括对用户身份的认证和网络的安全性认证，主要是服务网络对用户的认证，在双方认证机制中，密钥机制和本地认证机制是最有效的认证方式，使用者能够对 AN（Access Network，接入网）发送认证消息，AN 也能够通过历时密钥实现认证；③数据完整性，在数据完整性中，数据是加密算法和使用者的数据信息和操作信息，以便在服务器端接收数据后完整地实现操作，并且验证其中的数据是否被非法篡改；④移动终端安全认证，移动终端需要在 SN（Serial Number，序列号）认证后才可以传送数据，但是在紧急情况下除外。

第五代移动通信系统（5G）在终端接入身份认证、5G 终端安全、网络切片，以及物联网、车联网等各方面的安全性能都有明显的提升。5G 增强了对用户唯一标志符的隐私保护；增强了归属地网络控制力，极大地降低了漫游区欺骗风险；按需提供数据加密，扩大了对用户数据的保护面；增强了运营商之间连接的安全性；选择性拒绝终端接入，提升了物联网抵御 DDoS（Distributed Denial of Service，分布式拒绝服务）攻击的能力；冗余传输安全的新方案能够有效兼顾低时延业务的可靠性和安全性。

3. 端到端安全

在移动计算环境中，由于移动终端计算资源的有限和移动网络安全机制的缺陷，移动终端上的信息安全和移动网络中信息传输的安全成为其薄弱环节。因此，对于移动安全的研究，焦点集中在移动终端和移动网络中信息传输的安全方面。

在移动计算环境尤其是移动商务环境中，参与活动的各个主体属于不同的拥有者，它们执行着不同的安全策略。例如，某个用户通过移动终端发出一条信息，该信息将经过 ISP（Internet Service Provider，因特网服务提供商）、电信运营商（甚至会跨越多个不同的运营商）和商家。对移动商务用户来说，在整个传输过程中希望能够得到一致的、自己所期望的安全保护。因此，业界采用端到端的安全策略来保护移动商务的安全。信息在传输过程中是透明的，即信息只能被接收方理解，第三方即使截获了信息也不能获得机密信息。

实现端到端的安全通常有两种思路：一种是在收发主体之间建立一个安全通道，对所有信息采用同样的措施进行安全保护，如 TLS/SSL 协议；另一种是对需要保护的内容，采用一定的安全机制进行保护。在移动应用中，采用保护内容而非连接的方式有很多优势。但在移动终端上实现对内容的保护，还需要解决以下问题。

（1）如何统一信息传输格式和安全标准，统一的信息传输格式和安全标准将给各系统之间的协同工作带来很大的便利。

（2）如何在资源有限的移动终端上进行高效或者用户可以接受的安全操作。

（3）移动终端本身计算环境的安全性。

（二）移动商务安全技术体系

无论是移动终端还是移动网络，移动商务的各个层次都存在很多安全风险，因此，必须从系统的角度考虑移动商务的安全问题。中国移动研发中心将移动商务安全技术体系分为移动承载层、加密技术层、安全认证层、安全协议层和应用系统层五个层次，如图 6-1 所示。

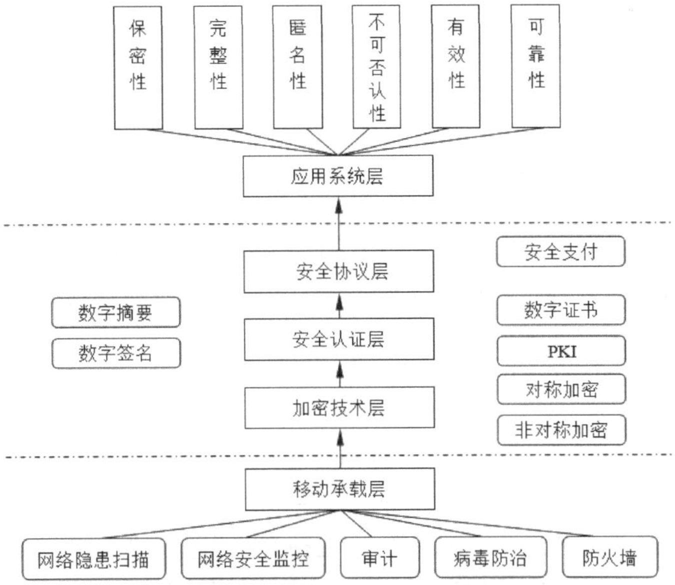

图 6-1　移动商务安全技术体系

从图 6-1 中的层次结构可以看出，下层是上层的基础，为上层提供技术支持；上层是下层的扩展与递进。各层次之间相互关联成为统一的整体，实现移动商务系统的安全。移动商务系统是依赖移动网络和 Internet 实现的商务系统，需要利用 Internet 基础设施和标准，因此，移动商务安全技术体系的底层是移动承载层，包括有线网络和无线网络，它是提供信息传送的载体和用户接入的手段，是各种移动商务应用系统的基础，为移动商务系统提供了基本、灵活的网络服务。

为确保移动商务系统的全面安全，必须建立完善的加密技术和认证机制。在图 6-1 中，加密技术层、安全认证层、安全协议层是为电子交易数据的安全而构建的。其中，安全协议层是加密技术层和安全认证层的安全技术的综合运用与完善。下面对加密技术层、安全认证层、安全协议层进行详细的介绍。

1. *加密技术层*

加密技术是实现网络信息安全的基础，也是保障信息安全的核心手段之一。按发展进程分类，加密技术经历了古典密码算法、对称密钥密码算法、非对称密钥密码算法三个发展阶段。

加密技术是电子商务采取的主要安全保密措施，是最常用的安全保密手段，利用技术手段把重要的数据变为密文（加密）再进行传送，到达目的地后再用相同或不同的手段将其还原（解密）。加密技术包括两个元素：算法和密钥。算法是将普通的文本（或者可以理解的信息）与一串数字（密钥）结合，产生不可理解的密文的步骤，是用密钥对数据进行编码和解码的一种算法。在安全保密中，可通过适当的密钥加密技术和管理机制来保证网络的信息通信安全。密钥加密技术的密码体制分为对称密钥体制和非对称密钥体制两种。相应地，将数据加密技术分为两类，即对称加密和非对称加密。对称加密以 DES（Data Encryption Standard，数据加密标准）算法为代表，非对称加密以 RSA（Rivest Shamir Adleman）算法为代表。对称加密的加密密钥和解密密钥相同；而非对称加密的加密密钥和解密密钥不同，加密密钥可以公开而解密密钥需要保密。

1）对称加密技术

对称加密采用了对称密码编码技术，它的特点是文件加密和解密使用的密钥相同，即加密密钥也可以用作解密密钥，这种方法在密码学中被称为对称加密算法。对称加密算法使用起来简单快捷，密钥较短，且破译困难，除了 DES 算法，还有 IDEA（International Data Encryption Algorithm，国际数据加密算法），它的加密性比 DES 算法的加密性好，而且对计算机功能要求也没有那么高。IDEA 由 PGP（Pretty Good Privacy）系统使用。

目前，常用的对称加密算法有 AES（高级加密标准）、DES、3DES、RCZ 和 RC4 等。对称加密算法运算速度较快，在运算速度较慢的移动终端上也有较好的实现。移动商务与传统有线的电子商务采用的加密技术是相通的，但是对于移动商务来说，选择加密算法应该在加密强度和算法运行所占资源之间进行平衡。

2）非对称加密技术

1976 年，美国学者 Whitfield Diffie 和 Martin Hellman 为解决信息公开传送和密钥管理问题，提出了一种新的密钥交换协议，允许通信双方在不安全的媒体上交换信息，安全地达成一致的密钥，这就是“公开密钥系统”。这种方法也被称为非对称加密算法。与对称加密算法不同，非对称加密算法需要两个密钥：公开密钥（Public Key）和私有密钥（Private Key）。公开密钥与私有密钥是一对，如果用公开密钥对数据进行加密，只有用对应的私有密钥才能解密；如果用私有密钥对数据进行加密，那么只有用对应的公开密钥才能解密。因为加密和解密使用的是两个不同的密钥，所以这种算法被称为非对称加密算法。

非对称加密体系广泛地用于 CA 认证、数字签名和密钥交换等领域。非对称加密算法的密钥管理相对简单，可以安全、方便地实现数字签名和验证，其不足之处是达到相同安全强度所需的密钥长度远超对称加密算法，因此受制于处理能力。目前，Internet 环境中商品化的非对称加密密钥体制几乎都是 RSA 加密体制。每一个非对称加密算法都依赖于实际某种处理过程的不可逆性，尽管在原理上有很多种可能性，但目前所有理论上认为安全的非对称加密算法都要使用数论。

2. 安全认证层

安全认证层提供了实现用户身份认证的相关安全机制，主要包括数字摘要、数字签名、数字证书和 PKI 等技术。

1）数字摘要

数字摘要是一种确保消息完整性的功能。数字摘要获取消息作为输入并生成固定长度的位块（通常是几百位长），该位块表示报文的指纹。消息中很小的更改（如由闯入者和窃听者造成的更改）都将引起指纹发生显著更改。数字摘要函数是单向函数，从消息生成指纹是很简单的事情，但生成与指定指纹匹配的消息很难。消息中任何一位被更改都将引起指纹中巨大的更改（理想的比例是更改指纹中 50%的位）。比较常用的数字摘要算法是 MDS（Standards for Message Digest）和 SHA（安全散列算法），其中 MDS 是 128 位算法，SHA-1 是 160 位算法。在日常生活中，通常用对某一文档进行签名的方法来保证文档的真实有效性，防止文档签名者抵赖。在网络环境中，可以用电子数字签名作为模拟。报文发送方从报文文本中生成报文摘要，并用自己的专用密钥对这个摘要进行加密，形成发送方的数字签名；然后这个数字签名将作为报文的附件和报文一起发给接收方。把 Hash 函数和非对称加密算法结合起来，可以在保证数据完整性的同时保证数据的真实性。完整性保证传输的数据没有被修改，而真实性则保证数据是由确定的合法者产生的 Hash 函数，而不是由其他人假冒的。把这两种机制结合起来就可以产生数字签名。报文接收方从接收到的原文中计算出报文摘要，接着再用发送方的公钥对数字签名进行解密，如果两个摘要相同，那么接收方就能确认该数字签名是发送方的，该技术能实现对原报文进行鉴别和不可否认性。

2）数字签名

数字签名（又称公钥数字签名、电子签章）是一种类似写在纸上的普通的物理签名，是使用公钥加密领域的技术实现的，是用于鉴别数字信息的方法。一套数字签名通常定义两种互补的运算，一种用于签名，另一种用于验证。数字签名是非对称加密技术中的一种技术。

简单地说，数字签名就是附加在数据单元上的一些数据，或是对数据单元进行的密码变换。这种数据或变换允许数据单元的接收者用以确认数据单元的来源和数据单元的完整性并保护数据，防止被他人（如窃听者）伪造。由于只有发送方才知道私钥，所以接收方可以确保消息在交易支付过程中，各参与方必须利用认证机构签发的数字证书来证明各自的身份。

3）数字证书

数字证书是由权威机构——CA（Certificate Authority）发行的，数字证书是能在 Internet 上进行身份验证的一种权威性电子文档，人们可以在 Internet 交往中用它来证明自己的身份和识别对方的身份。

数字证书是唯一用来确认安全电子商务交易双方身份的工具。由于数字证书由证书管理中心进行了数字签名，所以任何第三方都无法修改证书的内容。任何信用卡持有人只有申请到相应的数字证书，才能参加安全电子商务的网上交易。数字证书一般有四种类型：客户证书、商家证书、网关证书及 CA 系统证书。

数字证书颁发过程一般为：用户先产生自己的密钥对，并将公共密钥及部分个人身份信息传送给 CA。CA 在核实用户身份后，将执行一些必要的步骤，以确信请求确实由用户发送，然后 CA 将发给用户一个数字证书，该证书内包含用户的个人信息及其公钥信息，同时还附有 CA 的签名信息。

4）PKI

PKI（Public Key Infrastructure，公钥基础设施）就是一个用公钥概念进行技术实施和提供安全服务的具有普适性的安全基础设施。PKI 是提供公钥加密和数字签名服务的系统或平台，目的是管理密钥和证书。一个机构通过采用 PKI 框架管理密钥和证书可以建立一个安全的网络环境。PKI 由非对称加密技术、数字证书、CA 和关于公开密钥的安全策略等基本成分组成。PKI 主要包括 4 部分：X.509 格式的证书（X.509 V3）和证书废止列表 CRL（X.509 V2）、CA 操作协议、CA 管理协议、CA 政策制定。

PKI 是国际公认的互联网电子商务的安全认证机制。PKI 技术采用证书管理公钥，通过第三方的权威、可信任的 CA 把用户的公钥与其他标识信息（如身份证号码）捆绑在一起以验证用户的身份。CA 是数字证书的签发机构，它负责审核主体（如用户、服务器等）的身份，并为其生成一对密钥。用户可以利用 PKI 平台提供的服务进行安全通信。PKI 系统的主要实体包括 CA、注册中心（RA）、证书库和客户端软件。

3. 安全协议层

安全协议层通过对加密技术和认证技术的综合运用，形成了相关的安全协议。安全协议是以密码学为基础的消息交换协议，其目的是在网络环境中提供各种安全服务。安全协议的安全目标是多种多样的。例如，认证协议的目标是认证参加协议主体的身份和在主体之间安全地分配密钥；电子商务协议的目标除了认证性、不可否认性，还有可追究性和公平性。电子商务中著名的安全协议有 SSL/TLS 协议、WTLS 协议和一些安全支付协议，如 SET 协议和 NetBill 协议。不同的交易环境和业务模式，对安全协议有不同的具体要求。因此，在移动商务环境中可能会根据特定的应用设计不同的安全协议。

（三）WAP 安全架构

WAP（Wireless Application Protocol，无线应用协议）是有线网络和移动通信网络的桥梁，无线终端可以通过 WAP 获取 Internet 上的大量信息资源。但同时，WAP 的安全性也受到人们的广泛关注。在无线网络环境中，无线终端的数据处理能力有限，无线网络的带宽窄、时延长、稳定性差，这些原因导致了传统的有线网络安全解决方案不能在无线网络中得到应用。因此，WAP 安全结构体系具有特殊性。WAP 中的所有安全问题均以 WAP 安全结构体系为基础。

WAP 安全结构体系由 WTLS、WIM、WPKI 和 WML Script 四部分组成，每部分在实现无线网络应用的安全中起着不同的作用。WAP 安全结构体系如图 6-2 所示。

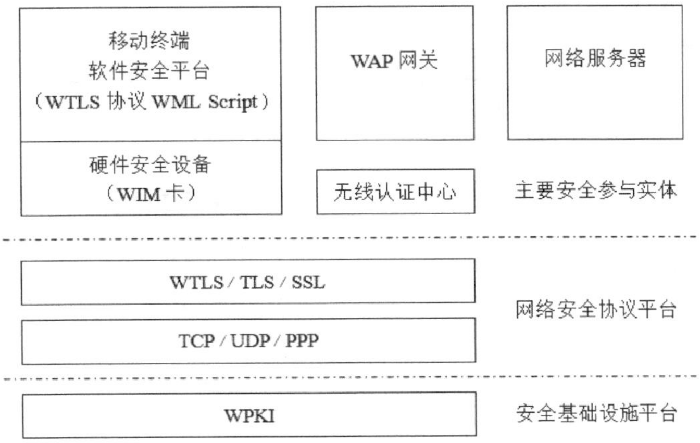

图 6-2　WAP 安全结构体系

WPKI 作为安全基础设施平台，是安全协议能有效履行的基础，WPKI 可以与 WTLS、TCP/IP、WML Script 相结合，实现身份认证、私钥签名等功能。基于数字证书和私钥，WPKI 提供了一个在分布式网络中高度规模化、可管理的用户验证手段。

网络安全协议平台包括 WTLS 协议，以及在有线环境下位于传输层的安全协议 TLS、SSL 和 TCP/IP。

主要安全参与实体作为安全协议的实际应用者，相互之间的关系也由底层的安全协议决定。

1. 网络服务器认证

有些应用环境要求在移动终端和网络服务器之间进行安全传输，由于有线网络和无线网络之间的所有转换都发生在 WAP 网关，所以并不存在真正的从移动终端到网络服务器的加密。事实上这一条安全连接被分成两部分：WTLS 保证移动终端和 WAP 网关之间的无线安全传输；SSL/TLS 保证 WAP 网关和网络服务器之间的有线安全传输。

为了建立 SSL 连接，网络服务器将自己的数字证书发送给 WAP 网关来证明自己的身份，WAP 网关利用对网络服务器证书签名的根 CA 证书验证网络服务器数字证书，整个过程如图 6-3 所示。

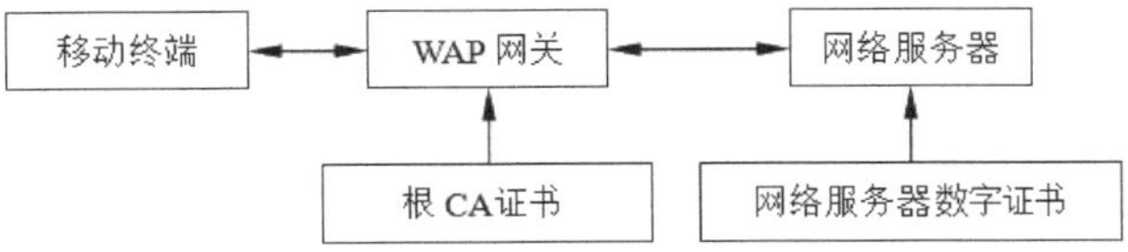

图 6-3　用 SSL 实现有线安全连接

2. 移动终端认证

在许多情况下都需要验证用户的身份，如网络购物、办理信用卡等。图 6-4 表明了在 WAP 中实现移动终端身份认证的整个过程。

有两种方式可以实现移动终端身份认证：一种是移动终端之间的 WTLS 证书认证；另一种是用 WML Script 中的签名函数 SignText 实现移动终端和网络服务器的安全连接。

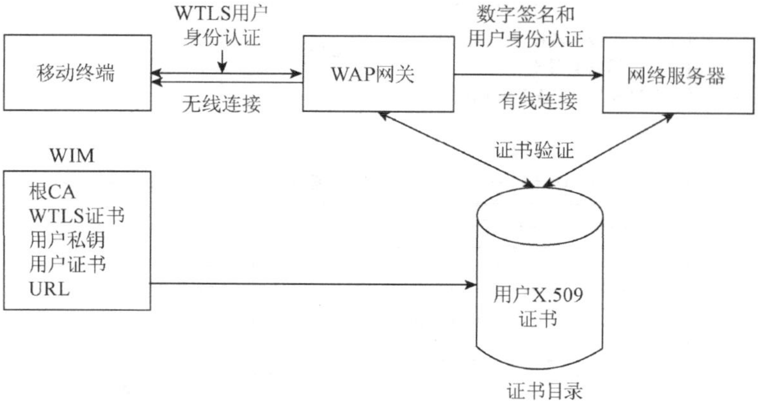

图 6-4　移动终端身份认证

这两种方式都要求移动终端有一个用户私钥和一个用户证书 URL（Uniform Resource Locator，统一资源定位符）。用户私钥必须保存在移动终端中，通常保存在 WIM（Wireless Identity Module，无线身份识别模块）中，因为 WIM 是一个防篡改硬件。一般都将 WIM 放在 SIM 卡中，称为 S/WIM 卡，也就是两卡合并，而不是在一个移动终端中装入两张卡。

由于用户证书（移动终端证书）是被 WAP 网关和网络服务器验证的，也就是在有线环境中进行验证，所以用户证书可以是 X.509 证书。不过这样又产生了一个问题，X.509 证书的文件较大，不太可能存储在 WIM 中，为了解决这个问题，WAP 中规定 WIM 中存储的不是用户证书，而是用户证书的 URL，而用户证书则集中存储在证书目录中。当 WAP 网关和网络服务器需要验证移动终端身份时，根据 WIM 中的用户证书 URL 到相应的位置获取用户证书。

3. WAP 网关认证

使用与网络服务器非常类似的方法，当建立 WTLS 连接时，WAP 网关首先将自己的 WTLS 证书发送给移动终端来证明自己的身份，移动终端必须事先拥有对 WAP 网关的 WTLS 证书签名的根 CA WTLS 证书，用根 CA WTLS 证书来验证 WAP 网关的 WTLS 证书，整个过程如图 6-5 所示。

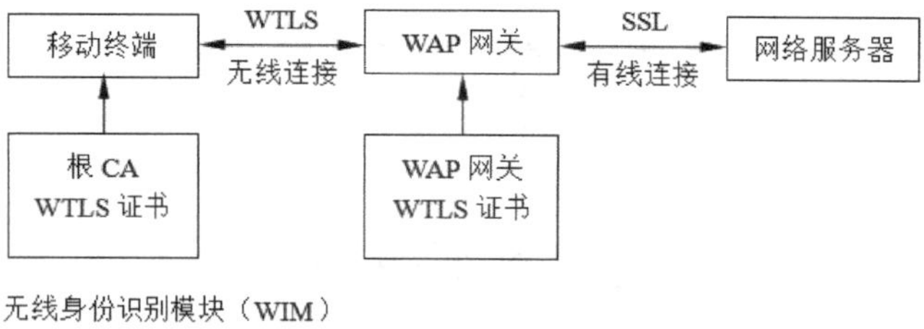

图 6-5　用 WTLS 实现无线安全连接

一般来说，根 CA WTLS 证书保存在移动终端的 WIM 中。与有线网络安全连接最大的不同是，移动终端的存储能力和计算能力有限，因此采用了一种新的证书格式——WTLS 证书。WTLS 证书是对 X.509 证书的简化，WTLS 证书的文件比 X.509 证书的文件小得多，更适合移动终端的有限存储资源，而且 WTLS 采用椭圆曲线密码体制（Elliptic Curves Cryptography，ECC）代替了 PKI 中的 RSA 加密算法，使密钥长度大大减小。

（四）WLAN 安全架构

1. IEEE 802.11 标准中的安全机制

无线局域网络（Wireless Local Area Networks，WLAN）是以无线方式连接至局域网络的通信方式，它采用的是 IEEE 802.11 标准。IEEE 802.11 标准中有以下三种最基本的安全机制。

（1）采用服务区别号（Service Set Identifier，SSID）：SSID 相当于一个简单的口令，只有与无线 AP（Access Point）的 SSID 相同的移动终端才可以接入该网络。如果把无线 AP 配置成向外广播其 SSID，则任何没有配置指定的 SSID 的移动终端都可以收到无线 AP 的 SSID，并接入无线 AP，此时这种安全机制将不起任何作用。在一般情况下，WLAN 中的多个用户都知道无线 AP 的 SSID，泄密的可能性很大，因此这种措施的安全性很低。

（2）使用 MAC 地址访问控制列表（Access Control List，ACL）：与有线网卡类似，无线网卡也具有一个唯一的 MAC 地址，所以在无线 AP 中可以手工维护一组允许访问的移动终端的 MAC 地址 ACL，进行物理地址过滤。

（3）使用有线等效保密（Wired Equivalent Privacy，WEP）：WLAN 的网络管理员分配给每个授权用户一个基于 WEP 算法的密钥，可有效阻止非授权用户的访问。

2. WLAN 的安全性分析

1）WLAN 本身的缺点

在 WLAN 中限制网络资源的物理访问是困难的，而在有线局域网中则可以比较容易实现。无线电信号可能传播到办公室外面，此时入侵者就可以在建筑物外面访问 WLAN，从而可以窃听网络中传输的数据，只不过入侵者需要获得这个 WLAN 的网络访问代码。

（1）拒绝服务攻击。

WLAN 存在一种比较特殊的拒绝服务攻击。攻击者可以通过发送与 WLAN 相同频率的干扰信号来干扰网络的正常运行，从而导致合法用户无法使用网络。

由于无线电波本身的特性，WLAN 非常容易受到拒绝服务攻击。如果攻击者有足够功率的无线电收发器，就能轻易地产生干扰信号，以至于用户的 WLAN 无法使用这个无线频道。这种无线电收发器可以在大部分电子商店购得，价格也不高，甚至许多无线电爱好者能自己制作这样的设备。而防止拒绝服务攻击是非常困难的。唯一的解决办法是将 WLAN 放置在一个电磁屏蔽建筑内，但是这种方式不太现实，因此很少使用。但是拒绝服务攻击也存在一定的缺陷，就是确定攻击源比较容易，所以攻击者能在短时间内被发现。

（2）置信攻击。

在 WLAN 中还有一种特别的置信攻击，攻击者可以将自己伪造成无线 AP。因为无线工作站通常将自己切换到信号最强的网络，如果失败才会尝试下一个网络。如果攻击者拥有一个很强的发送设备，他就可以让无线工作站首先尝试登录自己的无线 AP。那么就存在两种方法：第一种是攻击者可以让合法用户登录到他的网络，然后伪装成合法的网络，来发现口令和密钥；第二种是攻击者可以拒绝合法的登录尝试，但是将记录下所有登录信息，然后通过分析这些登录信息来破解口令和密钥。

其中第一种方法比较难实现，需要攻击者非常了解无线网络服务的详细信息，而且很快会被检测出来。但是第二种方法，只需有与被攻击网络设备兼容的硬件设备和特殊的天线就可以了，而且难以被发现。无线工作站通常不报告这种失败的登录尝试，因为在正常环境下，也很有可能发生这样的事件。要想防止置信攻击，只能通过采用有效的认证机制来避免口令和密钥被攻击者破解。

2）访问控制机制的安全缺陷

攻击者可以很容易地探测到网络名称，获得共享密钥，从而连接到“受保护”的网络。即使激活了WEP，这个缺陷也存在，因为管理消息在网络里的广播是不受任何阻碍的。

（1）SSID的安全性。

无线AP（或多组无线AP）可以用一个服务集标识SSID来配置。与无线AP有关的网卡必须知道SSID才能在网络中发送和接收数据。利用特定无线AP的SSID来做存取的控制，理论上是一个不错的安全保护机制，这种安全保护机制强制每一个无线工作站都必须和无线AP具有相同的SSID。但是，如果在无线网卡上设定其SSID为“ANY”时，它就可以自动搜寻信号范围内所有的无线AP，并试图建立关联。所有的网卡和无线AP都知道SSID，SSID通过明文在空中传输，甚至被无线AP广播，无论关联是否允许，是否知道SSID是由本地网卡或驱动程序控制的，整个系统中都没有提供任何加密措施。

（2）MAC地址ACL。

在理论上，如果使用了强健的身份表达式，ACL就能提供一个合理的安全等级。然而，MAC地址ACL并不能达到这个目的，其中有两个原因：其一是MAC地址很容易被攻击者探测到，原因在于即使激活了WEP，MAC地址也必须暴露在外；其二是大多数的无线网卡可以用软件来改变MAC地址，因此攻击者可以窃听到有效的MAC地址，然后进行编程，将有效的MAC地址写到无线网卡中，从而伪装为一个有效的MAC地址，越过访问控制，连接到“受保护”的网络。

3）WLAN身份认证机制的缺陷

IEEE 802.11b标准分两个步骤对用户进行认证。首先，无线AP必须正确应答潜在无线工作站的密码质询（认证步骤），然后通过提交无线AP的服务集标识SSID与无线工作站建立联系（称为客户端关联），这种联合处理步骤为系统增加了一定的安全性。一些开发商还为客户端提供SSID序列以供选择，但都是以明文形式公布的，因此带无线网卡的协议分析器能够在数秒内识别这些数据。

认证步骤与实现WEP加密一样，依赖于RC4加密算法。这里的问题不在于WEP不安全或RC4本身的缺陷，而是执行过程中的问题：无线AP采用RC4算法，运用共享密钥对随机序列进行加密，生成质询密码；请求用户必须对质询密码进行解密，并以明文形式发回无线AP；无线AP将解密明文与原始随机序列进行对照，如果匹配，则用户获得认证。这样只需获取两类数据帧——质询帧和成功响应帧，攻击者就可轻易推导出用于解密质询密码的密钥串。

WEP系统内建有完整性校验功能，能部分防止这类采用重放法进行的攻击。但完整性校验是基于循环冗余校验（Cyclic Redundancy Check，CRC）机制进行的，很多数据链接协议都使用CRC，它不依赖于加密密钥，因此很容易绕过加密验证过程。

另外，攻击者还能运用一些常见的方法（现成工具）对信息进行任意更改，因此对更改信息进行校验与原始信息没有异同。数据完整性校验失败不仅意味着攻击者能够修改任何内容（如金融数据中的十进制小数点的位置），还意味着攻击者能够借助完整性校验过程推断解密方式的正确性。

只要经过适当认证和客户端关联，用户就能完全进入无线网。即使不攻击WEP加密，攻击者也能进入连接无线网的有线网络执行非法操作，或扰乱网络主管的正常管理工作。攻击者可能向网络扩散病毒、植入“木马”程序、进行本地或远程 DOS 攻击。

（五）WPKI 安全架构

WPKI（Wireless Public Key Infrastructure，无线公钥基础设施）是将互联网电子商务中的 PKI（Public Key Infrastructure，公钥基础设施）安全机制引入无线网络环境中的一套遵循既定标准的密钥及证书管理平台体系，用来管理在移动通信网络环境中使用的公开密钥和数字证书，有效地建立安全和值得信赖的无线网络环境。

WPKI 并不是一个全新的 PKI 标准，它是传统的 PKI 技术应用于无线网络环境的优化扩展。将 PKI 技术直接应用于移动通信领域，存在无线终端的资源有限、通信模式不同两方面的问题。为适应这些需求，出现了 WPKI 标准，它是对现有 PKI 标准的扩充和修改，更适合于移动通信网络环境，是 WAP 安全结构的一个组成部分。

1. WPKI 结构

WPKI 采用非对称密码算法和原理来提供移动通信网络中的安全服务，包括身份认证、数据完整性和加密等服务。WPKI 中同样采用证书作为密钥对的管理手段。可以说 WTLS、WIM 和 WML Script 都是在 WPKI 的基础上运行的，WPKI 是 WAP 安全的基础。

图 6-6 表明了 WPKI 的结构及工作流程，从图 6-6 中可以看出其上半部分与 WAP 安全结构体系相同，下半部分描述了 WPKI 证书签发的过程，用户在与网络服务器连接之前必须得到 CA 颁发的证书。

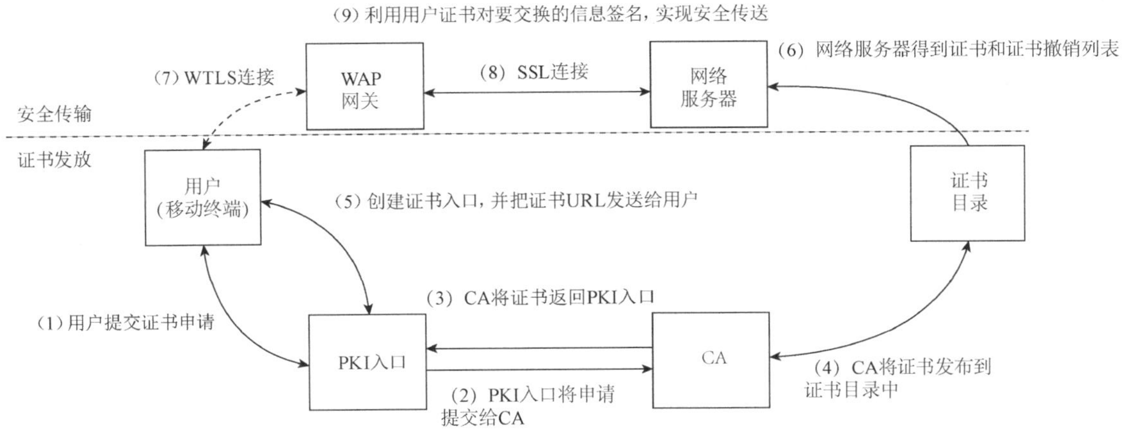

图 6-6　WPKI 的结构及工作流程

WPKI 详细工作流程如下。

（1）用户向 PKI 入口提交证书申请，PKI 入口类似于 PKI 中的 RA。

（2）PKI 入口对用户的申请进行审查，审查合格后将申请提交给 CA。

（3）CA 为用户生成一对密钥并制作证书，将证书交给 PKI 入口。

（4）CA 同时将证书发布到证书目录中，供网络服务器查询。

（5）PKI 入口保存用户的证书，针对每一份证书产生一个证书 URL，并将该证书 URL 发送给用户。这个证书 URL 就是证书在证书目录中的地址。

（6）网络服务器下载证书撤销列表备用。

（7）用户和 WAP 网关利用 CA 颁发的证书建立安全的 WTLS 连接。

（8）WAP 网关与网络服务器建立 SSL 连接。

（9）用户和网络服务器实现安全信息传送。如果网络服务器需要用户的证书验证用户签名，那么用户将证书 URL 告诉网络服务器，网络服务器根据这个 URL，自己到网络上下载用户证书。如果用户需要网络服务器的证书验证网络服务器的签名，那么网络服务器将证书通过空中下载，存储到用户的移动终端中。

2. WPKI 安全通信模式

WPKI 中定义了 3 种不同的安全通信模式：①使用网络服务器证书的 Class2 模式；②使用用户证书的 Class3 模式；③使用用户证书合并 WML Script 的 SignText 模式。Class1 虽然有定义，但是它只能完成密钥交换、加密和计算消息认证码 3 个基本功能，并不能保证 WAP 的安全，所以在 WAP 中不采用。

其中，Class1、Class2 及 Class3 是定义在 WTLS 中的安全需求，如表 6-1 所示。

表 6-1　Class1、Class2 及 Class3 在 WTLS 的安全需求

特　征	Class1	Class2	Class3
密钥交换	必需	必需	必需
网络服务器证书	可选	必需	必需
用户证书	可选	可选	必需
共享密钥握手	可选	可选	可选
压缩	—	可选	可选
加密	必需	必需	必需
消息认证码	必需	必需	必需
智能卡接口	—	可选	可选

目前，WPKI 正处于进行产品开发和大力培育市场的时期，国内外对 WPKI 技术的研究与应用正处于不断探索之中，由于一些条件和因素的限制，WPKI 技术的进展相对比较缓慢，所以 WPKI 离真正的普及应用可能还有相当长的一段距离。随着手机普及率的升高和移动商务服务的多样化，作为无线网络通信中交易环境的守护神，WPKI 的市场应用会有很大的发展潜力，其技术会进一步成熟和完善。

【任务实施】

（1）选择一个具体的移动商务项目，试分析该项目目前所采用的安全技术体系和存在的安全隐患。

（2）根据以上分析结果，针对所选的移动商务项目，设计一个较为完整的安全技术方案。

（3）按照所设计的安全技术方案，给出具体的硬件系统配置和拓扑图。

（4）按照所设计的安全技术方案，给出具体的软件系统设计及软件系统设置方案。

（5）按照所设计的安全技术方案，对所需费用进行大致的预算。

（6）按照所设计的安全技术方案，书写移动商务安全技术方案书。

【任务拓展】

一、手机病毒带来的危害

（1）导致用户信息被窃。

越来越多的手机用户将个人信息存储在手机上，如个人通讯录、个人信息、日程安排、各种网络账号、银行账号和密码等。这些重要的资料，必然引来一些别有用心的“垂涎”者，他们会编写各种病毒入侵手机，窃取用户的重要信息。

（2）传播非法信息。

手机为各种色情、非法的图片、语音、电影传播提供了便利。

（3）破坏手机软硬件。

手机病毒最常见的危害就是破坏手机软硬件，导致手机无法正常工作。

（4）造成通信网络瘫痪。

如果病毒感染手机后，强制手机不断地向所在通信网络发送垃圾信息，就会导致通信网络信息堵塞，这些垃圾信息最终会让局部的手机通信网络瘫痪。

（5）产生额外的费用。

病毒会通过订制服务、自动拨打声讯电话、发短信等方式套取高额费用。

二、案例阅读——手机病毒危害巨大

近年来，手机病毒包每月以百万级的速度增长，手机端已代替 PC 端成为网络风险危害的高发地。企鹅智酷的调查显示，每三位智能手机用户里，就有一位曾遭受手机安全危害。虽然人们防范手机病毒的意识越来越强，但手机病毒却“高明”得令人防不胜防。

（一）危害篇：手机用户越来越难独善其身

1. 数亿人的手机曾感染病毒

腾讯安全的数据显示，2013—2016 年同期数据对比，2016 年感染手机病毒的用户数比 2013 年的用户数高了 6 倍。2016 年上半年，感染手机病毒的用户超 2 亿人次，并且呈现逐月增长的态势。仅 2016 年 6 月单月感染手机病毒的用户数就约等于 2013 年整个上半年感染手机病毒的用户数，手机安全形势非常严峻，2016 年上半年新增病毒包的数量为 918 万。

诱骗欺诈、恶意扣费、隐私获取是用户遇到最多的三类手机安全危害。值得注意的是，占比高达 82.8%的资费消耗类病毒，用户感知却并不明显，此类病毒的数量大、隐蔽性强、危害宣传相对较少，如果用户不是特意查询很难发现。

随着移动支付的普及，支付类病毒传播上升趋势明显，2016 年支付类病毒包较 2015 年同期增长翻倍，2016 年上半年新增手机支付类病毒包约为 32 万个，每月感染用户在 200 人次以上。

2. “明星级”病毒危害巨大

在每年成千上万的海量病毒中，危害范围最广、受害人最多、影响最大的常常是一些“明星级”病毒。

2016年，出现了号称史上危害最严重的安卓手机病毒——幽灵推。幽灵推会隐藏在一些流行App软件中，当用户安装在非正规渠道下载的这些软件后就会中毒。用户在安装包含幽灵推的软件之后手机会直接被ROOT，不仅会不断地下载它推广的应用，而且会自动关闭Wi-Fi网络，使用数据流量直接消耗用户的资费。

2016年6月，猎豹移动发布安全警告，称发现了一个影响全球的手机病毒家族，并将其命名为悍马（Hummer）。2016年1月到6月，悍马病毒全球日活峰值超140万，平均日活为119万。悍马病毒感染手机之后，会先ROOT中毒手机，获得系统最高控制权；然后会频繁弹出广告，后台下载静默安装众多软件或其他病毒，中毒手机用户会损失大额的手机流量费。以每台中毒手机每天仅安装一个App最低收入0.5美元估算，悍马病毒团伙每天获利超50万美元。

（二）防范篇：管好自己，不让病毒“进屋”

1. 防止“病从口入”

没有绝对安全的App应用市场。许多“山寨App”未必“有毒”，但暗藏广告插件的情况非常普遍，虽然谈不上夹藏病毒，但偷跑流量却司空见惯。安装App的过程也就是“病从口入”的过程，认准App的发行制作方等关键信息，尽量不安装非官方的不知名的App。如果安装的App都安全了，那么手机的安全系数也就上升了。

2. 树立“权限”意识

对于许多“小白”型的手机用户来说，“权限”只是一个似懂非懂的概念。一些手机App会申请调用你的通讯录、照片等各种隐私信息，此时用户必须学会选择同意或不同意。

安卓是一个开放的平台，任何一个软件都可能得到手机的最高权限，这也就相当于犯罪分子远程拥有了和用户一样的对手机的完全控制权，想想这有多可怕。所以，管理好软件的权限是安全使用智能手机最关键的技巧。管理好软件的权限，手机的安全系数也会提升。

3. 勿随意下载软件

许多人都见过这样的媒体报道，某位手机用户仅仅点击了一条短信中的链接，手机就中毒了，并被吸费、盗取银行密码等。这样可怕的事情真的会发生吗？

通常点击上述带有钓鱼链接的短信后，会进入钓鱼网页，攻击者通过伪装，骗取手机用户下载木马等病毒。随后后台运行的木马程序就有可能拦截用户的银行短信等隐私信息，并完成对银行账户的入侵。但如果手机用户只是进入短信中的链接，不下载非法内容，也不安装，就不会感染病毒。

当然上述情况也并非没有例外，如果用户使用的是被ROOT了的iPhone或者系统本身就不安全的安卓手机，那么则有可能出现“点击链接就中毒”的情况。除此之外，只要不随意下载软件或点击短信等中夹带的链接，基本还是安全的。

4. 手机安全软件锦上添花

目前许多国产手机厂商都有自己定制版本的安卓系统，也就是所谓的ROM。绝大部分ROM中都已经集成了相关的安全功能，包括系统优化、垃圾清理、广告拦截、流量监控、隐私保护、病毒扫描等。在多数情况下，“ROM自带安全功能+正确的使用习惯”基本上就可以比较好地防范手机病毒的侵害了。

三、思考与练习

1. 思考题

（1）移动商务有哪些安全需求？

（2）移动商务面临哪些安全威胁？请举例说明。

（3）简单描述 WAP 安全结构体系的组成。

（4）简述 WPKI 的工作流程。

（5）采用各种安全防范技术之后的 WLAN 是否完全安全？为什么？

2. 技能训练

根据自身实际情况，选择一个熟悉的移动商务项目，分析其所采用的安全技术体系及存在的安全隐患，并在此基础上，设计较为完整的安全技术方案，给出硬件系统和软件系统配置，进行初步预算，书写移动商务安全技术方案书。

任务九　移动商务立法保障

【任务描述】

企业拟开展网上促销活动，活动的前期宣传主要通过手机短信和移动商务网站进行，请对宣传活动中涉及的法律问题进行分析，并具体说明在活动过程中需要注意的法律问题。

【知识准备】

一、移动商务的法律问题

（一）移动商务的不良短信问题

1. 移动商务不良短信的分类

移动商务不良短信包括垃圾短信、谣言短信和其他违法短信。

（1）垃圾短信。

在移动通信给人们带来便利和效率的同时，也带来了垃圾短信广告，困扰着人们的生活。垃圾短信使人们对移动商务充满恐惧，不敢在网络上使用自己的移动设备从事商务活动。

（2）谣言短信。

手机短信与其他媒介相比，有其独特的表现形态和作用方式，而且渗透力和影响力与日俱增。但是，随着短信的不断发展，其副作用也日益显现，其中，含有谣言的短信层出不穷，其大范围传播在一定程度上造成了不良的社会影响。

谣言短信是指在特定的环境下，以手机短信为媒介进行传播的受众关注的事物、事件或问题的未经证实的阐述。手机谣言短信可以从多种方式与角度进行分类：从造谣者的动机来看，可分为攻击性手机谣言短信、牟利性手机谣言短信、煽动性手机谣言短信；从造谣者和传谣者的主观程度来看，可分为故意性手机谣言短信和无意性手机谣言短信；从产生的影响来看，可分为宣传性手机谣言短信、牢骚性手机谣言短信、误解性手机谣言短信、攻击性手机谣言短信、牟利性手机谣言短信；从时间上来看，可分为短期性手机谣言短信与长期性手机谣言短信；从后果上来看，可分为有害性手机谣言短信与无害性手机谣言短信等。

（3）其他违法短信。

已有案例表明，有人大量转发恐怖短信，如何时何地将有恐怖活动、何时何地将发生地震等，这会造成部分人群恐慌，社会危害较大。

2. 移动商务不良短信的特点

手机短信谣言与普通谣言在本质上是类似的，但是由于其传播借助手机短信，所以手机短信谣言又有其独有的特性，具体来讲有以下特点：①在特定人群中传播；②以人际传播形式为主；③传播内容难以监管；④传播的延续性强；⑤受众对传播内容的认可度高。

手机短信谣言之所以能够形成并得以传播，概括地看，既与特定时期的特定环境有关，又与社会的特定事件有关，也与社会成员的自身识别能力和道德素养有关，同时还与谣言传播者的传播动机、传播过程和传播目的有关。加之在信息时代话语霸权遭遇强大的挑战，完全限制消息的传播是不现实的，因此更应该加强信息公开的力度与范围，避免受众对手机短信谣言的依赖性。

更重要的是，目前对短信谣言确实也存在着取证难、制裁难的困境。一旦发生问题，很难追究个人对谣言的传播是否负有主观故意责任。从过去发生的谣言短信事件来看，谣言短信一个共同的特点是：公共信息及时到位，便会迅速终止谣言；倘若公共信息迟到，则会助长谣言的声势。

3. 移动商务不良短信的治理

面对新的形势，如何进行有效的信息监管，使信息监管既不侵犯公民正当权益，又能维护社会稳定，已经成为摆在各级政府部门面前的一个新课题。

（1）完善手机短信立法与司法。

2015 年 5 月工业和信息化部公布的《通信短信息服务管理规定》，对短信息服务规范、商业性短信息管理、用户投诉和举报、监督管理、法律责任等进行了具体的规定。但从目前情况来看，垃圾短信对用户的骚扰仍屡禁不止，手机仍处在被动接收短信的阶段，如何帮助用户不接收或少接收不良短信，相应的法律还需要进一步完善。

（2）加强政府信息的公开渠道。

手机短信谣言的传播，在很多情况下是因为政府没有建立相应的信息发布机构，没有对信息进行透明、及时、权威的发布。所以，对于受众普遍关注的模糊的社会事件，要及时进行详尽的通报，不要认为传播事实会影响稳定，相反，遏制真实信息的传播才会导致手机短信谣言的传播。保证公共信息的及时公开，是可操作的应对之策。

（3）建立手机不良短信的监督机制。

可以建立公共舆论监督制度，争取在谣言泛起之初就对相关问题有所察觉；可以设立便利的查询举报制度，鼓励民众积极举报，及时传播正确信息，并对不良居心者起到震慑作用。目前，在技术层面上，很难做到在开放的通信平台上对传播内容进行屏蔽和过滤，因此通过移动通信技术对手机短信的监管难度较大。对于手机这种新媒介，需要在管理中采用一些新办法。

（4）铲除产生不良短信的社会土壤。

在一般情况下，传播范围广、影响力大的手机谣言短信与现实生活有一定的对应性，是现实生活中非正常事件、传播者的压抑及不满的影射与放大。形形色色的社会问题是滋生手机谣言短信的土壤，因此要从根本上解决问题，必须找到其影射的现实问题，并及时、合理地加以解决，从而消灭其传播的源头与动力。当然，对于手机用户而言，也应树立一定的责任感，尽量减少传播未经核实的消息，即使要传播，也应注明“未经核实”的字样，避免自己成为谣言蔓延的帮凶。随着信息公开制度的完善，公共信息的谎报、瞒报、不报情况已经得到了有效纠正。但怎样使这些信息更快速、更便捷地传达给群众，是政府迫切需要解决的问题。只有解决了这些问题，才能真正有效地遏制短信谣言的传播。

（5）用户行为自律，自觉抵制短信谣言。

谣言止于智者，遏制谣言短信传播的关键在于提高自身的识别能力。政府要增加信息透明度，尤其是密切关系公众安全方面的信息，让老百姓信任政府、自觉抵制谣言、不信谣、不传谣。除了造谣短信的原创者，很多市民都是转发短信，以善意提醒朋友同事，他们在主观上没有恶意，一般在法律上可以不予惩罚。但如果达到一定的社会危害性，就应该给予一定的处罚。广大公民在收到此类造谣短信或不确定真实性的信息后，不要再向他人传播，以免触犯法律。

（二）移动商务的隐私侵权问题

1. 移动商务面临的隐私问题

隐私权作为一种基本人格权利，是指公民享有的私人生活安宁与私人信息依法受到保护，不被他人非法侵扰、知悉、搜集、利用和公开的一种人格权。隐私权是公民的人格权利中最基本、最重要的内容之一，伴随着人类对自身的尊严、权利、价值的认识而产生。随着隐私权的不断发展与完善，隐私权保护的内容也日渐丰富，不仅强调个人和生活事务不受公开干扰，而且强调个人资料的支配控制权。

随着移动通信技术的发展，手机已不单纯限于通话功能。网络融合时代隐私权的侵权方式表现出与传统侵权方式不同的特点，其形式、手段都更加多样化，并且更难设防、控制。一般认为，移动商务隐私权侵权的主要方式如下。

（1）利用移动终端通过移动互联网非法进入个人计算机系统。

（2）未经许可截取、浏览、持有、篡改他人短信和电子邮件等。

（3）擅自在移动博客、广告上宣传和公布他人隐私。

（4）利用移动终端非法搜索、获取、利用个人数据。

（5）垃圾短信的发送。

网络上已经出现了专门出售个人资料的公司，这些公司通过各种渠道收集很多人的资料，然后明码标价公开出售，这对个人隐私权的保护构成了极大的威胁。

2. 移动商务应用的隐私侵权威胁

（1）定位业务的隐私威胁。

定位是移动业务的新应用，其技术包括：GPS，该种技术利用3颗以上GPS卫星来精确定位地面上的人和车辆；基于手机的定位技术ToA（Time of Arrival，到达时间），该技术根据从GPS返回响应信号的时间信息定位手机所处的位置。定位服务在给人们带来便利的同时，也影响了个人隐私。利用定位技术，执法部门和政府可以监听信道上的数据，并能够跟踪一个人的物理位置。但如果定位技术被恐怖分子利用，他们通过定位用户的位置，可以对其实施抢劫和绑架等犯罪活动。

（2）搜索业务的隐私威胁。

大部分搜索引擎，在用户使用其服务时，都会记录用户的IP地址、搜索的关键词、从搜索结果中跳转到哪个网站等信息，通过数据挖掘等技术，搜索服务商可以从这些信息中获得用户的身份、用户的爱好及其在网上的行为等隐私信息，并可能使用这些隐私信息进行商业活动。

近年来出现的“人肉搜索”就是利用现代信息科技，将传统的网络信息搜索转变为人找人、人问人、人碰人、人挤人、人挨人的关系型网络社区活动，它在伸张正义的同时，也极易侵犯公民的隐私权、名誉权等合法权益。

（3）数据挖掘业务的隐私威胁。

数据挖掘（Data Mining）简单地说，就是从大量的数据中，抽取潜在的、有价值的知识（模型或规则）。这些知识是隐含的、事先未知的，并且是可信的、新颖的、潜在有用的、能被人们理解的。数据挖掘技术越来越完善，甚至可以使用“蜘蛛”“网络爬虫”“机器人”等数据挖掘技术搜索竞争者的网站信息，这就有可能侵犯他人网络隐私。数据挖掘唯只有在安全、隐私及知识产权等方面得到足够的保护，才能发挥其作用。

（4）P2P业务的隐私威胁。

P2P（Peer-to-Peer，对等联网）就是人可以直接连接其他用户的计算机去交换文件，而不是像过去那样连接服务器去浏览与下载。P2P的另一个重要特点是改变互联网现在的以大网站为中心的状态，重返“非中心化”，并把权力交还给用户。在现实生活中。我们每天都按照P2P模式面对面地或者通过电话交流和沟通。通过移动终端的P2P交流活动，也会散播个人信息或侵犯个人的安宁从而造成隐私侵权。随着移动商务的发展，移动终端之间的P2P交流活动会大幅度增加，由此引起的隐私威胁应有所注意。

（5）短信业务的隐私威胁。

垃圾短信令手机用户不胜其烦，其中除了很多商业促销广告，还暗藏着诸如陌生短信骗取话费、短信中奖、故意诈骗、诱骗犯罪等欺诈陷阱。在垃圾短信的利益链条中，通信运营商、服务提供商、内容提供商构成了一个完整的利益链。在短信群发设备研制者、销售者、个人信息销售者的推动下，利益链日益完善。垃圾短信是典型的侵犯消费者权益的行为：首先，垃圾短信使消费者的个人资料被泄露，侵犯了消费者的隐私权；其次，垃圾短信侵犯了消费者的安宁权，用户收到垃圾短信的时间可能是半夜或者开车时，这影响了人们正常的工作和生活。虽然垃圾短信是免费的，但这种未经同意擅自向他人发送垃圾短信的行为，属于消费者权益保护法上的强迫接受服务行为。

（6）手机博客业务的隐私威胁。

博客带来了痛快的写作快感，也带来了无数的文字纠纷，无论是博客侵权的官司，还是博客上不负责任的言论，让我国官方开始探索是否可以实行博客实名制。实行博客实名制就是要求每个人为自己所说的话负责，这将防止某些人不负责任地侵犯别人的隐私，对网友的权利是一种维护，将大大减少博客里的不良信息，起净化网络空间的作用。

3．移动商务隐私问题的规范

对于隐私权保护在网络时代出现的种种新问题，欧美等网络业较发达的国家已积累了许多先进的经验。目前比较有代表性的保护模式包括以美国为代表的行业自律模式、以欧盟为代表的立法规制模式和一种“技术及消费者自我主导”模式。

在我国，对隐私权的保护来源于《中华人民共和国宪法》第 38 条规定公民的人格尊严不受侵犯；第 39 条规定公民的住宅不受侵犯；第 40 条规定公民的通信自由和通信秘密受法律的保护，这 3 条规定是我国隐私权保护的宪法依据。另外，《中华人民共和国民法通则》第 101 条规定了公民的人格尊严受法律保护，这是对名誉权的规范，但在司法解释中认为这里包括对隐私权的保护，因此《中华人民共和国民法通则》被认为是公民隐私权保护的间接规范。目前我国关于隐私权的内容、类型、体系、保护等还主要停留在理论上，在民法上还没有形成一个完整的体系。

（三）移动商务的知识产权侵权问题

网络在为人们提供便捷舒适的生活的同时，也给人们提出了信息的使用和保护的问题，尤其是网络环境下知识产权的保护，已成为摆在各国政府面前必须解决的一个迫切问题。知识经济时代的到来，已使知识产权的保护面临全新的问题，而这些问题主要集中在计算机网络的应用上。正是计算机网络的迅速发展，导致了数据信息共享的需求，并发生了与知识产权特性的强烈冲突。知识产权突出的特点之一就是它的专有性，而网络上应受到知识产权保护的信息则是公开的、公用的。地域性是知识产权的又一特点，而网络传输的特点则是无国界性。

移动商务活动中涉及最多的是知识产权问题。在网络传输的电子商务中，已涉及版权产品的无形销售，产生了版权保护的新问题。特别是已经产生了在网上的商标及其商业标识保护、商誉保护、商品化形象保护等与传统保护根本不同的新问题。因此电子商务在网络环境下，已对我国著作权法和商标法产生了较大的影响。

随着知识产权保护国际化进程的加速，世界各国越来越重视电子商务环境下的法律问题的解决。首先是要解决网上交易的法律地位问题，电子商务中交易各方签订的电子合同必须具有法律效力，使合同双方受法律的约束，同时也使其利益得到保护。其次要投入较大的成本，集中力量修订好我国现有的知识产权法。近年来，我国陆续出台了《中华人民共和国专利法》、《中华人民共和国合同法》、《中华人民共和国著作权法》、《中华人民共和国商标法》和《中华人民共和国反不正当竞争法》等法律法规。2018 年 11 月 5 日，我国在首届中国国际进口博览会开幕式上宣布，坚决依法惩处侵犯外商合法权益，特别是侵犯知识产权的行为，提高知识产权审查质量和审查效率，引入惩罚性赔偿制度，显著提高违法成本。

（四）移动商务合同法律问题

移动商务的特点是其交易合同在 Internet 与移动通信网上订立。如何通过短信传输的方式缔结合同，并且合同缔结方式被法律承认，是移动商务面临的基本法律问题。

1. 要约邀请与要约

根据《中华人民共和国合同法》第 13 条规定："当事人订立合同，采取要约、承诺方式。"因此，移动商务中的电子合同也应当遵循要约、承诺的合同缔结模式。以下是几种可能在移动电子交易中出现的情形。

（1）消费者通过直接发消息的方式订购。例如，消费者欲购买某一商品，在搜索目标之后，网页上会出现消费者想要选购的商品，此时在网页上会出现商品的图片，并介绍其外形、大小、重量、颜色、价格等。在网络商店中所陈列的并非实际的货物，因此不应将网络商店所陈列的商品看成一种要约。再者，网络价目表的标示可由用户通过网络在计算机或者具备上网功能的手机上浏览，是因为网络商家将这些信息通过服务器传送给了消费者，依《中华人民共和国合同法》第 15 条的规定或可解释为一种商业广告的要约邀请，因此网站上看到的广告及价目表，应属要约邀请，除非商业广告的内容符合要约规定的才视为要约。直到买方回应了该广告表示其欲购买该商品，才表示是要约，而当卖方接受了这一要约并作出承诺时，合同才成立。

（2）数字化商品。例如，网站向手机用户提供铃声、图片下载服务，或者提供手机游戏下载服务。此时消费者在选购数字化商品时，可以在线试听、试玩，其对商品的选择程度并不亚于在现实商店中购买陈列于橱窗或者货架上明码标价的真实商品，因此应当视为要约。况且，数字化商品的易复制性决定了商家不会因为大量消费者订购同种商品而导致无商品可卖的情况发生，所以承认其为要约，不会使商家承担违约责任。

（3）双方当事人以消息方式表达意思。如果相对人收到一条消息，而该意思表示仅针对该个人，且内容具体确定足以解释为要约的内涵，此时该消息就应被解释为要约；然而，如果通过短信群发功能向许多人发送某一商品的广告，此时因为该意思表示是针对不特定的多数人，故仅能解释为要约邀请。但是如果这个消息的内容具体且发给第一个回复此短消息的人，此时已是针对某特定人士，即应解释为要约。总之，是否为要约仍须根据具体情况来加以判断。

综上所述，网站上的广告或者手机短消息中的广告，其目的仅在于唤起消费者的购买意愿，基本上应属要约邀请而非要约，只有经消费者点击或者发短消息表示接受该要约邀请，才构成要约，而后由网络商家承诺之后，合同才成立。至于数字化商品，如果商家提供试听、试玩的机会，基本上应与商品标定价陈列无异，可视为要约。若消费者利用鼠标按键确认或以其他类似方式下载数字化商品，可认为是意思表示的实现，且此时视为合同成立。

2. 要约与承诺

我国规定合同的缔结方式必须采取要约、承诺的方式，而合同的形式则有书面形式、口头形式和其他形式。对于以电子方式传输为要约与承诺的意思表示，以及以电子方式存在的合同的法律效力的确认，《中华人民共和国合同法》第 11 条规定："书面形式是指合同书、信件和数据电文（包括电报、电传、传真、电子数据交换和电子邮件）等可以有形地表现所载内容的形式。"因此，《中华人民共和国合同法》承认经由电子方式成立的合同的效力。

《中华人民共和国合同法》第 16 条规定："要约到达受要约人时生效。采取数据电文形式订立合同，收件人指定特定系统接收数据电文的，该数据电文进入该特定系统的时间，视为到达时间；未指定特定系统的，该数据电文进入收件人的任何系统的首次时间，视为到达时间。”因此，在通过短消息订立合同时，要约以短消息到达移动设备终端时开始生效。

在缔约过程中，一方当事人由其计算机程序或主机独立发起意思或回应意思，也就是说计算机程序或主机需要在其程序设计的范围内自动进行意思表示，而当事人则完全不介入意思表示的过程，此即电子代理人。在网络上也有可能由交易的一方列出一定的最低接受条件，而由两台主机依据其预先格式化的程序进行交易而缔结合同，而其协商或议价过程乃至最后交易的完成都可能完全不以人为方式介入。以计算机程序或电子化系统缔结合同，在现实社会中实为已存在的现象，故缔约的重点应在于如何规范这种自动化的交易，以及更审慎地考虑如何处理网络交易中“本人”及“代理人”的法律关系与责任问题。当我们说根据法律“代理人应当承担民事责任”或“代理人负连带责任”时，这个代理人应该是拥有这台机器的人。

3. 承诺生效的时间及地点

在电子商务中，接收电子文件的时间与地点很难确定，但这一点却往往关乎承诺生效的时间与地点。事实上，在网上交易的环境中，“承诺”并非清楚可辨，而必须根据具体情况来决定。因此，就产生这样一个问题：下载软件或者电子文件的行为是否构成承诺。一般而言，在用户经由网络下载电子文件而与供应商建立合同关系时，供应商经由网络对用户迅速传送移动设备终端应用软件及其他产品，这种合同可以下列 3 种方式订立。

第一，供应商可经由网络向用户提供相关的产品条款，用户必须在详细阅读并决定接受该条款的约定后，才会被允许进行资料下载的动作。这种动作应该被视为一种承诺，因此，这类合同条款应具有法定效力。

第二，供应商可将促销商品的相关合同条款呈现于其网络上，并显示“一旦用户使用或安装了所促销的商品，即表示接受了合同条款”。如果用户在此情况下使用或安装了相关商品，自然应视为一种承诺。

第三，网络上的电子文件并未提示任何使用须知。针对这种情况，应当参考当事人双方之间的约定或业界一般做法作为事实认定的依据。

4. 电子错误

当电子传输过程中发生错误时，由于其具有传输高速、瞬息的本质，所以其造成的错误将比传统的有纸贸易难以察觉也难以及时修正。为了避免消费者在从事网络交易时因电子错误而丧失其撤销或解除合同的权利，UCITA（*Uniform Computer Information Transactions Act*）中加入了保护消费者的特别规定，为消费者提供了一个抗辩的理由，以使消费者敢于利用电子交易。

UCITA 规定，当因信息处理系统、电子传输系统或者消费者使用系统发生错误，且未提供合理的方式去侦测、修正或避免错误的发生时，该错误称为电子错误。此时，消费者不受其所不欲发生且因电子错误所产生的电子信息的约束，但是必须符合一定条件。

一般而言，电子错误由两种原因造成：第一，电子传输系统或信息处理系统本身所造成的无法预见的电子错误，这显然是属于超出消费者自身所能预见及控制的情况；第二，消费者本身所导致的电子传输错误。在第二种情况下，若按普通的规范，消费者很可能因为其单方的错误，而必须对后果承担责任。但 UCITA 的规定为消费者创设了一种保护方式，消费者有权主张抗辩自己不受该电子信息的拘束，该规定启发了企业经营者在设计程序时必须设计更正错误的程序。应注意的是，如果电子系统向消费者提供了更正错误的合理方法，而消费者却未予以更正，那么就不能主张电子错误了。

在符合我国现行法律体系及站在保护消费者并减少纠纷的前提下，网络商店在提供消费者购物服务时，应设计一些供消费者确认的选项，即消费者在确认其交易的意思表示前，应有几个程序以供其做确认的动作，而非仅以一次的按键即完成所有程序，这样可避免消费者因一时疏忽或按错键而受拘束。

（五）移动商务支付的法律问题

1. 移动商务支付的特点

移动商务支付是指用户使用移动电子设备通过移动运营商向约定银行金融机构提供的计算机网络系统发出支付指令，由银行金融机构通过计算机网络将货币支付给服务商的一种消费支付方式。具体地说，移动电子设备持有者在购物消费或缴费时，只需输入特定的银行金融机构卡号和金额，将支付请求通过短信息发送到银行金融机构，银行金融机构在进行审批划账之后，通过短信息反馈到特约商户或特约商户指定的银行金融机构，商户使用无线或有线 POS 机打印消费收据，完成交易，用户就会获准得到所需要的商品和服务。整个过程全部实现了电子化。

随着技术的进步，手机等移动电子设备支付已经成为支付方式中非常重要的一部分。将移动电子设备和银行金融机构卡结合起来，用户将随身携带支付终端，可以在任何时间、任何地点用移动商务支付方式办理消费、缴费和转账等业务。

2. 移动商务支付的法律关系

在移动商务支付过程中，主要涉及移动运营商、银行金融机构、商户和用户等四方当事人。银行金融机构在这四方当事人中扮演的角色最为重要。按流程，银行金融机构又分付款行、收款行和中间行。用户、移动运营商、银行金融机构与商户间存在移动商务支付基础法律关系。用户与商户之间是买卖合同关系。

用户有权向移动运营商发出信息指令。移动运营商有义务将用户的信息在指定的时间传输到付款行。用户有义务向移动运营商支付相应的通信费用。银行金融机构与移动运营商每完成一笔交易，商户应向移动运营商支付一定的手续费，而各个银行金融机构也将根据总的转账额度从移动运营商处获得手续费。

中间行有按照前手指令完成资金划拨的义务。对于因自身或后手的原因根本没有履行、迟延履行、未完全履行指令造成损失的，中间行应当向前手承担违约责任，并有权根据原因向后手追偿。

用户与付款行是委托支付合同关系。用户应当事先与银行金融机构签订委托移动商务支付协议。该协议应当由银行金融机构起草标准的格式合同，用户开户的同时签订协议书，明确双方的权利义务关系。一旦资金划错，除非能够证明免责，否则银行金融机构应当首先进行赔偿，然后向后手追偿。如果各中间银行金融机构不能确认差错原因，损失应当按照《中华人民共和国民法通则》的规定由各方公平分担。在整个移动商务支付过程中，如何确认各方法律关系以解决在移动商务支付中可能产生的矛盾和纠纷，以及如何确定相应归责原则变得迫切。

3. 移动商务支付纠纷的举证与归责原则

移动商务支付是新的支付方式，但仍然会出现因资金划拨迟延或资金划拨错误，而造成损失的情况。由于支付环节涉及服务器、Internet、无线传输、管理软件等先进技术，一般用户无法承担举证责任，所以应当实行特殊的过错责任原则即过错推定归责原则。首先从违约事实和损害事实中推定致害当事人一方主观有过错，由其承担举证责任。如果不能证明自己无过错，则推定成立，由其承担相应的法律责任。

（1）用户否认发出指令的情形，银行金融机构负举证责任。

在移动商务支付环节中，银行金融机构无法当面确认指令发出者是否是真实用户，只能通过事先约定的安全程序，如密码或其他手段进行身份验证。因此，只要银行金融机构能够证明指令发出者使用了约定的密码或其他身份验证手段通过安全验证，付款行就有理由认为该指令是由真实用户发出的。不管指令由谁发出，其后果都应当由真实用户承担。银行金融机构对该指令进行处理所产生的后果不承担法律责任。但所举证据不能仅以银行金融机构出具查询操作流水数据为证明标准。如果银行金融机构不能证明，则应由银行金融机构承担责任，但仅限于承担返回扣款、支付利息的责任。

（2）用户指认银行金融机构未按指令支付情形，用户负举证责任。

在移动商务支付环节中，银行金融机构只能收取很小比例的手续费，银行金融机构不可能也不应当对未按照指令适当执行支付命令而引起的间接经济损失负责。而且银行金融机构在整个移动商务支付环节中只发生支付法律关系，我们不能要求银行金融机构对用户、商户之间的间接经济损失承担赔偿责任，否则会导致银行金融机构卷进商业风险与商业合同的纠纷中，这显然不符合移动商务支付的法律性质。因此，如果银行金融机构未按照指令适当执行支付命令，银行金融机构应当承担的违约责任应仅限于退还收取的划拨费用或补足差额、赔偿用户资金利息损失，不需要赔偿用户商业性间接经济损失。

4. 移动商务支付纠纷案件的管辖

管辖是法院受理争端的权限依据。在移动商务支付法律关系中，普通的纠纷仍适用《中华人民共和国民事诉讼法》规定的管辖原则。提供移动商务支付服务的网络服务器、计算机终端等电子设备所在地银行金融机构（也许只是营业所或分理处）不具有独立法人主体资格，而用户发出指令地有可能是移动运营商网络覆盖下的任何地方。确认管辖地应当具备稳定性和关联性这两个特点，在移动商务支付纠纷案件中，提供移动商务支付服务的网络服务器、计算机终端所在地很好地满足了这两个特点。因此，应当由提供移动商务支付服务的网络服务器、计算机终端所在地法院管辖移动商务支付纠纷案件。

（六）移动商务认证的法律问题

手持移动设备一个特有的缺陷是容易丢失和被窃。当手持移动设备丢失或被窃后，虽然通过简单的方法可立刻进行挂失，但因为没有建筑保证的物理边界安全，以及其体积太小，手持移动设备丢失和被窃很难预防。目前手持移动设备最大的问题就是缺少对特定用户的实体认证机制。

1. 传统电子商务中的身份认证

针对电子商务中交易当事人的身份认证，许多国际组织和国家已经制定了有关电子商务的法律，其中包括 1998 年联合国国际贸易法委员会制定的《数字签名统一规则》、1998 年欧盟公布的《电子签名的法律框架指南》和 1999 年通过的《数字签名统一规则草案》、1998 年国际商会制定并通过的《数字签名法》、1998 年新加坡的《电子交易法》、2000 年美国的《电子签名法案》，以及于 2005 年 4 月 1 日开始施行的《中华人民共和国电子签名法》、2019 年 1 月 1 日开始施行的《中华人民共和国电子商务法》等。所有这些有关电子商务的立法都确立了数字签名的法律效力和电子认证机构的地位，并以此来确认交易当事人的身份。数字签名和认证制度具有易更换、难伪造、可进行远程线路传递的优点，保障了网上信息传输的安全性、真实性和不可否认性，以其低成本、安全可靠性有效地解决了交易当事人身份认证的困境，其先进性与合理性是其他制度不可比拟的。

2. *移动商务中的身份认证*

从移动商务的网络结构来分析，有可能遭受攻击的地方主要有移动终端与交换中心之间的空中接口、移动网关与应用服务提供商之间的传输网络。一方面，由于移动通信的固有特点，手机与基站之间的空中无线接口是开放的，这给破译网络通信密码提供了机会。而且信息一旦离开移动运营商的网络就失去了移动运营商的加密保护。因此，在整个通信过程中，包括通信链路的建立、信息（如用户身份信息、位置信息、用户输入的用户名和密码、语音及其他数据流）的传输都存在被第三方截获的可能。另一方面，在移动通信系统中，移动用户与网络之间不像固定电话那样存在固定的物理连接，商家如何确认用户的合法身份，如何防止用户否认已经发生的商务行为，都是急需解决的安全问题。移动网关一般是实现信息格式的转换，但有的移动网关（如WAP网关）会对信息进行加密、解密处理，因此整个移动商务的安全链条就存在安全断点。

在无线世界里，由于空中接口的开放，人们对进行商务活动的安全性的关注远超有线环境。仅当所有用户确信，通过无线方式所进行的交易不会发生欺诈或篡改，进行的交易受到法律的承认和隐私信息被适当的保护时，移动商务才有可能得到成功和推广。在有线通信中，电子商务交易的一个重要安全保障是PKI（公钥基础设施）。在保证信息安全、身份证明、信息完整性和不可否认性等方面PKI得到了普遍的认同，有着不可替代的作用。PKI的系统概念、安全操作流程、密钥、证书等同样也适用于解决移动商务交易的安全问题，但在应用PKI的同时要考虑移动通信环境的特点，并据此对PKI技术进行改进。WPKI技术满足移动商务安全的要求，即具有保密性、完整性、真实性、不可否认性，消除了用户在交易中的风险。

（七）移动商务安全的法律问题

建立正常、有序、规范的网络交易环境和网上交易秩序是加快电子商务发展的重要的环境建设内容，也是维护消费者权益、打击网上交易违法行为、规范网上交易秩序的重要举措。联合国下属机构国际电信联盟特别向世界发出警告：要求各国注意网络风险阻碍电子商务发展。针对这种情况，为净化网络环境，我国有关方面联合开展了一些相关的工作，并取得了一定的效果。

为了规范网络商品交易及有关服务、保护消费者和经营者的合法权益、促进网络经济持续健康发展，2014年3月15日，中华人民共和国国家工商行政管理总局公布的《网络交易管理办法》（以下简称《办法》）正式开始施行。《办法》的内容包含了对网络交易主体、客体和行为三方面的规范，涵盖了通过互联网（含移动互联网）销售商品或提供服务的全部经营活动，包括为网络商品交易提供第三方交易平台、宣传推广、信用评价、支付结算、物流、快递、网络接入、服务器托管、虚拟空间租用、网站网页设计制作等各类营利性服务。《办法》在售后服务、个人信息保护、格式合同管理、不正当竞争行为等方面都做了具体的规定。

（八）移动商务证据的法律问题

1. 移动商务证据的内涵

在证据信息化的大趋势下，以计算机及其网络为依托的电子数据在证明案件事实的过程中起着越来越重要的作用。广义的电子证据是指以电子形式存在的、用作证据使用的一切材料及其派生物；或者说，借助电子技术或电子设备形成的一切证据。狭义的电子证据基本上等同于数字证据。电子证据是现代高科技发展的重要产物和先进成果，是现代科学技术在诉讼证据上的体现，与其他证据相比，电子依据主要有以下特点。

（1）电子证据具有数字技术性，技术含量高，具有高度的科学技术性，其物质载体是电脉冲和磁性材料等。从技术上说，电子证据具有数字信息的准确性、精密性、迅速传递性等特点。

（2）电子证据具有脆弱性，易被伪造、篡改。由于电子证据均以电磁浓缩的形式储存，所以电子数据和信息的无形性使其易被毁灭与变更，而其真实性也会大打折扣。

（3）电子证据具有复合性、表现形式的多态性与丰富性。多媒体技术的出现会使信息在计算机屏幕上的表现形式是多样的，其呈现图、文、声并茂的形态，甚至人机交互处理，与其他证据相比，更具表现力。

（4）电子证据具有间接性。现阶段由于电子证据的公信力有限，所以在很多情况下，电子证据常作为间接证据来使用，并不能单独、直接地证明待证事实，必须结合其他证据。此外，电子证据本身的特性决定了它具有无形性、易收集性、易保存性、可反复重现等特性。

一份电子文件要具有充分证据力，必须符合法律所规定的如下要求。

（1）客观性，又称实质性，即证据必须是客观存在的事实。电子文件的客观性在于其内容必须是可靠的，非法虚构、篡改的数据电文没有客观性，必须保证信息的来源和信息的完整性是可靠的。为保证储存的公正性，可由具有较强公信力的第三方机构提供服务。

（2）相关性，又称关联性或者证明性，即证据同事实具有一定的联系并且对证明事实有实际意义。这要求对与诉讼有关的诸多数据进行重组与取舍，而要保证重组后的数据与诉讼事实具有本质上的联系，就必须保证重组方法和过程的客观科学性与合法性，只有紧密围绕事实，严格按照操作程序进行的重组才能符合这一要求。

（3）合法性，又称有效性或者法律性，即证据必须是依法收集和查证属实的事实。对数据的固定、收集、存储、转移、搜查等行为必须依法进行。

2. 移动设备取证方法

（1）手机电子证据。

手机取证的电子证据主要来自手机内存、SIM 卡、闪存卡和移动运营商网络及短信服务提供商系统。手机内存随着手机功能的不断加强，可存储的信息量越来越大，这些信息就成了潜在的电子证据，主要包括以下几种：①手机识别号；②电话簿资料；③发送、接收或编辑存储的短信和 MMS 等信息；④图片、动画和声音；⑤语言、日期与时间、铃声、音量和短信等的设置信息；⑥拨出、已接或未接电话的记录；⑦日历中的日程安排信息；⑧被存储的可执行文件和其他计算机文件；⑨网络设置信息及上网的缓存记录。

以上信息在不同的手机中格式和内容可能有所不同，这些信息一般都能被删除，但也可以利用软件或由手机制造商来恢复。

（2）手机取证要点。

取证分析是对所有潜在的电子证据进行分析，试图分析出案件线索或有效证据。当进行手机取证分析时，应注意以下几点：①尽早关闭手机，以免破坏数据；②单独分析手机内存、SIM 卡、闪存卡等证据介质，以免破坏数据；③从用户或移动运营商处获取访问代码，用专用软件分析 SIM 卡；④用取证软件分析闪存卡；⑤镜像备份手机内存的原始数据，然后对备份数据进行分析。

（3）手机内存分析。

一般地，手机内存中的数据是利用手机操作系统或手机制造商提供的接口软件来读取的，但这样操作有可能会破坏原始数据，也不能恢复被删除的数据。最好的方法是像计算机取证软件（如 Encase）那样镜像备份手机内存的数据，然后进行数据提取与分析。

为了获取手机内存的镜像备份，目前有两种方法可以使用：一是从手机上卸载手机内存芯片而后读取数据，但这会毁坏手机；二是用专用导线接入手机系统主板，然后快速读取内存芯片的内容，但由于手机类型繁多，所以这种方法对技术要求很高。

3. *移动商务证据的效力*

1）对电子证据的审查判断

根据《中华人民共和国电子签名法》的规定，对电子证据的审查判断应从以下几方面入手。

① 电子证据的生成，即要考虑作为证据的数据电文是怎样形成的。例如，数据电文是在正常业务中按常规程序自动生成的还是人工录入的，自动生成数据电文的程序是否可靠，有没有非法干扰；在由人工录入数据电文时，录入者是否按照严格的操作规程、采用可靠的操作方法合法录入；该电子证据是在正常业务中制作的，还是为诉讼目的制作的，在正常业务中制作的电子证据的可靠性要高于为诉讼目的制作的电子证据的可靠性。

② 电子证据的传递与接收。数据电文通常要经过网络的传递、输送，因此要考虑传递、接收数据电文时所采用的技术手段或方法是否科学、可靠，传递数据电文的“中间人”（如网络运营商等）是否公正、独立，数据电文在传递过程中有无加密措施，数据电文的内容是否被改变等。

③ 电子证据的存储，即要考虑作为证据的数据电文是怎样存储的。例如，存储数据电文的方法是否科学；存储数据电文的介质是否可靠；存储数据电文者是否公正、独立；数据电文是由不利方存储的还是由有利方存储的，或是由中立的第三方存储的，不利方存储的数据电文的可靠性最高，第三方存储的数据电文的可靠性次之，有利方存储的数据电文的可靠性最低；存储数据电文时是否加密；所存储的数据电文是否被改动等。

④ 审查电子证据的内容。审查判断电子证据是否真实，有无剪裁、拼凑、伪造、篡改等，因为电子证据的内容可以通过技术手段修改，所以要借助科学手段加以鉴别。对于自相矛盾、内容前后不一致或不符合情理的电子证据，应谨慎对待，不可轻信。

2）电子证据的证明力认定

电子证据的证明力，是指电子证据在证明待证事实上体现其价值大小与强弱的状态或程度，即证据力。考察电子证据的证明力，就是要认定电子证据本身或者电子证据与案件中的其他证据一起能否证明待证事实，以及在多大程度上能够证明待证事实。电子证据证明力认定的基本原则有以下几个。

① 自由认证为主、参照标准为辅的原则。一方面，法律不对在什么情况下电子证据有

多大的证明力做出硬性规定，坚持自由认定的道路，完全由法官凭个人意志予以判断；另一方面，通过国家法律规定认定电子证据证明力的标准，以及各种机关或各个行业组织颁布执行各种电子技术或信息技术运行的标准等方法，指导、约束并帮助法官对电子证据的认证活动。

② 平等赋予的原则。在当前的法律环境中，主要是要给予电子证据与传统证据以平等的待遇，不能因为不信任而不愿意使用电子证据，或者不敢赋予电子证据以足够的证明力。

③ 综合认定原则。电子证据无论是作为直接证据还是作为间接证据，都不能单独发挥证明力，应与其他的证据一起发挥应有的证明力。只用一个电子证据定案的情况是极为罕见的。

二、移动商务立法问题

1. *移动商务急需立法*

传统的商务和电子商务的法律法规不能完全适用移动商务，如移动设备的实体认证、签名确认、账单、发票等。手机垃圾短信、短信谣言、色情信息短信、违法信息短信使人们对移动商务充满疑虑，不愿在网络上使用自己的移动设备从事商务活动。对于短信，国际上许多国家已经采取了法律的手段来规范短信息服务，手机用户不再被动接收信息。欧盟各成员国、日本、韩国出台了相关制裁手段，以遏制商业和不健康短信蔓延的势头。

2015 年 5 月工业和信息化部公布的《通信短信息服务管理规定》对短信息服务规范、商业性短信息管理、用户投诉和举报、监督管理、法律责任等进行了具体规定。但从目前情况来看，垃圾短信对用户的骚扰仍屡禁不止，手机仍处在被动接收短信的阶段，如何帮助用户不接收或少接收不良短信，这在法律上还需要进一步完善。

移动商务的应用刚刚开始，移动信息服务、移动定位服务、移动支付服务、移动搜索服务、移动支持服务等逐渐深入各行各业，以至整个社会生活中。其中的法律问题将不断涌现，我们应该在立法方面进一步完善。

2. *移动商务中的未成年人保护立法*

随着生活水平的提高，越来越多的青少年拥有手机、PDA 等移动设备。游戏对青少年具有较大的诱惑力，而在“什么类型的游戏适合青少年”这一问题上，不同的国家和地区有着不同的法律规定，在移动游戏领域也出现了相应的隐私和法律问题。

在美国，游戏是实行分级制度的，哪一级的游戏适合儿童玩有着详细的规定。在法国、韩国和日本，针对限制儿童接触不良网络游戏的问题是通过技术屏蔽、税收和家庭公约等途径进行法律与制度上的管制的。

2017 年 12 月，中国共产党中央委员会宣传部、中华人民共和国国家互联网信息办公室、工业和信息化部、教育部、公安部、文化部、国家工商行政管理总局、国家电视广播总局联合印发了《关于严格规范网络游戏市场管理的意见》（以下简称《意见》），部署了针对网络游戏违法违规行为和不良内容的集中整治。《意见》从统一思想认识、强力监管整治、落实主体责任等方面，对集中规范行动做出了全面部署。《意见》强调，各相关部门要迅速开展全面排查，重点排查用户数量多、社会影响大的网络游戏产品，对价值导向严重偏差、含有暴力色情等法律法规禁止内容的产品，坚决予以查处；对内容格调低俗、存在打擦边球行为的产品，坚决予以整改。

【任务实施】

（1）对移动商务营销活动所涉及的法律问题进行调查。
（2）根据企业移动商务活动实际情况，分析活动中需要注意的法律问题。
（3）制订方案，说明在企业活动中需要注意的法律问题。

【任务拓展】

一、各国移动商务立法情况

1. 美国

美国有各式各样的联邦与州法主管个人识别信息的搜集与使用，其中大多数法律仅适用于政府实体或特定产业。

早在 1996 年 2 月 1 日，美国国会就通过了《通信内容端正法》，该文件规定，在未满 18 岁的未成年人接触的网络交互服务和电子装置上，制作、教唆、传播或容许传播任何具有猥亵、低俗内容的言论、询问、建议、计划、影像等，均被视为犯罪，违者将被处以 2.5 万美元以下的罚金，2 年以下有期徒刑，或二者并罚。

1998 年 10 月，美国国会通过了《儿童在线保护法》，该文件规定，商业性的成人网站不得让 17 岁以下的未成年人浏览缺乏严肃文学、艺术、政治、科学价值的裸体与性行为影像及文字等有害内容，而成人网站经营者必须通过信用卡付款及成人账号密码等方式，对未满 18 岁的青少年进行必要的限制，以防止其浏览成人网站，违反者将被处以 5 万美元以下的罚金，6 个月以下有期徒刑，或二者并罚。如果故意违反《儿童在线保护法》的规定，网站经营者在被判处有期徒刑的同时还需要接受重金处罚。

1999 年 4 月 20 日，美国国会通过了联邦贸易委员会制定的《儿童网上隐私保护法》，并于次年 4 月生效。文件要求：与儿童有关的商业网站经营者或有意向儿童搜集个人资料的网站经营者必须做到：①在搜集、使用或公开 13 岁以下儿童的个人资料时，必须获得该儿童父母的同意；②提供如何搜集和利用资料的公告；③提供家长审视搜集其子女资料的机会；④给家长提供拒绝其子女个人资料被进一步搜集或使用的机会；⑤使用合理的方法，让家长有机会防范其 12 岁至 17 岁子女的个人资料被搜集或使用；⑥建立合理的程序，确保被搜集的儿童个人资料的安全性与完整性。

1999 年 11 月，美国国会通过《金融服务现代化法》，该文件要求所有金融机构透露的用户信息、策略和习惯必须保护非公共的个人信息隐私。非公共的个人信息包括任何由用户提供的个人确认信息、从金融机构交易的结果及从金融机构获得的产品或服务。

2000 年，美国国会又通过了《儿童互联网保护法》，要求全国的公共图书馆为联网计算机安装色情过滤系统，否则图书馆将无法获得政府提供的技术补助资金。

2. 欧洲国家

一些欧洲国家的立法也已经对移动商务进行了规范。例如，为了有效地管理短信息服务，德国国会在 2003 年通过了《联邦反垃圾邮件法案》(包括短信)，该方案规定向用户发送推销商品和服务的手机短信均要征得用户的书面同意，从 21 时至次日 8 时发送的广告需要再次征得用户的同意。如果发送色情等非正常信息，均被视为违法行为，将追究刑事责任。德国政府和监察部门还成立了一个“联邦手机短信处理中心”，用来处理有关违规者并解答普通用户的问题，同时向用户宣传怎样杜绝垃圾短信。对于滥发包括色情信息在内的垃圾短信者，德国政府将处以最高 5 万欧元的罚款。德国规定，各运营商和短信广告商必须签订杜绝滥发行为协议。为此，各运营商纷纷创新短信管理技术，用户可以自动屏蔽那些一天内发送量超过上百次的短信。

3. 印度

为了制止垃圾短信给手机用户带来的侵扰，印度采取了双管齐下的对策。首先，对那些垃圾制造者采取法律手段。2006 年 2 月 8 日，印度最高法院向政府发出了一封法律建议信，要求议会和政府尽快就阻止垃圾短信制定相关的法律条文和政策规章，以便使法院在处理此类案件时有法可依。其次，各运营商正在逐步完善“黑名单”制度，如果发现某一用户成为大量垃圾短信的集中地，便会将其列入“黑名单”，取消其手机入网资格。除此之外，部分运营商还利用一些（如关键词屏蔽过滤、禁止大规模群发服务）手段，来堵塞垃圾短信的传播渠道。

2019 年 2 月 23 日，印度政府对外发布《国家电子商务政策草案》，其涵盖了对印度电子商务生态系统构建的六个维度的见解，这次发布的草案亮点在于为印度电商创造了一个干净、合规化的环境。

4. 中国

2012 年实施的《移动互联网恶意程序检测与处置机制》是我国针对移动互联网安全首次出台的网络安全相关规定，其中规定了恶意程序的概念、范围及防范措施。

2015 年 5 月工业和信息化部公布的《通信短信息服务管理规定》，对短信息服务规范、商业性短信息管理、用户投诉和举报、监督管理、法律责任等进行了具体的规定。

2016 年 8 月 1 日施行的《移动互联网应用程序信息服务管理规定》中规定了移动应用商店和移动应用程序保护信息服务的义务，提出了未经用户同意不得搜集用户位置信息、摄像头、录音和通讯录等功能，该规定是关于移动互联网信息保护的首次规定。

2017 年 1 月，中共中央办公厅、国务院办公厅印发了《关于促进移动互联网健康有序发展的意见》，其中第 15 项明确提出了加大对用户信息的保护，第 17 项要求增强网络管理能力，第 24 项要求加强法治保障，尤其是重点加强数据资料和个人信息的保护。

2019 年 8 月 23 日，中华人民共和国国家互联网信息办公室正式发布了《儿童个人信息网络保护规定》(以下简称《规定》)，针对 14 岁以下未成年人的个人信息进行特殊、优先保护，这是我国第一部专门针对儿童网络保护的立法，具有里程碑意义。《规定》对儿童个人信息进行全生命周期的保护，包括收集、存储、使用、转移、披露、删除等环节。《规定》明确了以下重要制度。

① 设置儿童个人信息保护的专门规则、协议和责任人。网络运营者应当设置专门的儿童个人信息保护规则和用户协议，并指定专人负责儿童个人信息保护，这充分体现了对儿

童的特殊保护、优先保护的原则。

② 实行了严格的同意规则。对于儿童个人信息的收集、使用、转移、披露，网络运营者应当以显著、清晰的方式告知儿童监护人，并应当征得其同意，同时提供拒绝选项。

③ 明确了儿童个人信息保护的最小原则。一是网络运营者对儿童个人信息的收集范围和数量应遵循最小原则，不得收集与其提供的服务无关的儿童个人信息；二是网络运营者存储儿童个人信息应遵循最短期限原则，不得超过实现其收集、使用目的所必需的期限；三是网络运营者对其工作人员的授权应遵循最小原则，严格设定信息访问权限，控制儿童个人信息知悉范围，并要求工作人员访问儿童个人信息应当经过儿童个人信息保护负责人或者其授权的管理人员的审批，记录访问情况，并采取技术措施，避免违法复制、下载儿童个人信息。

④ 确立了儿童个人信息安全评估制度。网络运营者委托第三方处理儿童个人信息、向第三方转移儿童个人信息的，均应当进行安全评估，经评估达不到安全保护要求的，不得进行委托和转移，否则应承担法律责任。

⑤ 进一步明确了儿童个人信息的删除制度。以下5种情形，应当对儿童个人信息进行删除：网络运营者违法或者违约收集、存储、使用、转移、披露儿童个人信息的；超出目的范围或者必要期限收集、存储、使用、转移、披露儿童个人信息的；儿童监护人撤回同意的；儿童或其监护人通过注销等方式终止使用产品或服务的；网络运营者停止运营产品或服务的。

⑥ 明确了监护人的责任。父母作为监护人，是孩子的第一任老师和第一责任人，儿童监护人应当正确履行监护职责，教育引导儿童增强个人信息保护意识和能力，维护儿童个人信息安全。

二、案例阅读——《中华人民共和国电子签名法》颁布后的第一案

1. *案情描述*

2004年1月，杨先生结识了女孩韩某。同年8月27日，韩某发短信给杨先生，向他借钱应急，短信中说："我需要5000元，刚回北京做了眼睛手术，不能出门，你汇到我卡里。"杨先生随即将钱汇给了韩某。一个多星期后，杨先生再次收到韩某的短信，又借给韩某6000元。因都是短信来往，两次汇款杨先生都没有索要借据。此后，因韩某一直没提过借款的事，而且又再次向杨先生借款，杨先生产生了警惕，于是向韩某催要。但一直索要未果，于是起诉至北京市海淀区法院，要求韩某归还其11 000元，并提交了银行汇款单存单两张。但韩某却称这是杨先生向她归还的欠款。

为此，在庭审中，杨先生在向法院提交的证据中，除了提供银行汇款单存单两张，还提交了自己使用的号码为1391166××××的移动电话一部，其中记载了部分短信息内容。后经法官核实，杨先生提供的发送短信的手机号码拨打后接听者是韩某本人。而韩某本人也承认，自己从2004年七八月开始使用这个手机号码。

2. *法庭判决*

法院经审理认为，依据2005年4月1日起施行的《中华人民共和国电子签名法》中的

规定，电子签名是指数据电文中以电子形式所含、所附用于识别签名人身份并表明签名人认可其中内容的数据，数据电文是指以电子、光学、磁或者类似手段生成、发送、接收或者储存的信息。移动电话短信息即符合电子签名、数据电文的形式。同时移动电话短信息能够有效地表现所载内容并可供随时调取查用，能够识别数据电文的发件人、收件人，以及发送、接收的时间。经法院对杨先生提供的移动电话短信息生成、储存、传递数据电文方法的可靠性，保持内容完整性方法的可靠性，用以鉴别发件人方法的可靠性进行审查，可以认定该移动电话短信息内容作为证据的真实性。根据证据规则的相关规定，录音录像及数据电文可以作为证据使用，但数据电文直接作为认定事实的证据，还应有其他书面证据相佐证。

杨先生提供的通过韩某使用的号码发送的移动电话短信息内容中载明的款项往来金额、时间与银行个人业务凭证中体现的杨先生给韩某汇款的金额、时间相符，且移动电话短信息内容中也载明了韩某偿还借款的意思表示，两份证据之间相互印证，可以认定韩某向杨先生借款的事实。据此，杨先生提供的移动电话短信息可以认定为真实有效的证据，证明事实真相，法院对此予以采纳，对杨先生要求韩某偿还借款的诉讼请求予以支持。

3. 案例分析

在本案中，法官引用了《中华人民共和国电子签名法》的有关规定裁判了本案，根据对本案的描述，依据《中华人民共和国电子签名法》，本案中的移动电话短信息可以作为证据。

《中华人民共和国电子签名法》的核心内容在于赋予数据电文、电子签名、电子认证相应的法律地位，其中数据电文的概念非常广泛，基本涵盖了所有以电子形式存在的文件、记录、单证、合同等，可以将它理解为信息时代所有电子形式信息的基本存在形式。在《中华人民共和国电子签名法》出台实施之前，缺乏对于数据电文法律效力的最基本的规定，如数据电文是否符合书面形式的要求、是否能作为原件、在什么样的情况下具备什么样的证据效力等，十分不利于我国信息化事业的发展，甚至可以说，由于缺乏对数据电文基本法律效力的规定，我国构建的信息社会缺乏最基本的法律保障。

三、思考与练习

1. 思考题

（1）移动商务的应用必然会引起个人的隐私保护问题吗？为什么？以实例来说明。

（2）移动商务的立法必要性体现在哪里？以生活中遇到的实例解释。

（3）以身边的实例来说明移动商务的安全必要性。

2. 技能训练

根据自身实际情况，选取一个具体的移动商务活动，分析活动涉及的法律问题，并具体说明在活动过程中需要注意的法律问题，制订具体方案，书写方案书。

项目总结

本项目主要介绍了移动商务面临的安全需求、安全问题、移动商务的主要安全技术、隐私问题和法律保障，以及立法的必要性。通过本项目的学习和实践，能对移动商务中的安全保障和法律保障相关问题有比较全面的了解；能对实际的移动商务项目安全技术体系进行初步的分析，并制订初步的安全方案；能对具体的移动商务活动涉及的法律问题进行分析，并拟定具体活动中要注意的法律问题。

参 考 文 献

[1] 傅四保，杨兴丽，许琼来. 移动商务应用实例[M]. 北京：北京邮电大学出版社，2011.

[2] 李立威，王晓红，李丹丹. 移动商务理论与实务[M]. 北京：机械工业出版社，2019.

[3] 梁军，王晓红. 移动商务[M]. 北京：机械工业出版社，2019.

[4] 宁毅，黄晓芸. 移动商务应用与实例[M]. 北京：中国水利水电出版社，2019.

[5] 秦成德，段杨. 移动商务[M]. 北京：电子工业出版社，2017.

[6] 王汝林. 移动商务理论与实务[M]. 北京：清华大学出版社，2007.

[7] 杨林，陈炜. 移动商务基础[M]. 北京：首都经济贸易大学出版社，2008.

[8] 杨兴丽，刘冰，李保升，等. 移动商务理论与应用[M]. 北京：北京邮电大学出版社，2010.

[9] 杨泳波. 移动商务[M]. 北京：电子工业出版社，2018.